종교 다원주의 비판과 복음주의 종교신학

Criticism of Religious Pluralism and Evangelical Theology of Religions

* 이 저서는 2019년 장로회신학대학교
순교자김상현목사가족기념석좌기금의 지원으로 수행된 연구임.

종교 다원주의 비판과
복음주의 종교신학

지은이 김영동
펴낸곳 도서출판 케노시스

등 록 제2011-24호(2011. 5. 23)
전 화 02) 453-2208, 450-5435-6
팩 스 02) 2201-6953
주 소 서울시 광진구 광장로 5길 25-1

인 쇄 2020년 10월 22일
발 행 2020년 10월 28일

ISBN 979-11-85698-34-2 (93230)

값 15,000원 (*파본은 바꿔드립니다)

Criticism of Religious Pluralism and
Evangelical Theology of Religions

종교 다원주의 비판과 복음주의 종교신학

김 영 동

도서출판 케노시스

추천사

이 책은 종교다원주의의 시작부터 최근 이슈까지 세밀하게 소개하면서 복음주의 관점에서 비판적 논의와 평가를 하고 있습니다. 복음주의의 관점을 유지하면서도 세부적인 학문적 논의사항들을 밀도 있게 다루기는 쉽지 않은 일인데, 이 한 권의 책은 그러한 과제를 충실하게 수행하고 있습니다. 이 분야의 세계적인 권위자이지만, 국내에 충분히 소개되지 않았던 해롤드 네틀란드 교수님의 통찰력이 김영동 교수님의 해석을 통해 명확하게 전달되는 것도 큰 기쁨을 줍니다.

문상철 | 카리스 교차문화학 연구원 원장, Grace Mission University 인류학과 교차문화학 교수

1991년 호주 캔버라 WCC 총회(정현경 교수의 초혼제), 1992년 감리교 서울연회 재판(전 감신대 총장 변선환 박사의 출교), 2013년 WCC 부산 총회에서 벌어진 반대 시위 등은 모두 종교 다원주의와 관련되어 있다. "예수 이름" 외에 타종교에도 구원이 있다는 주장은 지금도 한국교회의 뜨거운 감자인 셈이다. 이 뜨거운 감자를 다시 꺼내 복음주의적 관점에서 차분하게 정리해주는 안내서가 『종교 다원주의 비판과 복음주의 종교신학』이다. 종교 다원주의의 역사적, 선교 신학적 이해에 관심 있는 모든 이들에게 일독을 권한다.

변창욱 | 장로회신학대학교 선교역사 교수, 대외협력처장

저는 선교의 흐름을 살펴보면서, 어느새 개신교 선교가 3기를 거의 끝내고 제4기 시대에 진입하기 시작했다고 평가합니다. 제4기 선교의 내용을 아직 확정할 수는 없지만 아마도 중요한 개념 중 하나는 종교 대 종교의 선교가 이루어질 것으로 예상했습니다. 그리고 이런 선교 변화 가운데 복음주의 선교의 가장 취약하고 시급한 연구 영역을 종교 신학이라고 지적했었습니다. 이런 시점에 김영동 교수님께서 본서를 출판하시는 것은 가장 시의적절 연구로 보며, 선교에 관심 있는 모든 분에게 적극적으로 추천합니다.

이현모 | 침례신학대학원 선교학 교수

서문

사도행전 1장 8절은 경계선을 넘어가는 선교를 보여준다. 19세기까지의 선교는 지리적 경계선을 넘어서는 선교였다면, 20세기 선교는 문화적 경계선을 뛰어넘는 선교 행전이라 할 수 있다. 그러면 21세기 오늘의 선교 경계선은 무엇일까? 여전히 지리적, 문화적, 인종적, 경제적, 계층적 경계선이 존재하며, 나아가 4차 산업혁명 시대를 맞아 세대 간 경계선 또한 골이 깊어지고 있다. 과거의 경계선이 다 허물어지지 않고 남아 있는 현실에서 새로운 경계선이 생겨나는 현상도 민감하게 받아들여야 할 것이다. 아마도 과거로부터 현재, 그리고 미래에 맞닥뜨려야 할 매우 난해하고 예민한 경계선은 종교적 경계선일 것이다. 종교는 기독교 복음 선교에 커다란 장애 내지는 넘어야 할 경계선으로 도전해 오고 있다.

선교의 경계선으로서 종교는 신학적으로 어떤 의미와 가치를 지니는가에 대한 질문에서 종교신학이 출발한다. 과연 기독교 이외의 종교에 구원이 있는가? 구원이 있다면 어떤 구원인가? 타 종교의 구원이 성경이 제시하는 구원과 어떤 상관성을 가지는가? 종교 간의 갈등과 폭력이 끊어지지 않는 혼란스러운 세상에서 기독교 복음 진리를 어떻게 선포할 것인가? 등의 쉽지 않은 질문을 안고 씨름하는 신학의 한 분야가 종교신학이다.

타 종교를 대하는 한국교회의 배타적인 태도는 불통, 무례함, 이

기심 등의 이미지로 한국 사회에 비쳤다. 이는 전도의 저해요인이 되었고, 한국교회 쇠퇴라는 결과의 한 요인이 되었다. 변화하는 한국의 상황은 한국교회에 타 종교에 대한 더 깊은 이해와 존중과 선교 차원의 대화를 요청하고 있다. 이는 종교 다원주의나 포용주의 입장에서 타 종교를 전적으로 인정하라는 의미가 아니라, 타 종교에 대한 한국교회의 태도와 자세의 변화가 일어나야 한다는 것이다. 복음 진리의 정체성(identity)을 명확히 견지하면서 타 종교, 타문화에 적절하게 상황화하는(relevant contextualization) 자세와 태도를 발전시켜야 한다는 것이다. 어디까지나 선교를 위한, 선교 차원에서 한국교회가 타 종교와 대화의 자세를 취해야 하는 이유는 한국은 이미 다종교사회였으며 현대 한국 사회도 다원화되었다는 사실이다.

한국에는 샤머니즘이 이미 수천 년 동안 자리 잡았고, 중국으로부터 불교, 유교, 도교가 유입되었고, 천도교, 대종교, 원불교와 같은 한국 토속 종교가 자생적으로 발생했다. 이렇게 서로 다른 동양의 전통종교가 이미 한국인의 종교적인 심성에 깊이 어우러져 있는 상태에서 외부로부터 기독교가 뒤늦게 한국에 들어왔다. 서구교회가 기독교의 입장에서 외부로부터 타 종교를 접했다면, 한국 기독교는 한국 사회에 이미 존재하는 전통종교의 내부적인 도전에 대응해 종교를 생각해야 할 것이다.

레슬리 뉴비긴(Lesslie Newbigin)은 현대 사회에 다양한 문화와 종교와 생활방식이 존재한다는 의미에서, 또한 그런 다원성을 모두 승인하고 바람직하게 여긴다는 의미에서 우리가 이미 다원주의 사회에서 살고 있다고 말한다. 한국은 해외 이주노동자의 유입, 재외동포의 유입, 국제결혼의 증가 등으로 외국인의 수가 계속 증가하고 있다. 이로 인해 특정 지역이나 학교에는 한국 사람보다 해외이주민이 더 많은 현상을 보인다. 이러한 인종적, 문화적 다원성은 종교적 다원성을 수반할 수밖에 없다. 다른 인종, 문화, 종교와의 접촉이 불가피해진 다원화 사회에서 한국교회는 다른 종교와의 대화를 통한 선교를 시도하고, 이에 대한 태도와 신학적 입장을 정립해야 한다. '종교 다원주의'의 유혹에 넘어가지 않으면서 타 종교와의 이해, 만남, 대화를 통해 바른 선교를 수행하는 과제는 모든 교회가 함께 풀어나가야 할 숙제로 남는다.

필자는 신학교에서 선교를 가르치면서 종교신학에 대한 관심을 두고 연구를 해 왔다. 이슬람권 국가에서 선교사로 사역하면서 기독교와 이슬람의 관계는 물론이고 타 종교인에 대한 선교 현실과 상황을 이론만 아니라 실천면에서 경험했다. 이러한 선교지 경험과 학교 교육 현장의 요청으로 종교신학에 대한 선교학적 연구를 하게 되었고, 이번에 『종교 다원주의 비판과 복음주의 종교신학』이라는 제목으로 출간하게 되었다. 이러한 제목을 단 이유는 종교신학의 가장 핵심적인 주제를 종교 다원주의의 도전으로 보았기 때문이고, 복음주의 종교신학이라고 한 것은 필자가 추구하는 신학적 방향을 표현한 것이다. 필자가 이 책에서 중심에 두는 종교신학은 복음주의자 해롤드 네틀란드(Harold A. Netland)의 종교신학이다. 네틀란드는 여러 차례 한국을 방문하여 종교신학에 대해 강연을 한 바 있는 복음주의자로 알려진 신학자다.

이 책을 통해 한국의 독자뿐 아니라 온 세상에 흩어져 사역하는 현장 사역자들이 종교신학에 대한 이해를 넓히고, 특히 타 종교권에서 사역하는 분들이 창조적이며 예언자적인 대화의 선교를 하는 데 자그마한 도움이 되길 바란다. 이 책이 나오기까지 여러분들의 도움이 있었다. 특히 장로회신학대학교 박사학위 과정의 류경민, 이세용, 이효준, 조명미 학생들에게 감사한다. 이들은 필자가 개설한 '세계종교연구'라는 과목을 수강하면서 한 학기 내내 매주 어려운 영어 원서와 씨름하며 발제하면서 함께 종교신학을 공부한 분들이다. 그리고 원고를 교정해준 이와 책이 출판되기까지 수고를 아끼지 않은 편집팀 여러분에게 심심한 사의를 표한다. 동시대 선교학자로서 필자에게 우정 어린 추천사를 써 주신 문상철, 변창욱, 이현모 박사님께 깊은 감사를 드린다.

아무쪼록 이 책이 하나님 사랑, 사람 사랑의 선교에 이바지할 수 있기를 바라고, 학생, 선교사, 일반 그리스도인이 삼위일체 하나님의 선교와 종교신학을 더 깊이 이해하고 더 많이 기도하며 더 충실하게 참여하도록 하는데 이바지할 수 있기를 소망한다.

차례

제3부 복음주의 종교신학

제1부
선교학으로서 종교신학

1장
종교신학 정의

기독교와 다른 종교와의 관계에 대한 신학적 성찰은 종교 문화의 다원화를 특징으로 하는 현대 사회에서 대단히 중요한 문제다. 과연 다른 종교가 제시하는 진리가 성경적으로 타당한가? 다른 종교에도 복음이 주는 구원과 같은 구원이 있는가? 이 장에서 종교신학의 배경과 역사적 흐름, 종교신학과 선교학, 종교신학의 개념 정의를 살펴보려고 한다.

I. 종교신학(theologia religionum) 배경과 역사적 흐름

종교신학이란 용어는 1960년대 이후에 등장하였으며, 새로운 선교학의 한 분야로 논의되고 있다. 20세기에 종교신학이 등장하기 전에

도 다른 종교는 존재했었고, 기독교와의 관계성에 대한 논의가 없지 않았다. 다른 종교와의 관계성 및 그에 대한 적응의 문제는 구약에 뿌리를 둔 오래된 주제이다. 사실 종교신학의 문제는 초기교회의 기독교 선교 때부터 직면했던 난제이며, 기독교 왕국(Christendom) 시대에 극단적인 타 종교 부정의 혹독한 비평기도 있었지만, 최근까지 비교적 활발하게 논의되고 있다.

소수자로서 기독교가 박해와 고난의 위기 시대를 보낸 후인 380년에 로마 황제 테오도시우스(Theodosius)는 칙령으로 전 로마제국의 시민은 모두 그리스도인이 될 것을 선포했다. 이전에는 '불법 종교'(religio illicita)였던 기독교가 '합법 종교'(religio licita)로 위상이 바뀌었다. 이듬해인 391년에 모든 비기독교적 의례가 금지되었다. 1302년 교황 보니페이스(Boniface)는 우남 상탐(Unam Sanctam)이라는 칙령을 발표하여 오직 로마 가톨릭교회만이 유일한 구원의 기구임을 천명하였다. 1442년 플로렌스(Florence) 공의회는 로마 가톨릭교회와 무관한 사람은 영원한 지옥불에 빠진다고 하였다. 1566년에 공포된 『로마교리문답서』(Cathechimus Romanus)는 로마 가톨릭교회의 무오성을 가르쳤다. 1832년에 교황 그레고리 16세(Gregorius XVI)는 종교선택의 자유는 오류인 동시에 신성모독으로 간주하였다. 이처럼 로마 가톨릭교회는 "교회 밖에는 구원이 없다(extra ecclesiam nulla salus)"를 천명하였고, 1962-65년에 열렸던 제2차 바티칸공의회까지 최소한 이 원칙이 적용되었다. 이러한 로마 가톨릭교회 중심주의 선교의 의미는 정복을 가리킨다. 그에 반해 개신교 선교 신학의 토대가 되는 신조는 "말씀밖에는 구원이 없다(extra verbosum nulla salus)"[1)]

---

1) Paul Knitter, *No Other Name*, American Society of Missiology Series (Book 7) (New York:

라고 할 수 있다.[2)]

로마제국의 국교로 된 이래로 근대 계몽주의에 이르기까지 대체로 기독교는 유일한, 배타적, 우월한, 명확한, 규범적인 그리고 절대적(unique, exclusive, superior, definitive, normative, absolute) 종교로 간주하였고, 오직 존재하고 퍼져나가야 할 신적 권위를 지닌 유일한 종교였다. 중세의 전 시기에 걸쳐 기독교의 최대 적대자는 이슬람이었으며, 무함마드는 제2의 아리우스로 인식되기도 하였다. 한때 이슬람은 기독교 이후의 악마의 모방(imitatio diaboli)으로 간주되었다.

이러한 기독교 절대주의 시대 상황과 일반적 시대사조를 고려할 때, 교회 선교의 태도는 정복주의와 식민주의 형태로 흘러갔음을 쉽게 알 수 있다. 그러나 예외적인 인물이 있었으니, 14세기의 레이몬드 룰(Raimond Rull)과 16세기의 라스 카사스(Las Casas)[3)], 로베르토 데 노빌리(Roberto de Nobili), 마테오 리치(Mateo Ricci), 프랜시스 사비에르(F. Xavier) 등이다.

라스 카사스(Las Casas)보다 반세기 전에 독일의 추기경 쿠사의 니콜라우스(Nicholas of Cusa)는[4)] 기독교와 이슬람 사이 전쟁의 참혹함과 비참함을 통찰하고, 모두가 '종교의식의 다양성 속에서 하나의 종교(religio una

---

Orbis Books, 1985), 135.

2) D. Bosch, *Transforming Mission*, 김만태 옮김, 『변화하는 선교』 (서울: 기독교문서선교회, 2017), 734.

3) 라스 카사스에 대하여 자세히 연구하고 싶은 분은 다음 글을 참조하기 바란다. 김영동, 『교회를 살리는 선교학』 (서울: 장로회신학대학교출판부, 2003), 238-257; Gustavo Gutierrez. *Las Casas: In Search of the Poor of Jesus Christ*, english trans. R. R. Barr (New York: Orbis Books, 1993).

4) 니콜라우스는 하나님에 대한 인식은 완결된 지식으로 끝나는 것이 아니라, 물음, 즉 또다시 새로운 인식과 경험으로 나아가는 물음으로 이어진다는 사실을 강조한다.

in rituum varietate)'를 인정하는 날이 오기를 희망했다. 그렇지만 니콜라우스는 이슬람에 대한 기독교의 절대 우월성을 의심하지는 않았다. 라스 카사스도 아메리카 인디언의 '미신'이 기독교 신앙보다 명백히 열등하다고 보았다. 그 역시 기독교는 여러 종교 중 한 종교이나 참 종교라고 보았다.[5] 타 종교는 거짓, 신성모독, 악마의 종교라는 신학적 전통이 터툴리안(Tertulian), 어거스틴(Augustine), 아퀴나스(Aquinas), 루터(Luther), 바르트(Barth)로 이어졌다.

중세의 로마 가톨릭 주도의 기독교 절대주의 사고와 확고한 태도가 18세기까지 지속하여 오다가 그 이후로는 점차 힘을 잃어갔다. 기독교 진리와 가치는 심각하게 의문시되고 무시당하며 비판받고 있다. 이런 변화의 주요인은 계몽주의이다. 계몽주의는 종교와 가치 세계에 있어 상대주의 태도를 보인다. 이것은 기독교 신앙의 확실성과 기독교의 존립 자체를 위협하였다. 식민주의 종식과 함께 기독교의 주도권도 종말을 고하며, 이런 현상은 식민국가에서뿐만 아니라 유럽에서도 마찬가지이다. 오늘날에는 종교와 이데올로기의 자유 시장 개방 상태라 할 수 있다. 서구 곳곳에서 기독교인, 무슬림, 힌두교도, 시크교도, 불교도 등이 빈번하게 접촉하며 더불어 이웃하여 살고 있다. 이전과 달리 특히 서구인 중에서 기독교와 타 종교는 형태는 다르나 유사성이 있다고 주장하는 이가 많아지고 있다.[6]

5) D. Bosch, 『변화하는 선교』, 735.

6) 위의 책, 735-36.

II. 계몽주의의 영향과 그 이후

계몽주의자는 종교가 사라질 거로 생각하였으며, 가치의 세계보다 사실의 세계가 주도하리라고 보았다. 공산주의가 "종교는 인민의 아편"으로 여겼다는 것은 다 아는 사실이다. 아놀드 토인비(Arnold Toynbee)는 옥스퍼드(Oxford) 학창시절에 그의 친구들에게 종교는 미래가 없고 곧 사라질 것으로 믿었다고 말하였다.[7] 1928년 제3차 국제선교협의회(IMC)에서 존 맥머레이(John Macmurray)는 "종교는 과학적 사고의 발흥과 더불어 곧 사라질 것이다"라는 명제를 주장하였다.[8] 물론 기독교는 예외라고 하였다. 1960년대, 즉 "세속화의 60년대(secular sixties)"와 더불어 종교는 그 임종식이 가까이 왔다고 생각되었다. 그런데 종교는 사라지지 않았다. 오히려 그 반대 현상이 일어났다. 오늘날 우리는 "계몽주의 이후의 종교"를 토론하지 않을 수 없는 현실에 살고 있다.[9] 토인비의 견해도 오류로 판명되었다. 디트리히 본회퍼(D. Bonhoeffer)의 "비종교화된 인간존재", "세속적인 세계"도 사실과 다르게 드러났다. '세속적인 1960년대 이후' 과학을 영적 통찰력과 전체적 진리를 아는 적절한 수단으로 여겼던 것도 의문시되고 과학의 한계성이 드러났다. 과학에 대한 개방적인 태도가 요청

7) 그러나 후에 토인비는 초기의 자기주장과 달리 종교가 존재할 것과 현대 사회에서 종교의 기능에 관해 긍정적인 평가를 하였다. Arnlod J. Toynbee, *Experiences* (London: Oxford University Press, 1969), 322-28.

8) Lesslie Newbigin, *The Finality of Christ* (London: SCM Press, 1969), 31.

9) 로마 가톨릭 신학자 헤르만 뤼베(Hermann Lübbe)가 쓴 『계몽주의 이후의 종교』(*Religion nach der Aufklärung*, 1986)가 이러한 역사적 변천의 한 단면을 보여 준다.

되고, 더 나아가서는 인간의 초월적인 욕구의 부활에 관한 글이 점점 더 늘어나고 있다.[10]

종교부흥은 기독교뿐만 아니라 타 종교에서도 일어나고, 오히려 타 종교의 부흥이 더 눈에 띈다. 제2차 세계대전이 끝난 후 이전에 식민 지배를 받았던 나라들이 전통종교의 부흥으로 민족주의와 민족 국가형성을 꾀하였다. 타 종교의 부흥과 선교는 어떤 면에서 기독교보다 더 공격적인 "선교 운동"으로 나타났다. 힌두교는 인도뿐만 아니라 서구에서 개종을 위한 선교를 하고 있으며, 불교는 스리랑카와 그 외 곳곳에서 열정적으로 선교하고 있다. 이슬람의 성장은 가히 놀라울 정도다. 선교통계학자인 토드 존슨과 브라이언 그림(Johnson, Todd M. and Brian J. Grim)의 통계에 의하면 20세기 초(1910년)와 비교하여 100년 동안 기독교인은 3.5배 증가하였으나, 무슬림은 약 7배 증가하였다.[11] 서구에서의 종교자유가 타 종교 선교에 좋은 기회를 제공하는 반면, 이슬람 국가들은 철저히 종교자유를 제한하고 있어, 기독교 선교의 제한지역이 되고 있다.

이상의 모든 도전이 기독교에 대한 전례 없는 질문을 제기하고 있다. 오늘에 와서 기독교에 대해 제기되는 두 가지 큰 문제는 ① 현세 중심적이며 세상적 구원을 제공하는 세계관(현대 인본주의)과의 관계 형성 문

---

10) D. Bosch, 『변화하는 선교』, 736-37. 데이비드 보쉬는 자기의 논지를 뒷받침하기 위해 다음과 같은 책들을 제시한다. Peter Berger. *A Rumor of Angels: Modern Society and the Rediscovery of the Supernatural* (New York: The Doubleday Anchor Book, 1970); Theodore Roszak. *Where the Wasteland End: Politics and Transcendence in Post-Industrial Society* (London: Faber and Faber Ltd. 1973; Harvey Cox, *The Seduction of the Spirit*, 김민수 옮김, 『영혼의 유혹』 (서울: 동호서관, 1980).

11) Todd M. Johnson and Brian J. Grim, *The World's Religions in Figures: An Introduction to International Religious Demography* (Chichester: Wiley-Blackwell, 2013), 12, 19.

제 ② 타 신앙인(세계 종교)과의 관계 설정에 놓여있다.[12] 에릭 샤프(Eric J. Sharpe)는 비록 선교와 세계, 선교와 정치, 선교와 사회 행동도 중요하나, 타 종교의 도전은 세속 이데올로기의 도전보다도 더 중요하다고 한다. 따라서 그는 선교 신학의 대요(大要 epitome)를 종교신학이라고 단언한다.[13]

계몽주의 이후의 종교에 대한 부정적이며 긍정적인 평가와 진단을 중심으로 제기된 종교신학의 핵심 이슈는 기독교 교회와 선교가 부흥하는 세계 종교의 도전에 응답할 준비가 되어 있느냐 하는 것이다. 1928년 예루살렘 대회 이후 이 논제에 관한 토론은 1912년 올드햄에 의해 창간된 잡지인 국제 선교 평론(IRM)을 통해 계속되었다. 한편 유명한 선교 인류학자였던 스위스 태생의 헨리 저노드(Henri Junod)[14]는 전통 아프리카 종교와 의례에 관해 긍정적인 평가를 내렸는데,[15] 이것은 파구하(J. A. Farquhar)의 '성취 모델'을 따르는 한 예로 볼 수 있다. 파구하는 힌두교를 포함하여 다른 종교가 기독교 복음의 예비로 보고, 기독교는 다른 종교의 '왕관'으로 간주했다.[16] 다른 한편으로 베를린 대학의 첫 전임 선교학 교수였던 율리우스 리히터(Julius Richter)는 선교지에서 교회와 타 종교의 만남에

12) D. Bosch, 위의 책, 737.

13) Eric J. Sharpe, "New Directions in the Theology of Mission," *The Evangelical Quartely* vol. 46 (1974): 8-24.

14) Anderson et at., ed. *Mission Legacies: Biographical Studies of Leaders of the Modern Missionary Movement* (Maryknoll, NY: Orbis), 1994, 347-48.

15) Norman E. Thomas, "Junod, Heni Alexandre," in *Dicionary of African Christian Biography* https://dacb.org/stories/mozambique/junod-henrialex/ (2020. 8. 26).

16) J. N. Farquhar, The Crown of Hinduism (London: Oxford University Press, 1913); Eric Sharpe, "J. N, Farquhar. 1861-1929: Presenting Christ as the Crown of Hinduism," in Anderson et at., ed. *Mission Legacies*, 293-94.

관한 연구에 몰두했다.[17] 그는 타 종교를 추방함으로써 사람들을 구원할 수 있다고 주장한 대표적인 배타주의자였다. 또 독일 선교학의 주요 인물인 칼 하르텐스타인(Karl Hartenstein)도 터툴리안의 기독교와 타 종교의 불연속성을 강조하는 전통에 동의했다.[18] 인도네시아의 자바에서 사역했던 네덜란드 평신도 선교사이며 이슬람 전문가였던 헨드릭 크래머(Hendrik Kraemer)는 1938년 탐바람(Tambaram) 국제선교협의회 개최 이전에 다른 종교에 관한 기독교의 견해를 설명하는 책을 썼다.[19] 이 책에서[20] 크래머는 "자신이 근본주의자로서 교리적이고 정통주의 신봉자"로서 윌리엄 호킹 중심의 평신도 해외선교위원회의 자유주의 성향"[21]을 비판적으로 보았다. 자유주의 선교 신학은 "종교 경험 교환"과 "사회 봉사"를 복음 전도나 교회 개척보다 우위에 두었다. 당시 인본주의적인 신학과 선교가 지배하던 시기에 크래머는 그리스도 중심주의를 강조하였다.[22] 그의 선교 신학

17) Hans-Werner Gensichen, "Richter, Julius," in Anderson et at., ed. *Biographical Dictionary of Christian Missions, ed. Gerald H. Anderson* (New York: Macmillan Reference USA, 1998), 569.

18) Gerold Schwarz, "Karl Hartenstein 1894-1952: Mission with a Focus on 'The End'" in Anderson et al., *Mission Legacies*, 591-601. Hans-Werner Gensichen, "Hartenstein, Karl (1894-1952)," in Anderson et at., ed. *Biographical Dictionary of Christian Missions*, 282.

19) Libertus A. Hoedemaker, "Hendrik Kraemer, 1888-1965: Biblical Realism Applied to Mission." in Anderson et al., *Mission Legacies*, 508-15.

20) Hendrik Kraemer, *The Christian Message in a Non-Christian World* (London: Edinburgh House Press, 1938).

21) Timothy Yates, *Christian Mission in the Twentieth Century* (Cambridge: Cambridge University Press, 1996), 116.

22) Hendrik Kraemer, *The Christian Message*, 59-60; Jan A. B. Jongeneel, "Hendrik Kraemer's Christian Message in a Non-Christian World: A Magnum Opus after Seventy-Five Years," *IBMR* Vol. 37 issue 4 (2013): 203. 용어네일은 이 글을 쓸 당시 지난 75년 동안 크래머의 책은 여전히 기독교 선교에 고전으로 간주되었으며, 최소한 세 영역(종교학, 조직신학과 선교신학, 실천신학)에서 지속적으로 연구되고 있다고 한다. 위의 책, 205.

은 많은 사람에게 호킹의 보고서에 대한 균형 잡힌 시각을 제공했고, 두 가지 입장 다 탐바람 마지막 문서에 나와 있다.

당시 선교 운동을 일으키고, 활발하게 활동했던 대표적 선교사로서 인도에서 사역한 다섯 사람이 창조적인 혁신으로 인해 두드러진다. 앤드류(C. F. Andrews), 스탠리 존스(E. Stanley Jones)[23], 아자리아(V. S. Azariah)[24] 이다 스쿠더(Ida S. Scudder), 나일스(D. T. Niles)[25] 등의 탁월한 선교사의 공통점은 당대의 종교 갈등과 충돌과 긴장 속에서 현지 종교의 존중과 이해와 대화를 구현한 인물로 그 의의가 크다. 이들이 본격적인 종교신학을 논한 사람은 아닐지라도 종교에 대한 근본적인 태도와 접근방식에 새로운 패러다임을 보여주었다고 본다.

케네스 크랙넬과 램(Kenneth Cracknell & C. Lamb)은 영국이라는 무대를 중심으로 볼 때, 선교학의 전 영역이, 그 중에서도 종교신학은 신학기관으로부터 거의 관심을 받지 못하고 실천신학의 대수롭지 않은 하위분야 위치에 처해 있다고 지적했었다.[26] 이처럼 신학과 선교 영역에서 종교

23) 존스의 저서 중 가장 많이 알려진 것 중 하나는 *The Christ of the Indian Road* (New York: Abingdon Press, 1925)이다. 전기에 대한 글은 Richard W. Taylor, "E. Stanley Jones, 1884-1973: Following the Christ of the Indian Road," in Anderson et al., *Mission Legacies*, 339-47.

24) 1910년 에든버러 세계선교사 대회에서 남긴 아자리아의 말은 오늘날에도 심금을 울리는 교훈을 준다. "오고 오는 세대에 인도 교회는 선교단체의 영웅적 헌신과 자기 부정의 수고에 감사함으로 증언할 것이다. 여러분들은 가난한 사람들에게 물질을 주었으며, 여러분들의 몸을 불사르게 내어주었다. 우리는 또한 사랑을 원한다. 우리에게 친구를 주시오!" Brian Stanley, *The World Missionary Conference, Edinburgh 1910* (Grand Rapids: Eerdmans, 2009), 125.

25) 세계교회 연합과 협력을 위해 공헌한 나일스는 복음 전도 과제에 대해 "거지가 또 다른 거지에게 어디에서 밥을 얻을 수 있는지를 말해주는 것"(It[Evangelism] is one beggar telling another beggar where to get food.")이라고 했다. D. T. Niles, *That They May Have Life* (New York: Harper & Brothers, 1951), 96.

26) Kenneth Cracknell & C. Lamb (eds.). *Theology on Full Alert*. 2nd Revised edition (London: The British Council of Churches, 1986), 10-16.

에 대한 문제는 소위 뜨거운 감자로 논쟁의 중심에 있으나 그 문제의 심각성이나 중요성만큼 신학과 선교학이 제대로 부응하지 못하고 있다.

III. 종교신학과 선교학

제럴드 앤더슨은 "종교신학과 선교학"이란 글에서 "다가오는 미래 선교학의 그 어떤 이슈도 종교신학보다 더 중요하고, 더 난해하며, 더 논쟁적이고 혹은 더 결정적인 것은 없다."[27]라고 주장한다. 그는 지금까지 기독교 신학이 종교에 대해 가졌던 입장과 태도를 크게 둘로 나누어 분석한다.

첫째는 신학적 무관심이다. 오늘날과 같은 종교 다원화 시대에 서양의 기독교 신학은 그에 대해 대처할 신학적 준비가 부족하여 신학적인 관심을 두지 않았다는 것이다. 사실 서구교회는 오랜 선교 경험을 통하여 타 종교와 접촉해 왔으나 그 경험을 신학적으로 잘 정립하지 못하였다. 앤드류 월스(Andrew Walls)는 서구의 기독교인 가운데 하나의 가정이 있다고 말한다. 그 가정이란 "바로 우리는 어느 날 갑자기 종교 간 접촉의 첫날을 맞는다는 것, 여러 세대에 걸쳐 축적된 경험을 그냥 지나쳐버리는 것, 더 나쁜 것은 은연중에 기독교를 서구의 작업 틀(framework) 안으로

27) Gerald Anderson, "Theology of Religions and Missiology: A Time of Testing," in Charles van Engen, et al., ed., *The Good News of the Kingdom: Mission Theology for the Third Millennium* (Maryknoll, New York: Orbis Books, 1993), 200.

가두어 버린다는 것이다."[28] 그러나 이제 이런 가정은 더 지탱될 수 없으며, 종교문제는 선교학에 절체절명의 중요한 질문이다. 그것은 "현대 기독교가 직면한 생사가 걸린 이슈"이며, "복음에 대한 충성심에 대한 시험이며, 다른 어느 것보다 시급한 신앙고백의 문제"[29]가 된다. 서구에서 종교신학은 새로운 현상으로 받아들여졌을지 모르지만, 그 외 세계에서 타 종교와의 관계 문제는 일상적인 이슈였다.[30]

둘째 입장은 신학적 상대주의이다. 이것은 계시의 다원성과 종교의 동등성을 주장하는 종교 다원주의 입장이다.[31] 이들의 주장은 대개 성경을 언급하지 않거나 성경을 "인간 상상력의 산물"[32]로 본다. 이 종교 다원주의 문제는 WCC 내에 심각한 신학적 분쟁을 불러일으켰으며, 1991년 호주 캔버라 총회 때 주제발표를 한 정현경으로 인하여 성령론과 혼합주의 문제가 불거지면서 정교회가 WCC를 탈퇴할 뻔한 위기가 있었다. 이것은 WCC가 무엇을 추구하는지와 본연의 사명이 무엇인지에 대한 우려를 자아내었다. 특히 레슬리 뉴비긴과 요한네스 베르카일은 신학적으로 문제를 제기하였다. 이러한 일련의 사건과 신학적 문제 제기는 종교 다원주의, 종교 간 대화, 혼합주의에 대한 명쾌한 신학적 정립을 요청하였다.[33] 우리는 이러한 현실에서 타 종교를 보는 건전하고 복음적인 종교

28) Andrew Walls, "Structural Problems in Mission Studies," *IBMR* vol.15 no.4 (October 1991): 148.

29) Karl Braaten, *No Other Gospel! Christianity Among the World's Religions* (Minneapolis: Fortress Press, 1992), 89.

30) Gerald Anderson, "Theology of Religions and Missiology," 200-201.

31) 위의 책, 201-203.

32) John Hick, Paul F. Knitter, *The Myth of Christian uniqueness: Toward a pluralistic theology of religions* (Maryknoll: Orbis Books, 1987), 8.

33) Gerald Anderson, 위의 책, 203-205.

신학을 정립해야 할 과제를 안게 되었다.

VI. 종교신학 개념 정의

종교신학을 정의 내리기 전에 먼저 신학에 대해서 생각해보기로 한다. 해롤드 네틀란드는 데이비드 웰스(David F. Wells)의 신학에 대한 이해를 소개하면서 종교신학의 방향까지도 끌어낸다. 웰스는 세 가지 관점에서 신학을 생각한다. 그 세 가지 관점이란 첫째로 신앙고백이고, 둘째로 이 신앙고백에 대한 성찰이며, 셋째로 신앙고백과 성찰에 토대를 둔 덕의 함양을 말한다. 신앙고백이란 교회가 믿는 바를 말한다. 계시된 하나님의 말씀을 통해 교회에 주어진 하나님의 진리다. 정확하고 분명하며 절대적인 하나님의 계시로서 성경 말씀에 대한 확신이 신앙고백이다. 성찰이란 "이 세상에서 하나님의 말씀을 받은 사람은 어떤 사람이 되어야 하는 것을 이해하려는 지적인 투쟁"[34]이다. 성경 계시의 말씀을 전체적으로 조망하려는 시도이다. 이것은 또한 하나님의 본성과 목적에 대한 핵심 주제와 성경의 여러 부분을 책임성 있게 연결하려는 시도이다. 다양한 상황에서 하나님의 말씀을 경험하고, 실제 삶에 적용했던 역사상 과거의 교회가 낳은 지혜를 포함한다. 그리고 성찰은 신앙고백과 규범을 연결하려는

---

34) David F. Wells, *No Place for Truth: Or, Whatever Happened to Evangelical Theology?* (Grand Rapids, Mich.: Eerdmans, 1993), 99-100.

노력이다. 즉 신앙고백의 내용과 어떤 특정한 시간과 공간의 특수한 사회에서 만들어진 규범적인 것을 연결하는 노력이다. 세 번째 신학의 요소인 "신앙고백과 성찰에 토대를 둔 덕의 함양"은 신앙고백과 성찰에 기초하는 기독교 삶의 실천과 지혜를 말한다. 참된 기독교 신학은 로고스와 파토스와 에토스를 변화시키는 총체적인 일이다. 덕의 함양은 지혜의 성장과 행동의 변화를 포함한다. 신학은 "하나님이 거룩하신 분이시기에 본질상 도덕적이고, 기독교인의 삶의 실천이 일차적으로 기술의 문제가 아니라 진리의 문제이기 때문이며, 실천과 사고 혹은 사고와 실천을 분리하는 것을 거부하기에 영적인"[35] 성격을 띤다. 네틀란드는 이러한 웰스의 신학에 대한 이해를 토대로 다음과 같은 복음주의 종교신학의 특성을 이야기한다.

"하나님의 성스러움과 도덕적 성격에 뿌리를 내리는 영성의 함양은 복음주의 종교신학에 통합적이어야 마땅하다. 우리가 어떻게 다른 종교에 대해 생각하느냐만 아니라 우리가 어떻게 다른 종교 전통의 신자와 인격적인 관계를 맺는가에 영향을 미친다."[36] 네틀란드는 복음주의 종교신학이라면 다음과 같은 조건을 충족해야 한다고 말한다. 첫째, 복음주의 종교신학은 성경의 가르침과 가치와 세계관에 토대를 두어야 하고, 지난 기독교 역사의 도도한 흐름 속에서 전승되어온 교회의 신앙고백의 핵심 내용에 부합해야 한다. 둘째, 다른 종교의 신앙, 제도, 신행을 기술할 때는 현상학적으로 정확하게 해야 한다.

이제 우리는 종교신학에 대한 정의를 내리려고 한다. 필자는 종교신학에 정통하며 오순절 신학자인 벨리마티 캐르캐이넌(Veli-Matti

---

35) 위의 책, 100.

36) Harold A. Netland, *Encountering Religious Pluralism*, 311.

Kärkkärinen)의 종교신학의 정의를 소개한다. 종교신학이란 "신학연구의 한 분야로서, 다른 종교의 의미와 가치를 논리적으로 설명하려는 시도다. 기독교 종교신학은 그리스도인이 다른 신앙을 가진 사람과 함께 살아가는 바가 무슨 의미인지, 그리고 기독교와 타 종교의 관계는 어떠한지에 대해 신학적으로 생각하는 시도이다."[37] 기독교 종교신학이란 세상에 존재하는 다른 종교에 대한 기독교적 해석이며, 기독교의 구원과 진리와 복음 편에서 다른 종교의 진리와 구원을 이해하고 해석하는 신학적이며 선교학적인 노력이라고 할 수 있다.

37) Veli-Matti Kärkkärinen, *An Introduction to the Theology of Religions* (Dowers Grove, IL.: InterVarsity, 2003), 20; Harold A. Netland, *Encountering Religious Pluralism*, 310.

2장
종교신학 유형

I. 대표적인 종교신학 유형론

1. 알렌 레이스(Allan Race)와 존 힉(J. Hick)의 유형론

최초로 종교신학의 유형을 체계화한 알렌 레이스와 그의 유형론을 이어받은 존 힉은 타 종교에 대한 기독교 신학 유형을 일반화하여 다음과 같이 세 가지로 분류하였다.[1)]

1) Alan Race. *Christians and Religious Pluralism: Patterns in the Christian Theology of Religions* (Maryknoll, N.Y.: Orbis Books, 1982).

1) 배타주의(Exclusivism)[2)]

전통적이며 근본주의적인 기독교의 타 종교관으로서, 오직 예수 그리스도를 믿는 믿음으로 구원을 받으며, 계시종교인 기독교 외의 모든 종교는 참 진리가 아니라는 관점이다. 기독교의 유일성과 절대성을 믿는 견해다.

2) 포용주의(Inclusivism)

모든 종교에 어느 정도 진리가 있음을 인정하나 예수 그리스도에 대한 믿음으로 구원을 받는다. 복음은 최종적이며 절대적인 진리이며 언제나 변함이 없다는 주장이다.

3) 종교 다원주의(Pluralism)

타 종교도 구원과 해방을 할 수 있음으로 궁극적인 신적 존재에 대한 인간의 반응이 다양할 수 있음을 시인하는 태도로 모든 종교에 구원이 있다고 본다. 존 힉은 이 입장을 가장 바람직한 태도로 강조한다.

2. 자크 뒤피(D. Jacques Dupuis)의 분류

삼위일체론적 종교신학의 모델을 제안하는 로마 가톨릭 신학자 자크 뒤피는 성부, 성자와 분리된 성령이 타 종교에 현존한다는 견해다. 모든 종교가 진리와 구원론에서 대체로 동등하다는 견해의 학자 가운데 한

2) 배타주의라는 말 대신에 특정주의, 특수주의, 특별주의 등으로 번역되고 있으나 필자는 편의상 배타주의나 특정주의라는 말을 상황에 따라서 사용하되, 저자(혹은 번역자)가 선호하는 용어 사용에 따라 특별주의 특수주의라는 용어도 사용한다.

사람이 자크 뒤피다. '기독교 종교신학'이 아니라 "종교 다원주의 기독교 신학"[3]이란 뒤피의 저서가 암시하듯이 그는 기독론보다는 성령론에 의지하여 종교신학 가설을 전개하고, 성령의 보편주의 입장을 띈다. 뒤피가 굳이 '종교신학'이란 용어보다 '종교 다원주의 신학'을 선택하는 이유는 다른 종교인의 구원 문제만 아니라 다원화된 다른 종교 신앙에 관한 하나님의 설계가 어떤 의미를 지니는지를 기독교 신앙의 관점에서 고찰하기 때문이라고 한다. 그는 다른 종교를 "살아있는 신앙"(living faiths)으로 규정하며 '다원주의(pluralism)'와 '다원화(plurality)'를 같은 용어로 사용한다.[4] 종교 다원주의는 사실상(de facto)은 물론 원리상(de jure) 옳은 실제이며, 모든 종교는 서로 다르지만 상호 풍요로움(mutual enrichment)과 교차 수정(cross-fertilization)을 추구해야 한다고 주장한다.[5] 뒤피는 전통적인 종교신학 유형론의 틀을 벗어나서 네 가지 유형을 제시한다. 종교와 문화가 다원적인 타 문화권은 물론이고, 문화, 종교, 인종, 세대, 교육, 부 등으로 점차 다원화되어 가고 있는 한국 사회에서 타 종교에 대해서 어떤 신학적 관점과 태도를 지녀야 할지가 중요한 과제로 제기된다.

1) 교회중심주의(Ecclesiocentrism)

교회중심주의는 타 종교에는 구원이 없으며 하나님을 찾는 바른길이 아니라고 본다. 구원은 오직 예수 그리스도의 교회를 통해 가능하다. 교회는 그리스도 안에 있는 신앙의 장소이다. 성경은 하나님의 독특한 계

---

3) D. Jacques Dupuis, *Toward a Christian Theology of Religious Pluralism* (Maryknoll, NY: Orbis, 2002).

4) 위의 책, 10.

5) 위의 책, 11.

시이며, 따라서 신의 계시 때문에 전달될 수 있다. 예수 그리스도는 성경과 기독교 신앙의 중심으로서 하나님의 유일한 성육신이며, 완전히 신이며 완전한 인간이시다. 이 예수 그리스도만을 통해 인간은 구원과 계시를 받을 수 있다.[6)]

2) 그리스도중심주의(Christocentrism)

그리스도중심주의는 포용적인 접근으로, 그리스도는 구세주이나 그의 구원하는 역사는 기독교 교회 밖에서도 찾을 수 있다는 것이다. 그러나 구원은 그리스도의 사역을 통해서만 가능하다.

예수 그리스도는 독특하고 규범적이다. 혹은 타 종교의 표상보다 더 우월하다. 따라서 구원은 항상 그리스도 안에서 그리고 그를 통해서 온다. 하나님의 은혜와 구원은 교회에만 제한되지 않는다. 교회는 구원의 주요 도구이다. 타 종교는 그 모든 약점과 결점과 더불어(이것은 기독교에도 마찬가지로 적용된다) 하나님의 구원 계획 속에서 어떤 긍정적인 역할을 한다. 비록 그 자체로 구원을 얻는 "정상적인"(ordinary) 수단은 아니지만 말이다.[7)]

3) 신중심주의(Theocentrism)

신중심주의는 알렌 레이스가 분류한 종교 다원주의 입장으로서, 그리스도는 다른 여러 구세주 가운데 하나로서 배타적이지 않다. 이 관점에서는 하나님 한 분만이 중심에 있다. 다양한 종교는 기독교를 포함하여

6) 위의 책, 185-86.

7) 위의 책, 186-87.

신에게 이르는 여러 길이라고 믿는다.[8)]

4) 실재중심주의(Realitycentrism)

신중심주의의 다른 단계로서, 후기의 존 힉을 비롯한 여러 사람이 취한 입장이다. 종교의 중심은 신이나 신령이 아니라, 궁극적인 실재(ultimate reality)이다. 이 궁극적 실재의 이름이 어떠하든지 간에 문제가 되지 않는다. 극단적인 다원주의자 입장이다. 이 견해는 '하나님 나라 중심주의'와 '구원중심주의'를 초월하는 모델이라고 한다.[9)]

뒤피는 실재중심주의에 첨가하여 '로고스중심주의'와 '성령중심주의'라는 모델을 소개하는데 이를 종합하여 '삼위일체론적 성령중심주의'로 말할 수 있다. 고대 교부 이레니우스(Irenaeus)가 말한 말씀(로고스)과 성령은 성부 "하나님의 두 팔(two hands of God)"로서 공동으로 일하는 것을 강조한다.[10)] 그런데 과거 신학은 위격의 독립성(hypostatic independence) 또는 하나님의 두 손, 즉 성령과 말씀(성자) 사이의 인격적 구분을 말하였다. 하나님의 세상 구원 경륜에서 명확하게 구별되는 두 채널로 보았다. 이 접근은 칭찬받을 만하고 흥미롭지만, 삼위일체 신학자로서 뒤피는 성령을 그리스도로부터 분리하는 경향이 있는 성령중심적 접근을 좋게 보지 않았다. 성경(특히 요한복음 서문)에서 로고스, 즉 말씀은 어디서든 그의 의지대로 움직이는 성령의 묘사와 다르지 않은 보편적인 용어로 묘사된다. 로고스 중심주의와 그리스도 중심주의는 상호 반대되는 것이 아니라

---

8) 위의 책, 187-89.

9) 위의 책, 193-95.

10) Saint Irenaeus, *Contra Haereses*, IV, 7, 4; D. Jacques Dupuis, 위의 책, 195.

고 한다. 그들은 독특한 체계로 서로를 요청한다.[11)]

뒤피는 기독론적 모델에서 성령 중심적 접근을 분리하는 것에 신학적 교정을 제안한다. 인간 역사에 성령의 보편적인 행동을 확언하지만, 역사적 예수 사건 전후, 즉 성령의 행동과 예수 그리스도의 행동은 상호 보완적이고 분리할 수 없다. 성령중심주의와 그리스도중심주의는 두 개의 독특한 구원의 경륜으로 해석될 수 없다. 이 둘은 구원의 경륜 안에서 분리할 수 없는 측면, 상호보완적인 요소이다. 성령은 인간에 대한 하나님의 자기 소통과 그리스도의 영이다. 그러므로 성령의 우주적 영향은 부활한 예수의 보편적 행동으로부터 분리될 수 없다.[12)]

뒤피에 의하면 종교신학은 종교 다원주의 신학일 수밖에 없다고 하면서, 그러한 신학은 종교 간의 대화에 관한, 그리고 대화 속의 종교 다원주의 신학이라고 한다.[13)] 뒤피가 제안하는 삼위일체론적이며 성령 중심적 기독론에 입각한 종교 다원주의 신학은 다른 종교에 말씀과 성령의 현존을 인정하며, 전통적인 배타주의와 포용주의를 극복하고, 기독교와 '진리와 은혜의 원천'으로서 다른 종교는 상호 간에 비대칭 상보성(mutual asymmetrical complementarity)을 가진다고 말한다. 이 말은 다른 종교에도 하나님의 '진리와 은혜'가 있지만, 예수 그리스도의 인격과 사역을 통해 타의 추종을 불허하는 하나님의 계시(자기 소통)를 무효화되지는 않는다고

11) Veli-Matti Kärkkäinen, *An Introduction to the Theology of Religions* (Downers Grove, IL.: IVP, 2003), 211-212.

12) D. Jacques Dupuis, 위의 책, 195-98.

13) D. Jacques Dupuis, *Christianity and the Religions: From Confrontation to Dialogue* (Maryknoll, NY: Orbis, 2003), 8-11.

본다.[14] 이처럼 뒤피는 다른 종교에 내재하는 성령과 말씀의 현존을 인정하면서도, 예수 그리스도의 계시를 견지하는 종교 다원주의 신학을 제창한다. 그러나 복음주의 정통 신학이 고수하는 예수 그리스도 독특성의 절대성을 고려하지 않고, 대신 "구성적(constitutive)"이며 "관계적(relational)"인 독특성으로 해석한다. 구성적이라는 말은 하나님의 구원 역사에 인간의 역할의 보편성을 인정하는 것이고, 관계적이라는 말은 타종교와 기독교의 구원의 길에 상호 보완적인 관계가 있다는 것이다.[15] 결국 다른 종교의 가치를 좀 더 인정하고 수용하려고 하며, 대화를 통한 "질적인 도약"을 추구하였다. 요약 정리하면, 뒤피는 기독론과 성령론을 구별하되 분리하지 않는 삼위일체론의 틀 안에서 기독론적 성령중심주의 종교신학을 제창하는 면에서 시사하는 바가 크다. 하지만 다른 종교 전통에도 성령의 역사를 강조하면서 대화를 통한 "질적인 도약"을 추구하고, 예수 그리스도의 독특성의 구성적, 관계적인 면을 인정하는 면에서 정통적인 종교신학의 틀을 벗어난다.

3. 데니스 옥콜름(Dennis L. Okholm)과 티모디 필립스(Timothy R. Phillips) 유형론

데니스 옥콜름과 티모디 필립스는『다원주의 논쟁』[16]이란 책에서 지

14) 위의 책, 255-58.

15) D. Jacques Dupuis, *Toward a Christian Theology*, 305.

16) Dennis L. Okholm, Timothy R. Phillips, *Four Views on Salvation in a Pluralistic World*, 이승구 역,『다원주의 논쟁: 다원주의 세계에서의 구원에 대한 네 가지 견해』(서울: 기독교문서선교회, 2001). 이 책은 1992년 휘튼신학학술회의에서 규범적 다원주의와 포용주의에 의해 제기된 도전에 관한 토론과 대화의 결과다.

금까지 등장한 종교신학 유형을 네 가지로 분류하여 소개한다. 이들은 복음주의 위치에 서 있는 학자로서 비교적 객관적으로 종교신학 유형을 소개하고 있다.

옥콜름과 필립스는 종교신학을 종교 다원주의(pluralism), 포용주의(inclusivism), 긍정적 불가지론적 특정주의(optimistic agnostic particularism), 비관적 불가지론적 특정주의(pessimistic agnostic particularism)로 분류하고, 각 유형의 대변자로 존 힉(John Hick), 클락 피녹(Clark H. Pinnock), 알리스터 맥그라스(Alister E. McGrath), 그리고 더글라스 게이베트(R. Douglas Geivett)와 게리 필립스(W. Gary Phillips)를 제시하고, 그들의 논지를 고찰한다.

1) 종교 다원주의(Normative religious pluralism)

먼저 이들이 제시하는 다원주의 혹은 규범적 종교 다원주의는 세계의 주요 종교가 구원을 얻기 위해 신적 실재에게로 나아갈 수 있는 길을 독립적으로 제시해준다고 주장한다. 다원주의를 논의할 수 있게 하는 근거는 다음과 같다. 첫째, 윤리적인 측면에서 볼 때, 다원주의는 비관용적이며 억압적인 세계에서 공의를 증진하는 유일한 방법이다. 둘째, 종교적인 측면에서 볼 때, 그 어떤 종교도 절대적 입장을 주장할 수 없다. 셋째, 역사주의적 주장에서 볼 때, 다양한 문화적, 역사적 정황이 절대주의적인 종교적 주장을 배제한다. 이러한 주장을 공식화하는 데 도움을 주는 존 힉(John Hick)은 세계의 종교가 각각 다른 방식으로 궁극적 실재(Ultimate Reality)와 관련되어 있다고 주장하였다. 모든 종교에는 공통된 구원론적 구조, 즉 사람들이 '자아 중심으로부터 실재(the Real)에로 돌아서게 하는 새로운 방향 전환'이 있다는 것이다. 따라서 어떤 한 종교가 구원론적으로 유일하다거나 우월하여 궁극적 실재에게로 더 가깝다는 공적인 증거는 전혀 없다는 것이 다원주의자의 주장이다.

2) 특정주의(Particularism)

특정주의는 특수주의 혹은 특별주의라고도 번역할 수 있는 용어다. 특정주의는 구원이 오직 성육신하고 십자가에 달려 죽고 부활하신 예수 그리스도 안에서, 즉 역사 안에서 행하시는 삼위일체 하나님의 독특하고 특별한 행위에 대한 믿음을 통해서만 가능하다는 주장이다. 특정주의라는 명칭은 일반적으로 '배타주의'(exclusivism)나 '제한주의'(restrictivism)와 같은 의미이지만, 이런 명칭은 편견을 갖게 하고 진정한 대화를 배제하기 때문에 옥콜름과 필립스는 '특정주의'라는 용어를 대안으로 사용한다.

특정주의는 전통적인 구원사적 구조로 되어 있는데, 그것은 일반계시와 특별계시를 분명하게 구분하는 것이다. 하나님께서 자연 세계를 통해 하나님을 스스로 알리신다고 하더라도 타락한 인간은 예수 그리스도를 향한 믿음을 통해서만 담대함을 얻어 하나님께 나아가게 된다는(엡 3:12) 뜻이다. 특정주의 내에서도 복음주의자의 견해에 따라 다양한 입장이 있다. "엄격한 제한주의"(hard restrictivism)는 예수 그리스도의 복음을 듣고 믿는 자만 구원을 받을 수 있고, 선교 활동 이외의 방법으로는 하나님 자신을 구속적으로 계시하시지 않는다고 주장한다. 이러한 엄격한 제한주의를 기반으로 하면서도 특정주의 관점에는 여러 다양한 스펙트럼이 있다. 그 다양한 스펙트럼 가운데 옥콜름과 필립스는 두 가지 특정주의를 제시한다.

(1) 비관적 불가지론적 특정주의(pessimistic agnostic particularism)

특별계시가 구원에 필수 불가결한 조건임을 인정하고 성경을 넘어서지 않는 견해를 고수하여, 복음을 접하지 못하는 사람에 대하여 비관적이다. 비관적 불가지론자로 분류될 수 있는 더글라스 게이베트와 게리 필립스는 인간이 예수 그리스도에 대한 분명한 신앙이 없이는 구원받지 못한다는 원칙에 있어서 아주 특별한 상황의 경우에 예외가 있을 수 있음을 솔직하게 인정한다. 그러나 그 이상의 생각은 부정하는데, 이유는 이 문제에 대해 성경이 침묵하고 있기 때문이다. 성경의 증거 외에는 어떠한 신학적 입장도 허용할 수 없다는 점, 그 성경의 해석에는 문화적 배경이 깔려있다는 점을 주장하는 면에서 비관적 불가지론적 특정주의를 증거주의적 특정주의라고 할 수 있다.

게이베트와 필립스는 증거주의적 방법을 사용하여 자연신학이 사람들에게 하나님께서 예수 그리스도와 성경 안에 확립하신 특별계시를 기대하게 한다고 주장한다. 이들은 특별계시에 참된 권위가 있다고 주장하면서도, 타 종교와의 논쟁에 있어서 자연신학을 중요하게 여겼다. 이는 인간의 성경 해석이 배경적 신념에 의해 이뤄지기 때문이다. 그러나 자연신학은 특별계시를 기대하게 한다는 점에서 한계를 갖고 있다.

(2) 긍정적 불가지론적 특정주의(optimistic agnostic particularism)

계몽주의 이후의 특정주의 접근으로 긍정적 혹은 낙관적 불가지론 입장을 가지는 맥그라스는 비전(vision)을 통해 주어진 특별계시의 가능성에 대해 자유롭다. 그는 보편적인 토대 위에 지식을 두고자 하는 계몽주의적 시도를 거부한다. 그는 기독교적 구원에는 필수적인 기독론적 성격이 있으므로, 기독교와 다른 종교를 검토하면 할수록 이들이 서로 더욱 다르다는 점에 주목했다. 이를 토대로 종교의 다양한 배후에 하나의 공통된 궁극적 실재가 있다는 다원주의자의 가정을 거부했다. 그런데도 인간의 실수로 인해 하나님의 계획이 실패로 끝나지 않는다고 주장함으로써 복음을 접하지 못한 사람들에 관하여는 불가지론적이면서도 낙관적(agnostic yet optimistic)인 태도를 보인다. 맥그라스는 어느 시대나 누구든지 예수님의 구원적 은택(Jesus' salvific benefits)을 받을 수 있다고 주장하는데, 이는 그가 포용주의로 나아가는 경향이 있음을 보여준다.

불가지론적 특정주의는 1974년 로잔대회부터 1989년 마닐라 대회에 이르기까지 주요한 복음주의 회의에서 거듭 확인되었다. 그러나 그 이후의 회의에서는 이러한 낙관적인 특정주의가 다소 변화하는 기미를 보였다. 왜냐하면, 복음이 전파되지 않는 어느 한 곳에서라도 하나님께서 이처럼 행하실 것이라고 기대할 만한 성경적 근거가 전혀 없기 때문이다. 이처럼 특정주의는 상당히 다른 여러 입장을 수반하고 있다.

3) 포용주의(Inclusivism)

특정주의 관점에서 구원의 보편성을 명확히 설명할 수 없게 되자 자유주의 개신교 신학자와 제2차 바티칸공의회 이후의 로마 가톨릭 신학자 사이에서 거대한 패러다임의 전환이 일어났다. 불가지론이 분명한 낙관론으로 대체된 것이다. 예수 그리스도 안에서 제공된 구원의 은혜는 그의 이름을 듣는 사람에게만 가능한 것이 아니고, 지역이나 시대를 막론하고 모든 '문화'에 보편적으로 존재함이 틀림없다는 주장이다. 포용주의자는 하나님의 구원하시는 은혜가 어떻게 모든 문화, 장소, 시간 안에서 작용하는지 설명함으로써 구원하시는 '은혜의 보편적 접근 가능성'과 '예수 그리스도의 종국성'이라는 두 원리가 정합성을 지닌다는 것을 드러내고자 했다.

대다수의 포용주의자는 다른 종교 역시 구원을 중재하는 역할을 한다고 보지만 피녹은 종교는 진리와 오류의 혼합물이며, 종종 정죄에 이르는 길이라는 점에 주목한다. 반면에 하나님의 영은 다른 종교의 긍정적인 면과 다양한 요소, 특별히 양심, 인간의 종교적 추구 등을 은혜의 방편으로 사용할 수 있다고 보았다. 어떠한 형태로 하나님이 알려지든지 간에 그 하나님께 대한 믿음과 순종이 구원의 조건이라고 하였다.

복음주의자는 포용주의가 본질에서 예수 그리스도 안에 있는 구원의 특수성을 훼손하는 것은 아닌지 이의를 제기한다. 예수 그리스도 안에서의 하나님의 인격적 행위와 그의 보편적 임재하심을 질적으로 구별하지 않는 것은 문제가 있다.

옥콜름과 필립스의 네 가지 종교 다원주의 유형론은 위에서 분류한 여러 유형과 크게 다르지는 않다. 다만 배타주의라는 말 대신에 특정주의라는 말을 창안한 것이 돋보이고, 복음주의 입장에서 특정주의를 크게 두 가지 유형으로 세분화한 것에 의의가 있다.

II. 유형론의 평가

유형이나 모델은 특수한 신학의 주제에 접근하려는 방법이다. 복잡하고 난해한 신학적 논쟁을 쉽게 이해하기 위해 인위적으로 만든 구조물(construction) 혹은 이상적인 유형(ideal types)이다. 어느 한 유형이 현실의 다양하고 복잡한 실재(the reality)를 포착할 수는 없으나, 여러 다양한 유형을 통해 각각의 모델이 하나의 초이성적인 방법(supra-rational way)으로 그 실재의 신비로 진입하는 데 도움을 준다. 유형은 "더욱 복잡하고 분화된 실재를 다루는 데 유용하고 이해를 돕는다고 여겨지는, 상대적으로 단순하며 인위적으로 만들어진 사례"[17]로 정의할 수 있다. 따라서 실생활에서 유형 같은 경우는 거의 없으며, 그러기에 문자적으로 받아들여져서는 안 된다.[18]

그런데도 유형이 단순히 유용한 가설이나 허구만은 아니다. 유형은 실재의 실질적인 특징을 나타낸다. 유형에서 얻는 지식은 부분적이고 불충분하지만, 결코 거짓이거나 단순히 주관적이지는 않다. 따라서 한 유형을 가지고 그 특수한 영역에 대한 모든 사항과 신학적 입장과 교리를 다 설명하는 것은 불가능하지만, 다양한 여러 유형의 종합과 보완으로 그것은 가능하다. 신학에서 사용되는 유형은 복잡한 실재를 단순화하는 이론

---

17) A. Dulles, *Models of Revelation* (Garden city, NY: Doubleday Image Books, 1978), 30.

18) Ian Barbour, *Myth, Models, and Paradigms: A Comparative Study in Science and Religion* (New York: Harper and Row, 1974), 7.

으로 유익하고, 비록 그 실재의 전모를 드러낼 수는 없다 하더라도 실재에 대한 지식을 산출해 낸다. 이론적 유형은 배타적이거나 포용적(혹은 서술적, 상호보완적)이다.[19] 필자는 후자의 유형론 입장이 바람직하다고 본다.[20]

스티븐 B. 베반스와 로저 P. 슈레더는 후스토 곤잘레스(Justo L. Gonzalez)의 세 가지 신학 유형론과[21] 도로테 죌레(Dorothee Sölle)의 세 개의 신학 "패러다임"[22]을 토대로 신학과 선교의 세 가지 유형론을 만들어서 기독교 역사 전체를 조망한다.[23] 여기서 이들의 유형론을 종합적으로 고찰하면서 종교신학 유형론의 유익과 한계를 이야기하려고 한다.

---

19) Stephen B. Bevans, *Models of Contextual Theology* (Faith and Cultures Series), revised and expanded edition (Maryknoll, NY: Orbis, 2002), 28-33. [이전 판의 한글 번역: 최형근 옮김, 『상황화 신학』(서울: 죠이선교회, 2002).

20) 신학 분야에서 대표적인 유형론은 리처드 니버(Richard Niebuhr)의 그리스도와 문화의 관계에 관한 다섯 가지 유형론, 스티븐 B. 베반스(Stephen B. Bevans)의 상황 신학 모델, 스티븐 B. 베반스, 로저 P. 슈레더(Roger Schroeder)의 세 가지 신학 유형과 그에 따른 세 가지 선교 신학 유형을 들 수 있다. 특히 스티븐 베반스와 로저 슈레더는 유형론을 통해 생각해야 할 관점과 의의에 중요한 시사를 준다. Stephen B. Bevans, *Models of Contextual Theology*, 37-137. Stephen B. Bevans, Roger Schroeder, *Constants in Context: A Theology of Mission for Today* (Maryknoll, NY: Orbis, 2004). [한글 번역: 김영동 옮김, 『예언자적 대화의 선교』(서울: 케노시스, 2020)].

21) Justo L, González, *Christian Thought Revisited: Three Types of Theology*, rev. ed. (Maryknoll, N.Y.: Orbis Books, 1999).

22) Dorothee Sölle, *Thinking about God: An Introduction to Theology* (London: SCM Press; Philadelphia: Trinity Press International, 1990).

23) 베반스와 슈레더는 세 가지 신학과 선교 유형으로 나눈다. A 유형의 신학: 영혼 구원과 교회 확장으로서의 선교, B 유형 신학: 진리의 발견으로서의 선교, C 유형 신학: 해방과 변혁에 대한 헌신으로서의 선교.

1. 유형론의 의의

1) 종교신학의 역동적인 특징을 드러낸다.

유형론을 통해 다양하고 복잡한 종교신학의 흐름과 특징을 체계적으로 조망할 수 있다. 로마 가톨릭은 교회중심주의에서 그리스도중심주의로 변천했으나 배타적 교회중심주의가 사라진 것은 아니다. 보수 기독교인과 많은 교회의 선교사들이 여전히 지지하고 있다. 일반적으로 대다수 신학자가 교회중심주의로부터 그리스도중심주의로 이전하고 있다. 교회의 탈중심화와 더불어 예수 그리스도의 신비가 다시 집중된다. "그[예수 그리스도]는 실로 기독교 신비의 중심이다. 그러나 교회는 아니다. 그 반대로 교회는 예수 그리스도에게서 그 존재 이유를 찾는 파생되고 관계된 신비이다."[24] 또한 그리스도중심주의로부터 신중심주의로 이전하는 신학자도 늘고 있다.

2) 복잡하고 다양한 현실 인식을 돕는다.

유형은 "체계적이며, 어느 면에서는 인위적으로 조직된" 모델로서 "좀 더 복잡하고 분화된 현실을 다루기에 유용하고 깨달음을 준다."[25]고 볼 수 있다. 유형은 어떤 분명한 대세와 경향과 관점을 가지고 있음을 의미한다. 이 유형은 명확하고 신앙에 대한 교리적인 모든 표현과 그 신앙을 구체화하는 목회적 판단을 결정짓거나 뚜렷하게 한다.[26]

---

24) J. Dupuis, *Toward a Christian Theology of Pluralism*, 185.

25) Avery Dulles, *Models of Revelation* (New York: Doubleday, 1983), 30.

26) Dorothee Sölle, *Thinking about God*, 7: "이 구분은 문제점이 있다. 왜냐하면, 항상 중복과 연결, 어디든지 잡종 교배가 있기 때문이다. 그리고 분야를 막론하고 '학파'를 만들기 때문이다. 그

곤잘레스는 그의 유형을 사람의 풍자화로 비유하고 있다. 어떤 사람은 풍자화에서 보듯이 뚜렷한 특징이나 두드러진 면(리차드 닉슨의 코, 제이 레논의 턱 같은)이 나타나지 않지만, 근사하게 혹은 유머러스하거나 때로는 충격적인 특징을 통해 그 사람의 정체성이 금방 드러난다. "마찬가지로 여기에서 제시하는 유형학에서 우리는 하나의 독특한 유형의 가장 특징적 요소를 강조한다. 유형이 미묘한 차이를 무시할 수는 있겠지만, 논쟁점과 대조점을 명확하게 하는 데는 도움을 준다."[27] 어떤 유형도 "순수한" 해석 도구가 되지는 못하지만, 모든 교회의 결정과 신학적 입장과 그에 따른 선교 태도는 세 유형 중 한 개를 취하고, 분명한 관점과 논리적 결과를 갖는다. 따라서 세 가지 유형론이 모든 신학을 다 포괄하기에는 한계가 있으며, 각 유형이 완전하고 완벽하여 다른 유형과 교섭이나 상호침투가 일어나지 않는다는 것은 아니다. 각 유형은 어느 정도에서 서로를 포용한다.

3) 유형들이 가지고 있는 기본적인 상황성을 나타낸다.

어떤 특정 유형이 과거에 우세했다면, 그 당시 그 유형이 기독교인에게 의미와 목적을 줌으로써 기독교를 명료화하는 데 도움을 주었기 때문이다. 서로 경쟁하는 유형이라면 좀 더 합당한 비전과 강력한 대안을 제시하는 유형이 우세할 것이다. 상황의 변화에 따라 복음을 더 적절히 이해하는 데 도움이 되는 신학의 유형이 강세를 띤다. 오늘날 기독교 상황과 초기 기독교 상황 사이에 절묘한 유사점이 있다고 본다면, 필립 젠킨스(Philip Jenkins)가 미래 기독교는 더 보수적이고, 더 오순절적일 거라

런데도 그것은 유용해 보인다."

27) Justo L, González, *Christian Thought Revisited*, 16.

고 한 말에 동의할 것이다.[28]

4) 유형론의 평가 기준은 선교 실천에 적용 가능성에 있다.

곤잘레스는『예언자적 대화의 선교』서문에서 의미심장한 질문을 던진다. 그는 신학의 유형론이 "특별한 신학 체계 내에서 기능"이나 "특정한 사회적, 정치적, 문화적 또는 경제적인 의제에 영향을 미치거나 타파하는지"를 핵심 문제로 보지 않는다. 다만 그가 관심을 가지는 핵심 관심은 "세 가지 유형이 교회의 선교 실천에 실제로 작동하는가? 그리고 거꾸로 선교하는 교회는 이 세 가지 유형을 어떻게 발견해 나가며, 풍부하게 하고, 수정하며, 견고하게 하거나 타파하는가?"를 제기하고 탐구하는 것이라고 한다. 실천에 적용 가능한지, 수정되어야 하는지 등이 관건이라고 한다.[29]

5) 유형론에는 최상의 교육적인 가치와 목적성이 있다.

종교신학의 입장이나 이론을 범주화하는 유형론은 융통성 있게 이해되고 각각의 유형(범주) 안의 다양성을 인정할 수 있어야 한다. 종교신학을 유형론으로 분류하고, 여러 가지 유형론을 소개하는 것은 학습자가 스스로 어떤 주제에 관한 탐구와 진리와 의미를 찾게 하려는 데 있다. 그러나 모든 학자를 특정한 유형에 다 집어넣어서 꿰맞출 수는 없다. 각각의 입장이나 사상가들의 미묘한, 때로는 사소한 의미의 차이를 놓칠 수

28) Philip Jenkins, *The New Christendom: The Coming of Global Christianity* (Oxford and New York: Oxford University Press, 2002).

29) Stephen B. Bevans, Roger Schroeder,『예언자적 대화의 선교』, 17.

있기 때문이다. 각 유형은 서로 연속성과 불연속성을 가지며, 각 유형 안에서도 부차적인 이슈에 대해서는 서로 차이점이 있다. 어떤 학자는 세 가지 혹은 네 가지 유형에 해당하지 못할 수도 있다.

2. 삼분법 종교신학 모델에 대한 평가

1) 특정주의에 대한 평가

성경의 권위, 예수 그리스도의 유일성과 죽음과 부활, 회개와 회심, 신조와 전통 등 기독교 고유의 진리를 고수한다. 그렇다고 특정주의가 모든 면에서 옳은 것은 아니다. 몇 가지 점에서 지나치면 오류를 범한다고 본다.

첫째, 특정주의자는 예수 그리스도 탄생 이전의 삼위일체 하나님의 활동을 충분히 인식하지 못하는 오류에 빠진다. 복음주의자인 크레이그 오트, 스티브 J. 스트라우스, 티모시 C. 테넌트는 일반계시를 인정하고, 철학자나 구도자가 하나님을 더듬어 찾는 노력 속에 "하나님은 자신을 나타내시는 데 있어서 피동적이거나 인색하지 않"[30]다고 한다.

둘째, 타 종교인의 질문이나 비판을 존중하고 열린 마음으로 대하기보다 공격적, 방어적 태도와 자세를 보였다. 타 종교나 사상이나 이데올로기 속에서도 담대하게 복음 선포를 할 수 있고, 듣는 자들의 문화와 상황을 이해하여 복음 증거를 할 수 있어야 한다.

셋째, 타 종교(경전)와 문화의 분리로 인해 특별계시와 일반계시 분

30) Craig Ott, Stephen J. Strauss, Timothy C. Tennent, *Encountering Theology of Mission Biblical Foundations, Historical Developments, and Contemporary Issues*, 변진석 · 엄주연 외 옮김, 『선교신학의 도전』 (서울: 기독교문서선교회, 2017), 628-29.

리와 창조론과 구원론의 단절을 초래했다. "특별계시와 일반계시로부터 나온 수많은 진리가 타 종교의 경전이나 세계관에 내포되어 있다."[31)]

2) 포용주의에 대한 평가

오트, 스트라우스, 테넌트는 포용주의가 나름대로 의의를 가진다고 한다. 즉 구원에서 예수 그리스도의 중심성 강조, "많은 언약의 경계 밖에 있던 사람들의 삶 가운데 하나님께서 어떻게 역사하셨는가를 명확하게 분별"하는 점, 일반계시와 특별계시의 긍정적인 연결로 자연과 은총의 완전한 분리를 극복한 점 등이다. 그럼에도 불구하고 포용주의에 대한 비판적 관점은 다음과 같다.

첫째, 포용주의자는 성경에 대한 자의적인 해석으로 "그리스도의 사역에 대한 존재론적 필요성과 회개와 믿음에 대한 인식론적 반응 사이를"[32)] 분리시키는 오류를 범하고 있다.[33)]

둘째, 믿음의 대상인 그리스도의 중요성을 이야기하지만 믿음의 대상과는 무관한 믿음의 경험에 치중한다. 예수 그리스도의 독특성을 약화시키고 기독교 구원의 특이성을 무시하는 것이 문제로 대두된다.[34)]

셋째, 포용주의는 기독교 전통과 성경에서 매우 중요한 구원론과

---

31) 위의 책, 629.

32) 위의 책, 625.

33) 한 예를 들면, 포용주의자는 베드로후서 3장 9절에서 "아무도 멸망하지 아니하고"를 강조하지만 그 본문의 나머지 부분인 "다 회개하기에 이르기를 원하시느니라."에 대해서는 주의를 기울이지 않는다.

34) 포용주의자는 "크리쉬나(Krishna)를 믿는 힌두교인", "아미타불(Amitabha)의 극락세계를 믿는 불교도", 혹은 예수 그리스도를 믿는 기독교 신자, 이들 모두가 같은 구원을 받는다고 한다. 위의 책, 626.

교회론의 과도한 분리로 복음 진리를 왜곡할 위험성을 안고 있다. 포용주의자가 생각하는 구도자 중심의 "새 창조의 실재를 살아가는 구속적 공동체"인 교회관은 성경적 교회론과 부합하지 않는다.[35)]

넷째, 다른 종교를 믿는 사람을 "익명의 그리스도인"으로 간주하는 것은 그 사람들을 존중하기보다 오히려 모독하는 인상을 주기 쉽다. 어떤 의미에서 포용주의자는 다른 종교 신자의 신앙과 행위를 자기들의 상정한 잣대로 평가하는 것으로 보인다. 무슬림이 기독교인에게 "익명의 무슬림"이라고 한다면 받아들일 수 없다.[36)]

3) 다원주의에 대한 평가[37)]

첫째, 다원주의는 각 종교의 신자의 믿음이나 신앙생활의 실제적인 독특성과 의미에 주의를 기울이지 않는다. 시각 장애인의 코끼리 만지기 우화에 나오는 모든 것을 좌우하는 왕과 같은 위치에서 종교들을 관망하는 것이 다원주의자의 관점으로, 이것은 계몽주의 이후의 이성의 한계 내에서의 종교관에서 초래된 것이라 할 수 있다.

둘째, 다원주의자가 가설로 세우거나 전제로 하는 신 개념은 매우 모호하고 애매하다. '신 중심적(theocentric)' 혹은 '실재 중심적(reality-centered)'이라는 개념 자체가 지상의 모든 종교를 해석하는 것으로 보기 힘들다. 어떻게 보면 무한자인 신에 대한 유한자 인간이 경험할 수 있는 궁극적 실재라고 하지만, 그 경험은 지극히 개인의 주관적인 체험에 지나

35) 위의 책, 627.

36) 위의 책, 627-28.

37) 위의 책, 622-24.

지 않는다. 그리고 궁극적 실재는 각 종교의 신론이나 내용에 부합하지 않는 정체불명의 존재에 불과하다. “다원주의는 궁극적으로 객관적 진리가 아닌 인간 경험의 주관성에 바탕을 두고 있다. 인간의 경험이 바로 모든 진리의 최종적 심판자인 것이다. 그러므로 계시는 더 이상 계시로서의 의미가 없다.”[38]

3. 전통적 삼분법 유형론과 확장된 사분법 유형론의 평가

위에서 살펴본 전통적 삼분법 유형론과 사분법 유형론을 도표로 제시하면 다음과 같다. 이러한 도표가 모든 종교신학 유형을 다 포함한 것은 아니지만 학자들의 유형을 비교 할 수 있는 편이를 제공한다.[39]

<table>
<tr><td>레이스/힉</td><td colspan="2">특정주의</td><td>포용주의</td><td>다원주의</td><td></td></tr>
<tr><td>카워드</td><td colspan="2">그리스도 중심주의</td><td></td><td>신중심주의</td><td>대화적 접근법</td></tr>
<tr><td>뒤피/캐르캐이넌</td><td colspan="2">교회 중심주의</td><td>그리스도 중심주의</td><td>신중심주의</td><td>실재중심주의</td></tr>
<tr><td rowspan="2">옥콜름/필립스</td><td colspan="2">특정주의</td><td rowspan="2">포용주의</td><td rowspan="2">종교 다원주의</td><td rowspan="2"></td></tr>
<tr><td>비관적 불가지론적 특정주의</td><td>긍정적 불가지론적 특정주의</td></tr>
<tr><td rowspan="2">니터</td><td colspan="2">대체 모델</td><td rowspan="2">성취 모델</td><td rowspan="2">상호 모델</td><td rowspan="2">수용 모델</td></tr>
<tr><td>완전한 대체</td><td>부분 대체</td></tr>
<tr><td>오트/스트라우스/테넌트</td><td colspan="2">계시적 특별주의</td><td>보편적 포용주의</td><td>대화적 다원주의</td><td>내러티브 포스트모더니즘</td></tr>
</table>

표 1 종교신학 유형론 비교 도표

38) 위의 책, 623-24.

39) 위의 책, 638. 오트/스트라우스/테넌트의 종교신학 유형은 나중에 제4부 4장 ‘복음주의 종교신학 개요’에서 다룰 예정이다.

자크 뒤피의 유형론에 따라 종교신학 입문을 쓴 벨리-마티 캐르캐이넌(Veli-Matti Kärkkäinen)은 기존의 종교신학 핵심 질문을 두 가지로 제시한다. 그가 제시하는 아래의 두 가지는 성경적 종교신학의 지침이 된다고 한다.[40)]

첫째, 하나님은 모든 남녀가 구원받기를 원하신다.(요 3:16, 딤전 2:4)

둘째, 오직 예수 그리스도 안에서 구원을 받을 수 있다. 이것은 보편성(세상의 구원)은 특수성의 길(예수 그리스도의 중재를 통한 구원)을 통해 이루어짐을 말한다(행 4:12, 요 14:6).

이 두 가지 사항을 어떻게 연결시키느냐, 양자의 갈등을 어떻게 설명하느냐에 따라 종교신학이 달라진다. 첫째 주장을 강조하는 사람은 포용주의와 다원주의로 기울게 되고, 둘째 주장을 취하면 배타주의나 중도적인 포용주의를 따르게 된다. 더 나아가 극단적인 다원주의자 혹은 실재중심주의자는 이 두 가지 성경적 주장을 뛰어넘고, 예수 그리스도나 신이 구원에 결정적인 것은 아니라고 한다. 종교신학의 여러 입장은 이 두 가지 질문 혹은 주장을 둘러싸고 논의되고 있는 것이다.

그러나 이 두 가지 질문에 한정되는 기존의 종교신학은 몇 가지 점에서 문제점이 제기된다. 첫째, 이전의 배타주의, 포용주의, 다원주의로 분류하는 삼분법 유형론은 누가 구원을 받느냐는 문제에만 집중하는 편협함이 있다는 것이다. 비록 구원 문제가 중요한 관건(a key issue)이기는 하나 유일한 문제는 아니다. 캐르캐이넌은 종교신학이 다음과 같은 몇 가지 문제에 대하여 탐구하여 왔다고 말한다. 첫째로 종교신학은 종교, 종교성, 특정 종교의 신학적 의미(meaning)와 의의(significance)를 다루고, 둘

40) Veli-Matti Kärkkäinen, *An Introduction to the Theology of Religions*.

째로 어떻게 기독교가 타 종교와 신학적으로 관계해야 하는가를 다루어야 한다고 주장한다.[41] 오트, 스트라우스, 테넌트가 공동으로 집필한『선교신학의 도전』에서 삼분법의 전통적 유형론이 구원론에 제한되어 논지를 펴는 것을 비판하고, 창조와 종말을 구원론과 더불어 논의해야 할 것을 지적한다.[42]

둘째, 전통적 유형론의 공통적 특징은 특정한 종교 전통을 긍정 혹은 부정하는 관점을 갖는다. 특정주의와 포용주의는 아무래도 기독교의 우월성에 무게 중심을 두고, 다원주의는 모든 종교의 동등성을 주장하면서 계시 종교로서의 기독교의 독특성을 무시하는 경향이 있다. 종교 간의 경쟁과 종교의 문화적 특성을 배제할 수 없겠지만 과거의 삼분법 유형론이 "특정한 종교의 전통을 정당화하거나 부정하"[43]게 되면 종교 간의 경쟁을 부추기거나 편협하게 특정 종교를 판단하게 될 수 있다.

> 복음주의자들은 종교로서의 기독교가 다른 모든 종교들보다 더 우월한 종교라고 주장하지 않는다. 복음주의자들은 예수 그리스도가 하나님의 계시의 핵심이라고 믿고 있다. 기독교는 다른 종교들과 마찬가지로 때로는 문화적인 이유로 같은 취급을 받기도 했고 다른 어느 종교와 마찬가지로 인간의 반역의 표현이 되기도 했다. 레슬리 뉴비긴(Lesslie Newbigin)은 로마서 3:23을 바탕으로 "하나님의 아들을 십자가에 못 박은 자는 하나님의 계시의 수호자들이었다"(…)라고 우리에게 상기시켜

41) 위의 책, 165.

42) Ott, Strauss, Tennent,『선교신학의 도전』, 630.

43) 위의 책, 630.

주고 있다.[44)]

셋째, 종교신학의 옛 모델은 또한 경멸적인(pejorative) 것으로 흐르는 경향이 있어서 부적합하다. 특히 배타주의가 그런 의심의 눈초리를 받는다. '배타주의'를 비난하는 부류는 주로 이 입장을 거부하며 부정적으로 평가하는 다원주의자다. "배타주의자들은 전형적으로 독단적이며, 편협하고, 관용하지 않고, 무식하며, 교만하다는 등으로 낙인찍히고, 그에 반해 좀 더 적절한 관점을 위해 배타주의를 반대하는 사람들은 배타주의자가 결여하고 있다고 생각되는 덕목을 모범적으로 보여주는 자로 간주된다."[45)]

넷째, 계몽주의 프로젝트에서 나온 전통적인 패러다임의 편협함과 왜곡을 들 수 있다. 종교 진리의 회의론과 보편적이고 이성적인 도덕성에 토대를 두는 자연종교를 찬양하는 계몽주의는 특별계시에 근거한 교회의 존재와 경험을 무시했다. 이것은 힉의 인식론의 기초였던 독일 철학자 임마누엘 칸트(Immanuel Kant, 1724-1804)의 영향이다. 칸트는 "보편적인 인간 경험의 한 부분에 해당하는 자연종교를 설명하고 해석하는 수많은 대안들 가운데 하나"로서 종교를 규정하였다. 기독교 역시 계시종교로서의 독특성을 배제한 자연종교의 하나로 보게 함으로써 상대주의의 문을 열었다. 이러한 서구 근대 계몽주의 영향으로 대다수 서구 신학은 종교 다원주의를 금과옥조처럼 진리로 치부하였다.[46)] 조지 섬너(George Sumner)

---

44) 위의 책.

45) Harold Netland, *Encountering Religious Pluralism*, 46.

46) Ott, Strauss, Tennent, 『선교신학의 도전』, 631.

는 서구와 다른 제3세계의 교회와 신학의 특징을 지적한다. "서구의 종교 다원주의는 서구 기독교에 만연해 있는 인식론적 질병의 증세를 보여주는 것이다."[47] 그러나 제3세계에서 종교 다원주의는 서구가 인식하는 종교관과 종교 다원주의와는 다르다고 한다. 전통적인 종교가 오랫동안 백성들의 삶과 세계관을 지배하고 있는 제3세계 상황은 오히려 1세기 상황과 유사하다. 일반적으로 제3세계 신학자들은 서구 학자들보다 "더 보수적이고, 덜 개인주의적이며, 세계의 주요 종교의 신자들과 더 많은 교류를 하"[48]는 경향을 보인다. 제3세계 신학자는 세계의 종교를 "비슷한 종교 공예품이 아닌 예수 그리스도의 선포를 위한 실제적인 자극제로"[49] 간주한다.

오순절 교회 전통에 따라 성령론적 종교신학을 제시하는 캐르캐이넌은 자크 뒤피의 분류를 선호한다. 그 이유는 종교신학의 지평 혹은 초점을 넓혀주기 때문이다. 그리고 종교신학의 각 유형을 서로 대립적인 것으로 보지 않고, 서로 연속성 가운데서 묘사한다. 각 유형의 관계성은 동심원으로 비유할 수 있다. 교회중심주의는 하나님이 인간을 대할 때 그리스도를 매개로 하지만 교회에 초점을 둔다. 그리스도중심주의는 하나님이 교회를 통해 일하시나 포괄적인 방법으로, 기독교 공동체라는 울타리 밖에 있는 사람에게도 해당된다. 신중심주의는 그리스도는 오직 하나의 중재자요, 교회도 여타 다른 종교 가운데 오직 하나의 공동체로 존재한다고 주장한다. 문제는 한 유형에서 다른 유형으로 "발전"되는 것은

47) George Sumner, *The First and the Last: the Claim of Jesus Christ and the Claims of Other Religious Traditions* (Grand Rapids: Eerdmans Pub Co, 2004), 5.

48) Ott, Strauss, Tennent, 『선교신학의 도전』, 632.

49) George Sumner, 위의 책, 3.

아니라는 점이다. 각각의 유형이 종교신학에 관심을 가진 사람에게 어떤 유익을 주는지를 보여주려고 한다. 아울러 그가 연속성을 주장한다고 해서 결코 서로 간의 차이점을, 특히 교회중심주의와 신중심주의 사이의 넓은 차이를 무시하는 것은 아니다. 때로는 서로 전혀 화해할 수 없는 것으로 보인다.[50)]

50) Veli-Matti Kärkkäinen, 위의 책, 166.

제2부
존 힉의 종교 다원주의 비판적 고찰

1장
존 힉(John Hick)의 종교 다원주의 가설의 발전과정

놀라운 사실은 존 힉이 신학 수업을 시작할 초기부터 종교 다원주의를 주장하지 않았다는 것이다. 초기의 기독교 정통주의 신학에서 변증론적인 탐구를 하던 힉이 차츰 변화하여 나중에 급진적인 종교 다원주의로 변신하였다. 이런 사상의 전환을 그 자신은 '코페르니쿠스적 전환'이라 칭한다. 이는 그의 사상과 철학적 신학 혹은 신학적 철학이 얼마나 근본적으로 변화했는지를 스스로 고백하는 말이요, 기존의 종교신학에 거대한 도전장을 던진 것으로 이해된다. 힉의 종교 다원주의 가설은 모든 종교가 시간과 공간이라는 역사적, 문화적 요인에 의해 형성된 하나의 궁극적 실재에 대한 응답이며, 모든 종교에는 심지어 공산주의나 유사 종교까지 동등한 구원의 길이 있다는 것이다. 힉의 신학과 철학의 방법론과 인식론은 경험 중심적인 것인데, 이 경험은 역사적, 문화적 한계 내에서 이루어진다. 이런 의미에서 힉의 종교 다원주의 신학 혹은 철학은 위로부터의 신학이라기보다 아래로부터의 신학이라 할 수 있다. 이 장에서는 힉이 종교 다원주의 가설을 진리로 확립하기까지의 주요한 신학적 변화를 추적하면서 살펴보려고 한다. 아마도 힉의 사상사적 변화의 추이는 힉만의 독백이 아니라 현대인들이 쉽게 추종하는 대중적인 인식의 흐름도 엿보게 할 것으로 짐작한다. 힉의 다원주의의 가설로 확립되는 여정은 세 단계로 나눌 수 있다. 제1기는 1950-1960년대로, 신칸트학파의 영향과 인식론에 따라 정통주의 신학적 확신을 보여준다. 제2기는 정통주의 신학에 문제를 제기하고, 일부 문제에 관한 정통적 신념을 벗어나는 움직임을 보인다. 제3기는 정통주의 신학과 결별하고, 종교 다원주의를 주장한다.[1)]

I. 제1기 정통주의 신학과 인식론적 틀

힉은 어린 시절 교회 중심으로 신앙생활을 했다. 청년 시절에 복음주의적인 선교단체에서 활동할 정도로 전통적인 신앙인이었다. 신학교를 졸업하고 목회현장에서 담임 목회를 하며 복음주의적 신앙과 신학을 소유했으나, 철학을 공부하면서 점차 기성 교회와 신학에 거리를 두기 시작했다. 목회를 하던 중에 미국의 코넬 대학교 철학부 교수로 초빙되면서 다시 학계로 돌아와서 본격적인 철학 교수로 활동하고, 후에 프린스턴 신학교 교수로 옮겨가면서 더 깊이 유신론적 주제, 실증주의에 대한 비판적

1) Harold A. Netland, *Encountering Religious Pluralism: the Challenge to Christian Faith & Mission* (Downers Grove, Ill.: InterVarsity Press, 2001), 158-59.

대응, 악의 문제와 기독교 신정론 등에 관심을 쏟으며 연구에 몰두했다. 후에 이러한 연구를 바탕으로 종교 다원주의 가설을 입안하게 되었다.[2)]

힉의 신학과 철학하는 방법론에는 앎의 지식 체계인 인식론이 중요하다. 그의 생애 전체에 인식론이 일관되게 영향을 미치고 있다. 힉은 신학 초기에 펴낸『신앙과 지식』(Faith and Knowledge, 1957)에서 종교 인식론의 기본적인 틀을 만들었다. 이 책에서 힉은 논리 실증주의에 도전하는 기독교 신앙의 변증을 폈다.

논리실증주의(論理實證主義, logical positivism)란 논리경험주의(論理經驗主義)라고도 하는데, 증명을 할 수 있는 경험적 지식을 진리로 인정한다. 이것을 검증 가능성의 원리, 즉 어떤 것을 안다는 것은 그것을 검증할 방법이 무엇인지 안다는 원리에 토대를 둔다.[3)] 그런데 모든 명제가 다 검증 가능성의 원리로 진위 판단을 내릴 수 있는 것은 아니다. 논리 실증주의자는 두 가지 종류의 명제를 구분한다. 하나는 분석 명제(分析 命題, analytic statement)인데, 이것은 단어의 뜻과 단어 간의 논리적 관계만 알면 경험적 지식이 없이도 진위 판단이 가능한 명제를 일컫는다. 다른 하나는 종합 명제(綜合 命題, synthetic statement)로서, 이것은 아무리 단어의 뜻을 알아도 경험적인 지식이 없으면 진위 판단이 불가한 명제이다. 예를 들면, "모든 총각은 결혼하지 않았다."라는 문장은 분석 명제이다. 왜냐하면 "총각"이라는 단어는 "결혼하지 않은 남자"라는 의미를 내포하고 있기 때

---

2) 힉의 출생과 이후의 삶과 학문적 여정에 대해서는 Paul R. Eddy, *John Hick's Pluralist Philosophy of World Religions* (Eugene, OR: Wipf and Stock Publishers, 2002), 2-4장(23-125)을 참고하라. 폴 에디는 힉의 초기 신학의 여정, 다원주의 제창 이전의 사상의 발전을 1) 1940년대의 '복음주의' 단계, 2) 1950년대의 철학적 '좌파'로 전향, 3) 1960년대 다원주의 이동 단계 설정으로 나눈다. 위의 책, 32-55.

3) 장대익,『과학에는 뭔가 특별한 것이 있다』(서울: 김영사, 2008), 33.

문이다. 모든 총각을 경험을 통해 검증하지 않더라도 이 문장이 참인 것을 알 수 있다. 반면 "모든 백조는 하얗다"는 문장은 종합 명제다. 백조가 모두 하얀색인지 아닌지는 직접 관찰과 경험이 있어야 판단할 수 있기 때문이다.[4] 검증 가능성의 원리를 토대로 하는 논리 실증주의는 형이상학, 신학, 신비주의, 관념론, 민족주의 등에 대해 비판적 입장이고, 자연 과학을 옹호하는 인식론적 사고방식과 사상을 취한다.[5] 이런 입장을 지지하는 비트겐슈타인의 유명한 말인 "말할 수 없는 것에 대해서는 침묵해야 한다"는 불가언성(ineffability 형언불능성)은 논리 실증주의에 해당되는 것이다. 경험주의와 검증주의에 의해 영감을 받은 논리 실증주의는 칸트의 영향을 받아 하나님, 죄, 자유, 내세 등은 경험으로 진위를 판단할 수 없기 때문에 인식적으로 현실에 의미가 없고 유익하지 않다고 한다. 만약 유신론자들이 그러한 사항에 대해 이야기할지라도 검증 가능성 원리를 충족시키지 못한다면, 신학적 발언은 현실에 유익하지 않은 것으로 무시된다. 이런 상황에서 일부 철학자와 신학자는 실증주의의 주장을 받아들였고, 비인지적(non-cognitive)[6] 용어로 종교의 진술을 재해석했다. 즉 종교적 진술은 참 또는 거짓이라는 잣대로 판단할 수 있는 주장이 아니고, 종교적 진술의 비인지적인 기능을 표명한다.[7]

『신앙과 지식』에서 힉은 전통적인 기독교 유신론적 논증에서 벗어나서 특정한 종류의 경험에서 합리적으로 기독교 신앙의 정당성을 논증한

---

4) 위의 책, 32.

5) Harold A. Netland, 위의 책, 35.

6) 비인지적(non-cognitive)이라는 용어는 이성을 바탕으로 하는 지식, 능력 등의 인지적인 것과 대조되는 것으로서, 경험, 인성, 태도, 가치관, 소통능력, 리더십, 존중 등을 의미한다.

7) 위의 책, 161-162.

다. 전통적인 기독교 신앙의 정당한 논증은 하나님의 현존을 전제로 해서 구세주 예수 그리스도와 성경 계시의 진리를 전개하는데 비해 힉은 특정 상황에서 하나님의 현존과 활동을 경험함으로써 기독교 신앙의 자리를 찾으려고 하였다. 힉은 연역적 합리적 논증이 아니라 귀납적 합리적 논증을 취한다고 볼 수 있다. 해롤드 네틀란드는『신앙과 지식』이 힉의 종교 다원주의 가설을 형성하는 요인이 되었다고 말한다. 힉은 이 책에서 기독교 신앙을 경험에 토대를 둔 합리성에 따라 옹호하면서, 훗날 종교 다원주의 가설의 핵심적인 개념을 '-로서 경험하는 것(experiencing-as)', 세상에 대한 종교적 해석의 애매함(the religious ambiguity of the world), 그리고 인지적 자유(cognitive freedom)와 종교 경험 내에서 해석하는 요소로서의 신앙(faith as the interpretive element within religious experience)을 말하고 있다.[8)]

힉은 우리의 모든 경험은 해석의 기능을 한다고 본다. 따라서 세상을 경험하는 인간은 자기의 경험한 세상을 종교적으로 해석할 수도 있고, 혹은 비종교적 방식으로 해석할 수 있다. 물론 해석의 애매함이 있지만, 그렇다고 경험에 의한 세상의 해석이 비합리적이라고 할 수는 없다고 한다. 결론적으로 힉은 세상에 대한 종교적 해석만 아니라 자연주의적 해석도 타당하고 합리적이라고 본다. 신을 경험하는 사람은 유신론적으로 인간과 세상을 해석하고, 신을 경험하는 데 실패하는 사람은 자연주의적으로 인간과 세상을 해석한다. 이러한 해석은 둘 다 합리적이고, 이때 합리성은 해석자의 특수한 상황과 경험에 의존한다.[9)]

힉의 종교 다원주의 가설의 핵심적인 개념은 기독교인들에게 합리

8) 위의 책, 162-163.

9) 위의 책, 164.

성에 대한 의미를 약화시킨다. 그러나 우주와 세상을 자연의 산물로서 경험하는 무신론자들에게는 합리적인 것으로 나타난다. 따라서 힉에게 합리성이란 경험에 의한 해석의 다양성을 인정하는 것이다. 힉은 1980-1990년대에도 여전히 종교 신념의 합리성에 관한 저술을 이어간다. 힉의 제1기 신학적 단계는 기독교 진리 변증에 논리 실증주의를 비판하는 시도를 하였지만, 실상은 논리 실증주의적 인식론에 영향을 받은 것으로 보이며, 후에 종교 다원주의 가설을 개발하는 순간에도 『신앙과 지식』에서 제시된 인식론적 틀 속에서 대체로 작동하고 있었다고 한다.[10] 옥스퍼드 대학교에서 통과된 철학박사 학위 논문에서 힉은 평생의 학문적 여정에 토대가 되는 인식론을 형성했다. 이 때 영향을 미친 인식론은 칸트의 인식론과 종교 경험을 해석학적 열쇠로 우선시한 존 오만(John Oman)의 인식론이다.[11] 그 외에도 고대 교부 이레니우스(Irenaeus)와 슐라이어마허(Schleiermacher)와 윌프리드 캔트웰 스미스(Wilfred Cantwell Smith)의 영향도 무시할 수 없다.[12] 힉의 인식론을 종합하자면 개인이 경험하는 인격적 지식은 "주체적이며 합리적 확실성(subjective rational certainty)"을 가진다는 것이다.[13]

10) 위의 책, 165.

11) Paul R. Eddy, 위의 책, 25, 33.

12) 위의 책, 26-27.

13) 위의 책, 35. 이 "주체적이며 합리적인 지식"은 "객관적 확실성"을 배제하지는 않는다고 한다. 이 때 "객관성"이란 내가 아는 것을 남들도 안다는 의미이다. John Hick, *Faith and Knowledge*, 15, 17-18.

II. 제2기 신학적 대안 모색

힉의 학문적 탐구의 두 번째 단계는 1964년 프린스턴 신학교 교수에서 케임브리지 대학교 교수로 옮기고, 『하나님과 신앙의 우주』(God and the Universe of Faiths, 1973)가 출판될 때까지의 기간을 말한다. 이 기간에 힉은 초기의 기독교 변증을 벗어나 여러 면에서 기독교 전통과 갈등의 강도를 높여갔다. 그는 기독교 신학 내에서, 그리고 기독교 신학의 발전을 위해서 다른 종교의 영향을 진지하게 검토하였다. 이 시기의 가장 큰 신학적 문제는 기독론이었다. 비록 그가 전통적인 칼케돈의 신앙고백인 예수는 "참 하나님 참 인간"이라는 두 본성 기독론을 지지하였지만, 그 언어와 칼케돈의 형이상학적 가정에 불편함을 드러내었다. 그리고 기독론의 의미를 이해하는 다른 방식을 찾기 시작하였다. 그렇지만 1966년에 쓴 "기로에 선 기독론(Christology at the Crossroads)"에서 힉은 전통적인 성육신 교리를 고수하였다. 다만 다른 종교를 위해 이 교리의 의미에 대해서 고민하였다. 그는 칼케돈의 정의를 유지하지만, 이 논문에서 예수와 하나님과의 본체 동일성(substance identity)의 관점이 아닌 아가페 동일성(agape identity)의 표현을 썼다. 이러한 그의 재해석은 하나님과 예수의 독특한 관계를 암시하는 것으로 생각하면서도, 이것이 다른 종교에 어떤 의미 연관을 가지는지에 대해서 문제의식을 가졌다.[14)]

1967년 케임브리지 대학교에서 버밍햄 대학교로 옮긴 힉은 다인종,

14) Harold A. Netland, 위의 책, 165-66.

다문화, 다종교적인 도시의 윤리적, 종교적 다양성을 경험하였다. 특히 정기적으로 힌두교인, 무슬림, 시크교인, 그리고 유대인과 접촉하며 개인적인 관계를 맺었다. 『신의 현존을 위한 논증』(Arguments for the Existence of God, 1971)에서 힉은 신의 경험에 근거하여 신앙의 합리적 타당성을 담보하는 기독교인들과 마찬가지로 이러한 경험에 의한 해석의 합리성을 다른 종교인에게도 적용할 수 있다고 보았다. 타 종교인과의 접촉과 교제를 통해 힉은 다른 종교에 지대한 관심과 존경심을 품었다. 특히 힌두교에 심취한 것처럼 보이는데, 그가 이 시기에 환생을 주제로 논문을 썼다는 것에서 알 수 있다. 1960년대와 1970년대에 힉은 다른 종교에 관심을 집중하면서 정통 기독론에 대한 불만이 커졌다. 하지만 1970년대에도 다른 종교에 개방적인 것이 전통적인 그리스도의 의미를 희석할 필요까지는 없다고 하였다. 가빈 드코스타(Gavin D'Costa)는 힉이 버밍햄 대학교로 옮긴 이후로 정통 기독교와는 실제적으로 결별했다고 본다.[15] 하지만 네틀란드에 의하면 이 당시 힉은 포용주의 패러다임 안에서 작동하고 있다고 본다. 힉은 다른 종교도 심오한 방식으로 신적 실재를 만나고, 궁극적으로 모든 사람이 기독교의 하나님과 화해할 것이라고 인식하였다. 이 당시에는 여전히 하나님의 가장 완전한 계시로서 예수의 독특성을 주장하였다.[16]

힉의 두 번째 시기인 종교신학의 토대를 형성하는 자료는 보편적 구원론, 힌두교 불교의 영향, 윌프리드 캔트웰 스미스(Wilfred Cantwell

---

15) Gavin D'Costa, *Hick's Theology of Religions: A Critical Evaluation* (Lanham, MD.: University Press of America, 1987), 17.

16) Harold A. Netland, 위의 책, 166-67.

Smith), 그리고 버밍햄에서의 다종교 경험과 활동으로 정리할 수 있다.[17)]

III. 제3기 신학의 코페르니쿠스적 혁명: 종교 다원주의 가설 정립

힉은 이제 다원주의자 캔트웰 스미스의 『종교의 의미와 목적』에 영향을 받아 신학의 코페르니쿠스적 혁명을 경험하였다고 고백한다.[18)] 여전히 힉은 유신론적 관점을 가지고 있었지만, 다른 종교에 대한 관심

17) Paul R. Eddy, 위의 책, 48-51.

18) 코페르니쿠스적 혁명이란 프톨레마이오스의 천동설이 아니라 지동설을 주장한 코페르니쿠스의 과학이론이 진리로 변화된 혁명적인 전환을 언급한다. 철학에서 임마누엘 칸트가 경험론과 합리론을 통합했다는 의미에서 코페르니쿠스적 전환을 이룬 것처럼, 힉은 자신이 종교신학에서 그러한 전환을 이루었다고 자부한다. "칸트는 코페르니쿠스적 전회를 통해 대상이 인식 주체에게 가하는 일방성을 독특한 상호성으로 대치하면서 인식 주체와 이 세계를 필연적으로 결합하였으며 인간의 인식능력이 하나의 뿌리에서 자라나 수용성인 감성과 자발성인 지성으로 드러난다고 설명함으로써 경험주의와 이성주의를 종합하였다." 안수현, "칸트의 감각과 지각," 『동서사상』 제10집 (2011): 27. 칸트는 내감(inner sense, innerer Sinn)과 외감(outer sense, äusserer Sinn)을 구별하면서, "내감보다 외감이 더 직접적이라고" 보았고, "감성과 지성의 두 계기로 인식을 설명하는 칸트는 내감이 가능하기 위해서는 외적 대상이 실재해야만 한다고"(위의 책, 29) 했는데, 이런 칸트의 인식론이 힉에게 영향을 미쳤다고 본다. 칸트가 『순수이성비판』에서 이야기하는 내감이란 자기 자신이나 자신의 내부 상태를 직관하는 것이고 외감이란 신체 외부 대상을 감지하는 능력을 말한다. 내감의 형식은 시간이라면, 외감의 형식은 공간이다. 인간은 시간을 통해 내적 상태를 인식하고, 공간을 통해 외부세계를 인식하게 된다(위의 책, 30-31). 시공간을 합쳐서 감성적 직관의 순수형식이라고 한다. 이러한 감성적 직관의 순수형식은 사물 그 자체(Ding an sich, 물자체)를 감지하는 것이 아니다. 인간은 시공간이라는 형식을 투영하여 물자체를 재구성함으로써 각자 나름의 인식을 한다. 시공간이 다르면 물자체의 인식이 다를 수밖에 없다는 것이다. 힉은 이러한 칸트적인 인식론을 토대로 시공간의 차이를 역사적, 문화적 차이로 해석하고, 그러한 역사적, 문화적 차이 속에서 실재를 다르게 인식한 것이 세계의 종교라고 하고, 그렇기 때문에 세계의 종교들은 진리라고 보는 것이다.

은 1974-1976년 인도와 스리랑카 방문과 그의 저서 『죽음과 영원한 삶』(Death and Eternal Life, 1976)에서 절정에 달하였다. 1980년에 힉은 영국에서 미국 캘리포니아의 클레어몬트 대학교로 옮겼다. 이곳에서 그의 종교 다원주의 가설을 체계적으로 작업하며, 1992년 은퇴할 때까지 수많은 비판에 대응하면서 학술 활동을 하였다.[19)]

이 시기의 중요한 인식론적 전환은 1976년 캐나다 캘거리에서 열린 신비주의에 대한 학술대회에서 발표한 논문을 통해서이다. 이 전환을 가리켜서 "힉의 '신 칸트적' 제안"이라 한다. 칸트가 구분했던 모든 경험에 선험적으로(a priori) 적용할 수 있는 이해의 순수한 개념으로서 연역적 범주를 차용한다.[20)] 칸트는 "본체적 영역과 현상적 영역(the distinct realms of noumena and phenomena)"을 구분한다. 현상적 영역은 우리의 경험을 구성하는 외양(appearances)을 형성하고, 본체적 영역은 실재를 구성하는 사물 자체를 말한다.[21)] 이와 같이 본체와 현상을 구분하는 칸트적인 해석의 틀이 힉의 종교 다원주의 인식론의 토대가 됨을 그의 후기 저작에서 지속적으로 살펴볼 수 있다.[22)]

---

19) 위의 책, 167-68.

20) Paul R. Eddy, 위의 책, 92-93.

21) Noumena는 이성에 의해 사유되는 본체적 대상이나 절대적 실재(reality)로서, 본체(本體), 실체, 물(物) 자체, 누메논으로 변역된다.

22) 물론 존 힉 자신은 칸트적인 인식론과 자신의 인식론이 동일하지 않다고 항변한다. 칸트는 감각적(sensory) 인식론 영역에서 본체-현상을 구별했다면 자신은 종교(religious) 인식론 영역에서 본체와 현상을 구별했다고 하고, 따라서 종교 경험에 대한 각각의 이해가 근본적으로 다르다고 한다. 두 번째로 칸트의 형식과 범주는 선험적(a priori)이고, 그러므로 보편적이고 자연에 필연적인데 반해 힉의 형식과 범주는 역사적, 문화적으로 규정되고 우연적이다. 그렇다고 해서 힉의 인식론이 칸트에 받은 영향력과 그 한계를 부인할 수는 없다. 힉은 초월적 실재의 경험을 인식론적 토대로 삼는 점에서 관념론이 아니라 실재론에 서 있음을 알 수 있다. Paul R. Eddy, 위의 책, 48, 99.

1986년 신학자와 철학자를 위한 중요한 회의가 클레어몬트에서 열렸다. 이때 힉과 폴 니터에 의해 공동 편집된 『기독교 독특성의 신화』(The Myth of Christian Uniqueness)가 출판되었다. 이 책에서 힉은 전통적 기독교 신학에서 다원주의 신학으로 신학적 루비콘강을 건넜다는 대담한 주장을 펼친다. 힉은 이제 종교신학의 배타주의와 포용주의를 공식적으로 거부한다. 그리고 순수한 종교 다원주의를 수용한다. 힉의 종교 다원주의 가설은 계속해서 진화한다. 마침내 1989년 『종교의 해석: 초월자에 대한 인간의 응답』(An Interpretation of Religion: Human Responses to the Transcendent)에서 완전한 종교 다원주의 형식을 제시한다.[23] 이 책에서 정립된 힉의 종교 다원주의란 "세계의 모든 종교는 실재(the Real)에 대한 인간의 역사적, 문화적 상황 아래에서의 인식과 개념이고, 아울러 그러한 인식과 개념으로 실재에 대해 서로 다르게 응답한 구체적인 형태"[24]라고 한다. 따라서 힉에 따르면, 세계에 현존하는 다양한 종교는 '실재 그 자체'(the Real an *sich* in itself)와 '실재(the Real)에 대한 역사적, 문화적으로 응답'하는 인간 사이의 복잡한 상호작용의 산물이라고 한다. 그러므로 종교의 다양성은 시공간에 제약을 받는 인간의 우발적인 역사적, 문화적 요인의 관점에서 나타나고, 종교의 공통성은 종교 전통 뒤에 있는 궁극적인 본체(substance)로서 실재(the Real)의 전제조건을 정당화한다. 이런 칸트적인 실체와 현상의 구별로 종교들을 이해하게 되면, 모든 종교에는 동등하게 진리요 구원의 길이 있다는 결론에 도달한다. 다른 말로 하면, 하나의 특

23) Paul R. Eddy, 위의 책, 168-69.

24) John Hick, *An Interpretation of Religion: Human Responses to the Transcendent* (New Haven: Yale Univ. press, 1989), 240.

정 종교가 합법적이며 유일한 종교가 될 수 없다는 것이고, 동일하고 동등한 본체적 실재의 현상으로서 다양한 종교는 동등한 구원의 길이 된다고 믿는 힉은 "자아중심에서 실재중심으로의 변화(transformation of human existence from self-centeredness to Reality-centeredness)"를 가져오는 '구원론적 전환(구원/해방)'을 모든 종교 안에서 찾을 수 있다고 주장한다.[25)]

본체와 현상을 구분하여 세계에 존재하는 다양한 종교를 해석하는 힉은 인격적 실재 이해나 탈인격적 실재 이해를 포괄하는 종교신학을 만들었다. 이런 작업에는 힉이 경험하고 연구한 힌두교의 영향이 크다. 힌두교의 일원주의적 분파인 아드바이타 베단타(advaita vedanta)의 니르바나 브라만(nirvana brahman)과 사구나 브라만(saguna brahman)의 구분을 칸트적인 본체와 현상, 본체적 실재(noumenon reality)와 현상적 실재(phenomenon reality)와 유비적으로 동일하게 간주하고, 그의 종교 다원주의 가설을 발전시킨다. 탈인격적 실재를 믿는 종교는 드러나지 않은 탈인격적 실재(covert non-personal Reality)를 신봉하고, 인격적 실재를 믿는 종교는 드러나지 않은 인격적 신(covert personal Reality)을 믿는 점에서 차이가 있을 뿐 궁극적 실재의 다른 경험("-로서 경험하는 것")이다.[26)] 이러한 힉의 실재에 대한 경험의 해석학적 기능과 칸트적인 본체와 실체의 구분은 힌두교 아드바이타 베단타(advaita vedanta)[27)]만 아니라 선불교의 영향이 크다. 그의 실

25) 위의 책. Harold A. Netland, 위의 책, 169.

26) John Hich, *God has Many Names* (London: Macmillian, 1980), 110. "The Theology of Religious Pluralism," *Theology* 86 (1983): 336-37. 335-40. John Hick, *An Interpretation of Religion*, 245.

27) 아드바이타 베단타는 주요한 두 베단타 학파 중의 하나로서, 이원론이 아니라 일원론을 주장하는 힌두교 분파로서 불이일원론(不二一元論)으로 번역되며, 브라만(Brahman)의 존재만을 주장하고 현상계(現象界)는 무지에 바탕을 둔 환영(幻影)이라고 주장한다.

재는 기독교의 하나님보다는 힌두교의 브라만이나 선불교의 공(空 sunyata)에 더 가깝다고 할 수 있다.[28] 숨너 트위스(Sumner Twiss)는 이러한 칸트적인 구분과 실재론(realism)에 기초한 경험에 대한 해석학적 우위성을 두는 힉의 두 가지 인식론적 도구가 종교 다원주의 가설 형성에 설계도와 디자인이고, 모든 반론에 대한 응답의 토대라고 한다.[29]

힉은 종교 다원주의 가설에 따라 예수의 인격과 의미에 대한 이해를 수정한다. 이러한 수정을 가하는 힉의 방법론은 실재의 초월적인 차원을 무시하고, 모든 종교적 개념과 교리를 신화와 은유의 개념으로 해석한다. 『성육신하신 하나님의 신화』(The Myth of God Incarnate, 1977)에서 성육신은 예수 그리스도가 문자 그대로 하나님이며 인간이었다고 이해해서는 안 된다고 말한다. 오히려 신화론적 또는 은유적인 의미에서 힉은 다른 종교 지도자에게 나타나는 방식과 비슷한 방식으로 예수 안에서 하나님이 현재하고 활동하고 있다고 간주한다. 이런 의미에서 예수는 단순히 하나님의 현존과 실재에 개방되는 인간이다. 한편 힉은 성육신 언어는 버릴 필요 없이 재해석해야 한다고 주장한다. 또한 힉은 『성육신하신 하나님의 은유』(The Metaphor of God Incarnate, 1993)에서 완전히 다원주의적 관점에서 성육신의 은유적인 이해를 발전시킨다. 힉은 만일 우리가 은유적으로 성육신을 이해한다면, 모든 위대한 종교 인물도 각자 다른 방식으로 유일한 신적 실재에 대한 응답이 될 수 있고, 따라서 그들도 궁극적 실재의 성육신으로 간주해야 한다고 주장한다.[30]

---

28) Harold A. Netland, 위의 책, 169-70.

29) Sumner Twiss, "The Philosophy of Religious Pluralism: A Critical Appraisal of Hick and His Critics," *Journal of Religion* 70 (1990): 534-36, 567-68.

30) Harold A. Netland, 위의 책, 170-71.

힉이 성육신에 대한 전통적인 이해를 거부하는 이유는 세 가지로 요약된다. 첫째, 만일 예수가 실제로 인간이 되신 하나님이라면, 다른 종교에 비해 예수와 기독교 신앙은 본질적으로 우월한 것이 된다. 그리고 대다수 인간은 구원받지 못한다는 것을 의미한다. 둘째, 예수를 "참 하나님, 참 인간"이라는 칼케돈의 신앙고백은 더 이상 유의미하지 않다고 한다. 왜냐하면 예수가 성육신하신 것은 문자 그대로 사실이 아니고 단지 비유적, 은유적인 표현으로 보아야 하기 때문이라고 말한다. 셋째, 성경 역사비평학과 급진적인 신약성경 신학의 영향으로 예수는 신이 아니라 인간일 뿐이라고 한다.[31)]

IV. 힉의 여정에 대한 성찰

힉의 신학적, 철학적 사상 흐름을 분석하는 폴 에디는 다음과 같이 힉의 종교 다원주의에 대해 평가한다. 우선 긍정적인 관점에서 힉의 접근은 기독교의 진리를 입증하는 것보다 기독교 신앙을 합리적 관점에서 조망할 수 있는 자극제가 되었다. 부정적 관점에서 힉의 합리적인 접근은 기독교 유신론의 특수성과 독특성을 배제한다.[32)]

합리성의 개념은 논쟁을 일으킨다. 강한 합리성과 약한 합리성의

31) 위의 책, 171-72.

32) 위의 책, 172-73.

관계는 분명하다. 강한 합리성은 인식론적 의무를 수반하며, 약한 합리성은 인식론적 허용을 포함한다. 약한 합리성의 개념에 따르면, 하나님의 경험에 기초하여 기독교 신앙을 받아들이는 것은 기독교인에게 합리적이다. 그렇다면 사토리(satori)의 경험에 기초하여 불교의 신앙을 유지하는 것은 불교인에게 합리적이다. 합리성의 약한 개념과 힉의 인식론적 가정을 결합하면 종교적 신념의 합리성은 평등하다. 즉 하나의 특정한 종교 신념이 다른 대안보다 더 합리적이라고 주장할 수 없다. 만일 약한 합리성을 넘어서 기독교 신앙을 고수하는 다른 대안이나 방법이 없다면, 세상의 모든 종교는 자신의 경험에 근거하여 자신들이 합리적으로 생각하는 대로 믿는 상황에 따른다.[33)]

힉은 다원주의 논쟁의 핵심 문제를 기독론으로 본다. 힉이 전통 기독론을 거부하고 성육신을 은유적으로 해석함은 단지 다른 종교를 수용하기 위해 촉발되었다고 볼 수 없다. 힉의 주장은 초기 기독교 신앙의 혁명적인 발전에 관한 일부 의심스러운 가정에 의존한다. 그것은 예수에 대한 원시적 신앙에서 하나님의 아들(또는 아들이신 하나님)로 진화하고, 마침내 삼위일체 두 번째 위격의 형이상학적 방식으로 메시아로 진화한 것이라고 한다. 즉 고 기독론은 원시적인 저 기독론으로부터 진화했다는 것이다. 이러한 힉의 진화적인 기독론 모델은 신약성경의 자료에 적합하지 않다. 모울(Moule)은 예수의 기원으로부터 신적 주님으로의 전환은 신약성경에서 반영된 예수의 다양한 평가가 본질적으로 처음부터 이미 있었던 것을 기술하는 시도일 뿐이라고 한다. 그 근거로 고 기독론이 신약성경의

33) 위의 책, 173-74.

초기 문서로 받아들이는 바울 서신에 나타난다는 점을 제시한다.[34)]

힉은 칼케돈의 두 본성 기독론 공식에 이의를 제기하는 첫 번째 사람이 아니다. 이 교리는 확실하게 신비스럽고 심지어 역설적이다. 기독교 역사 내내 수많은 사람들이 칼케돈의 공식을 의미 있게 생각해왔다. 칼케돈은 예수가 어떻게 하나님이면서 동시에 인간일 수 있는지, 인간의 유한성을 고려할 때 그러한 주장을 설명하는 시도가 불가피하게 어려움이 있다는 것을 언급하지 않는다. 만일 우리가 신약성경의 증거에 충실하면, 칼케돈이 말하는 예수의 신비스런 본성의 규정을 받아들일 수 있을 것이다.[35)]

마지막으로 힉의 인식론적, 신학적, 철학적 거대한 전환은 버밍햄에서 타 종교인과의 만남과 공동의 관심사를 이루기 위한 연대와 협력을 통해서 강화되었다는 점이다. 산업 도시인 버밍햄은 영국의 그 어느 도시보다도 이민자가 많고 윤리적, 문화적, 종교적 다양성을 가진 삶의 자리였다. 여기서 힉은 영국 식민주의의 잔재로 다른 종교인에 대한 편견과 차별을 체감하였다. 문화적, 인종적 차별에 대항하여 활동하는 종교 연합체에 투신하면서 그는 많은 종교 지도자를 만나고 대화하며 친밀한 관계를 가졌다. 이러한 버밍햄에서의 경험은 힉의 다른 종교에 대한 인식에 지대한 영향을 끼쳤다. 힉은 다른 종교의 예전에 참여하면서 각 종교에도 기독교와 본질적으로 동일한 신적 실재가 그들 안에 내재한다고 확신했다.[36)]

---

34) 위의 책, 174-76.

35) 위의 책, 176-77.

36) 위의 책, 177.

V. 비판적 평가

네틀란드는 힉의 다원주의 여정을 세 단계로 구분하며, 기독교 전통에서 다원주의로의 사고의 전환이 어떻게 변화되었는지 보여준다. 초기 단계는 힉의 합리성에 기반한 종교 인식론적 틀이 어디에서 형성되었는지 설명한다. 논리 실증주의가 지배하는 상황 속에서 힉은 전통적인 유신론적 논증에서 벗어나 기독교의 특정한 경험에 근거하여 기독교를 변증하려고 시도한다. 두 번째 단계는 다른 종교와의 관계에서 기독론에 대한 문제에 직면한다. 네틀란드는 이 당시 그의 신학적 입장은 포용주의 패러다임에 있다고 평가한다. 세 번째 단계는 신학의 코페르니쿠스적 혁명과 다원주의로의 전환을 일으킨다. 그리고 실재(the Real)에 대한 이해에 있어서 유신론적 전통과 더불어 비유신론적 전통을 수용한다. 다른 종교와의 관계에서 중심에 놓인 기독론은 더 급진적인 해석으로 역사적 사실보다는 신화와 은유의 개념으로 예수의 성육신을 이해한다.

네틀란드는 힉의 신학적 입장에 대해 무조건적으로 비판하기보다 그가 처한 상황과 다양한 경험을 통해 변화되는 지점을 잘 지적하고 있다. 힉 역시 다른 종교 이해에서 기독론에 대한 문제를 씨름한 사람으로 묘사한다. 그리고 변화되는 지점을 통해 다원주의로 향하는 사람들 역시 힉과 동일한 경험을 하고 있다는 네틀란드의 결론은 다른 종교와 교류하는 우리에게 중요한 시사점을 제시해준다. 그것은 다른 종교와의 관계 설정에 기독론 이해가 중요하다는 것이다. 반대로 말하면 기독론이 세상 사람들에게 의미가 없다면, 기독교를 받아들이지 않을 것이다. 한국교회 상황에 적용해 볼 때, 교회 안의 논리와 이미지에 폐쇄적으로 갇힌 기독론은 세상 사람들이 받아들이기 힘들다. 세상 사람들은 자신의 삶이 해명되기를 바라고 있다. 예수님은 예루살렘에 머물지 않고 이방지역을 돌아다니며 하나님 나라를 증거하였다. 따라서 기독론을 교회(성전) 안에 가두어 두는 것이 아니라 교회(성전) 밖에서도 의미가 있도록 해야 한다.

박재은에 의하면, 힉의 은유적인 예수의 성육신 이해는 기독교의 신학적, 실천적 결과를 왜곡시키는 문제를 초래한다. 힉의 신학적 결과는 예수 그리스도의 속죄 사역의 의미와 중요성을 약화시킨다. 왜냐하면 더이상 예수는 특별한 존재가 아니기 때문이다. 이러한 신학적 결과는 실천에 영향을 미친다. 이것은 기독교 예배의 대상, 이유, 목적을 잃게 한다. 힉의 표현대로 예수를 포함하여 다른 종교 창시자나 모든 인간이 단순히 하나님의 현존과 실재에 개방된다면, 인간 예수는 예배의 중보자가 될 수 없으며, 경배할 이유가 없다.[37] 맥그라스는 다른 종교와의 관계에서 힉이 기독론을 주요한 문제로 삼는 것은 높게 평가하지만, 예수 그리스도의 정체성을 '선한 종교 교사'의 범주에 두는 것에 문제를 제기한다. 초기 기독교 전통과 신약 성경에서 예수를 '선한 종교 교사'의 범주에 놓고 해석하는 것에 대한 증거는 찾아 볼 수 없다고 반박한다.[38]

---

37) 박재은, "존 힉(John Hick)의 은유적 성육신 개념: 원인과 결과에 대한 개혁 신학적 고찰," 『한국개혁신학회』 49집 (2016): 183-90.

38) John Hick. "존 힉의 주장," Dennis L. Okholm and Timothy R. Phillips, *Four views on salvation in a pluralistic world*, 이승구 옮김, 『다원주의 논쟁: 다원주의 세계에서의 구원에 대한 네 가지 견해』 (서울: 기독교문서선교회, 2006), 92-93.

2장
폴 에디(Paul R. Eddy)의 존 힉 종교 다원주의 비판[1)]

폴 에디는 존 힉에 대한 비판의 필요성과 정당성을 이야기한다. 지금까지 어떤 학자보다 힉이야말로 종교 다원주의 가설을 잘 발전시켰다고 하며, 그에 대해 또한 폭넓게 비판하고 있다. 폴 에디는 세 가지 관점에서 힉의 종교 다원주의 가설을 비판한다. 1) 힉의 가설이 과연 다원주의적인가? 2) 힉의 가설은 기독교적인가? 3) 힉의 가설은 작동하는가? 라는 질문을 한다. 첫 번째 질문은 힉의 가설이 세계에 현존하는 종교의 실제적인 다양성을 평가절하하고 오히려 무비판적으로 동일시(homogenization)하는 것은 아닌가 하는 의심을 드러낸다. 이것은 힉의 "전통적-자연적 '종교' 해석(Hick's tradition-neutral 'religious' interpretation of

1) 폴 에디(Paul R. Eddy)는 미국 베델대학교 신학 교수이며, 다음과 같은 저서가 있다. *John Hick's Pluralist Philosophy of World Religions* (Ashgate), *Across the Spectrum: Understanding Issues in Evangelical Theology* (with G. A. Boyd, Baker) and *Divine Foreknowledge: Four Views* (with James Beilby IVP).

religions)"[2]을 문제 삼는 비판과 관련된다. 두 번째 질문은 힉의 가설이 결국 역사적 유산을 가진 기독교를 포기하지 않느냐 하는 것이다. 이 문제는 기독교 신학 내에서의 비판을 다룬다. 세 번째 질문은 힉의 신칸트학파의 제안, 즉 "순수하게 내적, 철학적 토대"가 궁극적으로 성공할 수 있을까 하는 논쟁점이다.

I. 존 힉의 가설이 과연 다원주의적인가? 힉의 가설과 세계 종교의 획일적 동질화

이 문제는 한 마디로 힉의 다원주의가 결국은 실제적으로 세계 종교의 획일적 동질화로 귀결된다는 것이다. 이 문제와 관련하여 에디 폴은 세 가지 더 세부적이고 구체적인 질문을 제기한다. 첫째 힉의 구원론적 기준은 성공적인가? 둘째 힉의 다원주의가 오만한 서구 제국주의의 한 형태는 아닌가? 셋째 힉의 종교에 대한 '종교적' 이론은 과연 세계 종교들을 정당하게 대하는가? 이 세 가지 질문을 통해 힉의 종교 다원주의 가설의 타당성을 점검한다.

2) Paul R. Eddy, *John Hick's Pluralist Philosophy of World Religions*, 127.

1. 힉의 구원론적 기준은 성공적인가?

존 힉의 종교 다원주의 가설을 비판하는 가장 핵심적이고 빈번하게 나타나는 점은 힉이 전제로 하는 구원/해방이다. 힉은 종교가 제시하는 구원/해방을 세계 종교의 궁극적인 목적과 목표 및 그들 각자의 특성과 차이점을 무시하고 질적 동질화하는 오류를 범하고 있다. 각 종교를 한 객관자의 조망에서 거리두기를 한 채 좀 애매한 위치에서 바라보는 구원/해방의 이해로서, 즉 여러 종교의 구원/해방의 질적 차이와 다양성을 무시하고 동질화하고 있다. 힉의 다원주의는 참된 의미에서 다원주의가 아니라 일원주의(monism)가 아닌가 하는 반론이다.[3] 힉의 이러한 구원/해방의 동질화, 혹은 보편주의적 구원론 기준(universalizing soteriological criterion)은 "근대, 서구의, 후기 계몽주의 세계관"에서 기인하는 게 아닌가 하는 의심을 받는다.[4] 세계의 다양한 종교는 각자의 고유한 종교적 목적과 목표, 즉, 각 종교 나름의 고유한 구원/해방을 표방한다고 보는 마크 하임(S. Mark Heim)도 이러한 비판을 내린다. 힉의 종교 다원주의 가설은 결국 "다원주의 가설의 비 다원주의적인" 모순을 내포한다고 본다.[5]

힉은 현상학적 차원에서 종교의 다양성을 인정하지만 실체론적 차원에서 모든 종교는 하나의 동일한 실재(the Real)를 공통적인 본질로 간주한다. 하나의 공통 실재에 대한 역사적, 문화적 표상으로서 각 종교는

3) 위의 책, 128.

4) Kenneth T. Rose, "Knowing the Real: John Hick on the Cognitivity of Religions and Religious Pluralism," Unpublished Ph.D. diss. (Harvard University, 1992), 162.

5) S. Mark Heim, Salvations; Truth and Difference in Religion (Maryknoll, N.Y.: Orbis Books, 1995), 23, 26.

결국 공통의 구원론적 핵심을 가진다고 한다. 이때 그가 주장하는 구원/해방이란 앞에서도 말한 바와 같이 “인간 실존의 자아중심에서 실재중심으로의 변화(transformation of human existence from self-centeredness to Reality-centeredness)”를 말한다. 하지만 하임이 지적한 바와 같이 이러한 구원/해방 개념으로 모든 종교의 구원을 질적으로 동일시하는 것은 각 종교의 구원론이나 진리관에 부합하지 않으며, 결국 구원론적 축소주의(환원주의) 오류를 범한다. 종교 개념을 비트겐슈타인의 ‘가족 유사성’으로 정의하며 논지를 전개하는 힉의 종교 개념 정의의 한계성이 이런 점에서도 드러난다. 힉은 이러한 종교 유사성과 더불어 종교 경험의 우선시와 경험을 증거로 하는 일반화라는 종교 현상학적 방법론의 문제를 노출한다.[6)]

힉의 종교 다원주의 가설이 가진 구원중심주의의 문제는 종교 진리에 대한 실용주의적 이론에 관련된다. 종교 진리 문제는 곧 인식론적 기초와 연관된다. 힉은 구원론에 대한 종교 진리 문제를 다룰 때 실재에 관한 계시적이고 교리적인 내용을 배제한다. 그는 실재(혹은 실체)에 대해서 직접적인 언급을 회피하고 은유적으로 이야기한다. 과연 힉은 모든 종교가 표방하는 구원(“자아 중심주의로부터 실재중심주의로의 전환”)에 대한 인식의 토대를 명확하게 하고 있는가 하는 의문이 생긴다. 이를테면 다음과 같은 질문이다. 실재의 속성이나 본질을 우리 인간은 결코 알 수 없다고 하면서 동시에 어떻게 실재중심주의로의 전환이 바르게 일어날 수 있다는 것인가? 힉이 말하는 종교 경험은 어떻게 구원의 타당성을 보장해주는가? 힉의 종교 다원주의 가설은 과연 비윤리적이고 악한 종교 경험과 구원론적 체계를 적절하게 제외할 수 있을 것인가? 등이다. 이러한 문제제기는

6) Paul R. Eddy, 위의 책, 131-33.

비유적으로 보자면, 코로나19 전염병의 집단 확산의 중심지로 온 나라를 두려움과 혼란으로 몰아갔던 신천지 추종자들이 자기중심주의를 벗어나 실재중심주의로 전환했다고 주장한다고 해서, 그리고 그들이 신천지를 경험한 것이 참된 종교 경험이라고 확신다고 해서, 그들의 주장을 구원/해방이라 할 수 있겠는가 하는 점이다. 신천지는 거짓과 속임수와 위장을 '모략'이라는 이름으로 가정을 파괴하고 교회를 와해시키며 사회를 어지럽게 하는 행동을 서슴지 않는 종교 현상과 경험인데 그들이 제시하는 구원론적 종교 경험을 토대로 신천지를 구원의 종교로 인정할 수 있겠는가 하는 문제다. 하지만 어떻게 그러한 판단을 할 수 있는지에 대해서는 분명하지 않다. 물론 힉은 도덕적 윤리적 기준으로 각 종교의 "관찰 가능한 도덕적, 영적 열매"로 판단해야 한다고 반론을 제기한다. 구원론적으로 결함이 있는 종교 관점과 경험은 그러한 기준으로 걸러낼 수 있다고 주장한다. 하지만 신천지와 같은 사이비 이단 종교가 참된 실재중심주의로 변화를 가져오는지가 의심스럽고, 그렇다고 하더라도 신이 아니라 교주 중심주의로 변질시켜놓고 선한 미래를 담보한다고 할 때 과연 종교 다원주의 주장이 옳은지 의심하지 않을 수 없다. 신천지의 실재중심주의는 신이 될 수도 있겠고 신격화된(영생불멸한다는) 이만희 교주일 수 있다. 비단 신천지만 아니라 힌두교, 불교, 유교, 유대교, 기독교 등의 기성 종교에서도 실재중심주의와 함께 자기중심주의라는 악이 상존하는데, 사탄주의, 나치즘, 신천지, 존스타운(Jonestown)[7] 등의 반인륜적, 반사회적 종교 형태가 겉으로는 악을 멀리하는 것처럼 하지만 속으로는 악을 찬양함

7) 남미 구야난(Guyana)의 한 지명인데, 여기에서 1978년 인민사원(PeoplesTemple) 신자의 집단자살이 발생했다.

으로써 결국 자기중심주의가 판을 치고 있다. 힉은 실재에 대한 부적절하고 타당하지 않은 반응으로서 종교 현상을 다원주의 모델에서 배제할 것을 언급했지만, 동시에 그는 종교 현상을 "선이냐 악이냐"의 선택 사항은 아니라고 하였다.[8] "관찰 가능한 도덕적, 영적 열매"[9]로 판단하는 것이 자명하지 않을뿐더러 상당히 임의적이다. 이런 종교나 종교의 탈을 쓴 사상이 보편적인 종교 현상으로서 경험된다고 해서 구원/해방을 주는 종교로 인정할 수는 없다. 에디는 힉이 비윤리적, 반사회적 열매를 맺는 종교 현상을 제한하는 기준의 애매성을 지적한다. 또 자기 자신이나 타자에게 흥미를 주지 못하는 종교 현상은 제한하면서 자기중심주의와 실재중심주의가 혼합되어 다수에게 보편적으로 인정되는 종교 현상은 동등하게 구원/해방에 이르는 효과적인 길로 보는 애매한 태도를 비판한다.[10]

2. 힉의 다원주의가 오만한 서구 제국주의의 한 형태가 아닌가?

힉은 기독교 절대주의나 배타주의가 반유대주의, 서구 유럽의 식민 팽창주의, 여성 차별 등을 뒷받침하거나 조장하는 데 공모했다는 이유를 들어 비판하였다. 반대로 힉의 다원주의 역시 오만한 제국주의적 접근과 다름없다는 것으로 비판받는다. 그의 주장 뿌리에 전체주의화하는 근대 서구의 멘탈리티가 놓여 있기 때문이다. 특수주의나 포용주의를 그의 기준에 부합하지 않는다고 해서 비판하는 힉은 결국 종교다원주의를 진

8) John R. Hick, *Interpretation of Religions*, 246.

9) John R. Hick, *A Christian Theology of Religions: The Rainbow of Faiths* (Louisville, KY.: Westminster/John Knox, 1995), 44, 78–79, 111.

10) Paul R. Eddy, 위의 책, 134–35.

리로 절대시하는 오류에 빠진다.[11] 종교 다원주의 가설에 특권을 가진 유리한 위치(vantage point)에서 종교 다원주의를 절대화를 시키고 있다. 이에 대한 가장 적절한 증거는 힉이 사용했던 시각 장애인의 코끼리 만지기 비유일 것이다.[12] 이러한 점에서 힉의 종교 다원주의 가설은 오만하다. 한편 힉의 종교 다원주의가 자본가 계층의 한가한 여가에서 나온 서구의 자유주의적 계몽주의의 산물이라는 비판도 적지 않다. 존 앱친스키(John Apczynski), 프랜스 반 벡(Frans Van Beeck), 피터 반 네스(Peter Van Ness), 케네스 수린(Kenneth Surin) 등은 힉의 종교 다원주의 가설을 계몽주의적 근대주의 산물로 본다. 특히 "특별하고 특권적인 사회 현실을 전제"로 만들어진 철학적, "관념론적 구조물(ideological construct)"로 힉의 종교 다원주의를 풀이하는 입장도 포함된다.[13] 에디는 이러한 비판에 대체로 동조하며 힉을 비판한다.[14] 한편 피터 도노반(Peter Donovan)은 '인식론적 다원주의'와 '관념론적 다원주의'를 구분한다. 전자는 "진리를 찾는 하나의 길"로서 다원주의라면 후자는 "다원주의가 유일한 진리다"라고 주장하는 관념론적 다원주의 입장을 일컫는다.[15] 결국 도노반의 분류에 따르면, 힉의

11) Dirk Louw, "The Soteriocentrismof John Hick," *South African Journal of Philosophy* 14 (1995), 19–23. Paul R. Eddy, 위의 책, 135.

12) 이에 대해서는 본서 제2부 4장 '존 힉의 종교 다원주의에 대한 비판적 고찰과 선교적 함의' 중 'III. 존 힉의 종교 다원주의 비판'–'2. 세 가지 비유 비판' 부분을 참고하라. 그리고 다음의 문헌을 참고하라. John R. Hick, God and the Universe of Faiths, 2nd ed. (London: Macmillian, 1973), 140. Gavin D'Costa, *John Hick's Theology of Religions: A Critical Evaluation* (Lanham, MD.: University Press of America, 1987), 141–44. Paul R. Eddy, 위의 책, 135–37.

13) Peter Van Ness, "Conversion and Christian Pluralism," *Philosophy and Theology* 7 (1993): 348.

14) Paul R. Eddy, 위의 책, 137–39.

15) Peter Donovan, "The Intolerance of Religious Pluralism," *Religious Studies* 29 (1993): 220. 217–29.

종교 다원주의는 '관념론적 다원주의'로서 하나의 철학적 가설이다.

3. 힉의 종교에 대한 '종교적' 이론은 과연 세계 종교를 정당하게 대하고 있는가?

에디는 힉의 종교 다원주의 가설이 기독교를 포함하여 세계 종교를 정당하게 보지 않는다고 본다. 그 이유는 첫째, 기성 종교의 교리나 교리적 갈등을 평가 절하한다는 점이다. 종교 다원주의는 하나의 "포괄적이고 동질화하는 역사적 체계"로서 서로 다른 세계 종교의 신앙과 실천을 길들이고 동화시키는 작용을 한다. 둘째, 종교들이 표방하는 그들 종교 고유의 주장을 왜곡한다. 다른 말로 힉의 종교 다원주의는 자기 보고 싶은 것만 보는 혹은 자기 종교 경험의 틀 안에서 다른 종교를 이해하는 축소주의의 오류이다. 이런 관점에서 네틀란드도 "묘사적 축소주의(descriptive reductionism)"에 빠졌다고 한다.[16]

---

16) 이 논의를 좀 더 깊이 하려면 해석(interpretation)과 설명(explanation)을 구분하는 것이 필요하다. 해석은 특정 종교의 주요한 신앙이나 종교 현상을 묘사하면서 이야기하는 것이라면, 설명은 어떤 포괄적인 설명 틀을 가지고 종교 현상을 설명하는 혹은 이론화하는 것을 가리킨다. 해석은 특정 종교의 신봉자가 추인하고 확정함으로써 판단된다. 이런 종교 신봉자의 추인이 없는 해석은 "묘사적 축소주의의 오류" 빠진다. 설명은 특정 종교 신봉자의 인정이 있을 수도 있고 없을 수도 있는 묘사다. 어떤 종교에 대한 설명도 쉽게 "설명적 축소주의(explanatory reductionism)"에 빠지는 것은 피할 수가 없다. 가공된 어떤 모델에 의한 설명은 인간의 특수한 관점을 벗어날 수 없다는 점에서 한계가 있고, 또한 자연스럽다고 할 수 있다.

II. 존 힉의 가설은 기독교적인가?

에디는 존 힉의 종교 다원주의 가설이 철학적인 면에서 볼 때, 종교의 다원성에 대한 대응의 일환으로 하나의 가설을 만들었다고 평가한다. 신학적인 면에서 힉은 기독교 신앙의 정통 교의를 배타주의로 간주하는 종교 다원주의 가설을 시도했을 뿐이다. 따라서 드코스타나 제임스 크래프트와 함께 에디는 정통 기독교 신앙과 교의 면에서 볼 때 힉의 종교 다원주의는 "기독교로부터 철수(retreat from Christianity)"이며, 종교 다원성에 대한 참된 기독교 대응이 될 수 없다고 한다.[17] 힉이 오해한 기독교 정통 신앙은 결코 하나의 가정된 형이상학적 실재에 대한 다양한 종교 경험이나 반응 중의 하나가 아니라 실재 자신의 계시에 의한 삼위일체 하나님에 대한 반응으로서 파악해야 한다. 기독교 신앙은 "실재 자체의 차선의 표지가 아니라 궁극적 실재 그 자체"[18]이다. 그 외에도 힉의 종교 다원주의 가설이 비기독교적이라는 주장에는 그의 신론이 근대 서구적인 "민주주의적" 이데올로기에 물들어서 반 삼위일체론적 신론으로 흐른다는 것이다. 죄의 교리를 부정하는 면에서는 현대적인 펠라기우스주의라고 할 수 있다. 무엇보다도 기독론에서 볼 때 힉의 종교 다원주의 가설은 정통 신

---

17) Paul R. Eddy, 위의 책, 149. Gavin D'Costa, "Impossibility of a Pluralist View of Religions," *Religious Studies* 32 (1996), 226. Kraft, "What Constitutes a Distinctively Christian Approach to Interfaith Dialogue," *Dialogue* 37 (1998): 282-90.

18) Jacques Dupuis, *Toward a Christian Theology of Religious Pluralism* (Maryknoll, N.Y.: Orbis Books, 1997), 263.

앙의 예수 그리스도의 신성을 부인한다. 이것이 다른 무엇보다도 가장 문제이다.

힉은 정통 기독론을 특히 예수의 성육신 탄생과 부활을 하나의 신화 혹은 은유로 보는데, 이는 성경적, 역사적으로 정당하지 않다. 힉이 신학 공부하며 사상 체계를 형성한 바탕은 19세기 유럽의 성경에 대한 역사고등비평과 진화론적 차원에서 역사적 예수와 신앙의 그리스도를 분리하였다. 힉은 종교 경험을 토대로 종교 다원주의 가설을 이야기하면서 그 근본에서는 성육신에 대한 정통 기독교 교리를 신화로 단정하는 구제 불가능한 '경험주의자' 혹은 '실증주의자'로서 개념화한다고 비판받는다.[19] 다른 한편 힉이 성육신을 하나의 신화 내지 은유로 규정하고 종교 다원주의 가설을 창안하고 발전시킨 문제는 신화라는 용어 사용에서 찾아볼 수 있다. 힉은 신화라는 용어를 부적절하게 혹은/그리고 애매하게 차용하고 있다. 여러 학자의 관점을 빌어서 에디는 힉의 종교 다원주의 가설을 비판하는 사람들은 신화라는 용어 사용이 "너무 제한적"이고, "거친 실증주의에 사로잡혔으며", "나쁜 의미의 축소주의"에 빠졌다고 본다. 은유라고 해서 부정적이고 비사실적인 진술로 단정할 수 없고, "인식하는데 있어 창조적인 과정"으로 이해하고, 그리고 "은유적 언어(metaphorical language)"를 "문자적 언어(literal language)"와 모순적인 관계로 이해하는 점에서 힉의 추론도 오류이다. 힉의 추론과 반대로 "예수를 '신의 아들'로 표현하는 말은 은유적이면서 동시에 형이상학적"인 묘사로 볼 수 있다.[20]

19) Gerard Loughlin, "Squares and Circles," *Theology* 89 (1986): 202.

20) Paul R. Eddy, 위의 책, 153-54. 이 점에서 에디가 인용하는 학자는 체스트 질리스다. Chester Gillis, *A Question of Final Belief: John Hick's Pluralistic Theology of Salvation* (London: Macmillian, 1989), 164-165. 같은 이, "An interpretation of An Interpretation of Religion," in

힉이 비록 성령 기독론(Spirit Christology)을 언급하지만, 삼위일체의 실체적 구별을 부인하는 신 양태론적 해석으로 치우쳤다는 비판을 받는다.[21] 결론적으로 힉의 종교 다원주의 가설은 기독교적인 신학이라기보다는 종교철학으로 분류할 수 있고, 그의 다원주의적 기독론은 해묵은 자유주의 기독론에 지나지 않는다.[22]

III. 존 힉의 가설은 작동하는가?

이 질문은 힉의 종교 다원주의에 대한 비판가들의 여러 관점보다는 힉의 종교 다원주의에 대한 에디 자신의 관점이다. 두 가지로 에디는 힉의 가설을 비판한다. 하나는 힉 자신은 그렇지 않다고 강변하지만(즉 실재론자라고 하지만), 엄밀히 따져보면 힉의 신칸트학파 가설은 일종의 신학적 비실재론(a form of theological non-realism)이다. 윌리엄 알스톤의 말처럼, 에디는 힉의 인식론에 두 가지 상호 모순되는 입장이 있다고 본다. 즉 "칸트적인 경험적 실재론-초월적 관념론(the Kantian *empirical realist-transcendental idealist*)"과 "반(半) 인상주의-도구주의(the *semi-expressivist-*

Problems of Christian Uniqueness: Critical Studies of the Work of John Hick, Edited by Harold Hewitt, Jr. (New York: St. Martin's, 1991), 28-45.

21) Paul R. Eddy, 위의 책, 155.

22) 힉의 기독론은 전혀 새로운 것이 아니라 고대교회의 에비온주의, 양자론(adoptionist), 아리안주의 등의 아류에 지나지 않는다는 것이다.

instrumentalist)"라는 두 인식론을 오가며 줄타기하고 있다. 전자는 종교적 실재론이고 후자는 비실재론이다. 다른 하나의 관점은 힉의 신론은 '드러나지 않은 유신론(covert theism)'의 한 형태라는 것이다. 실재론은 궁극적 실재가 유신론적이든 비 유신론적이든 상관없이 전적으로 중립적인 관점으로 종교를 해석한다. 그렇다면 과연 힉은 어느 입장인가?

1. 힉의 신칸트학파 가설의 비 실재론적 경향을 비판한다.

에디는 우선 힉의 신칸트학파 가설의 비 실재론적 경향을 탐구한다. 힉은 실재 그 자체와 인간이 경험하는 실재를 구별하는데, 이것은 힉의 가설에 절대적으로 중요하다. 힉은 이러한 구별을 기독교 전통에서, 특히 신의 무한성(divine infinity)이라는 고전적인 개념에서 끌어낸다. 하지만 에디는 기독교 전통에서 그러한 극단적인 분리를 도출할 수 없다고 논증하고, 그러한 극단적인 분리는 힉을 불가피하게 비실재론에 빠지게 한다고 지적한다. 이러한 논증을 뒷받침하기 위해서 에디는 신의 '무한성' 개념을 둘러싼 이슈를 점검하고, 힉이 말하는 "불가언적인/불가언성의 실재" 혹은 실체적 실재에 대해서 말할 수 없다고 하는 힉이 어떻게 동시에 그러한 실재를 이야기할 수 있는가 하는 모순을 지적한다. 결국 힉은 한편으로는 신칸트학파의 실체와 현상을 구별하여 인간이 인식할 수 있는 것은 실체가 아니라 현상이라는 노선을 따르면서, 다른 한편으로는 그와 조화할 수 없는 실재론, 즉 실체(초월적 실재)에 대한 종교 경험은 환상이 아니라 실체에 대한 정당한 인식이라는 주장을 하는 실재론자에 빠지는 모순을 범한다. 힉은 실재 자체와 인간이 인식하는 실재의 현상(현상 세계)은 '두 세계'가 아니라 '하나의 세계' 혹은 '두 가지 양태'라고 한다. 다시 말하자면 실체 세계와 현상 세계는 존재론적으로 두 개의 세계가 아니라 두 가지 관점으로 본 두 가지 객관적인 세계라고 한다. 이 때 두 가지 관점에서 본 세계란 하나는 그 자체로서의 세계이고 다른 하나는 인간 의식에 나타나는 세계이다. 힉의 논리대로 "관점의 차원에서 본다고 해도 실체의 불가해성(인식할 수 없음)을 이야기하는 것 자체가 하나의 동어반복"이라고 에디는 비판한다. 그것은 "주관적인 인식의 대상을 인식에서 분리된, 즉 개념상 인식할 수 없는 것인데 객관적인 것"[23]으로 파악한다. 비약하면, 실체 자체가 존재하든 존재하지 않든 상관없이 인간의 범주-유비(category-analogues)로 실체 자체를 실체의 현상으로 경험할 수 있다는 힉의 주장은 하나의 급진적인 주관주의에 빠지고, 정당화할 수 없는 하나의 순전한 구조물에 지나지 않는다.[24] 여기서 에디의 주장을 인용함으로써 좀 더 이해를 높이려 한다.

> 이 문제는 칸트의 구별이 두 가지 관점(즉 그 자체냐 혹은 인간의 의식에 나타나는 것이냐)으로 본 하나의 객관적인 세계를 나타내는지 아니면 두 개의 독립적인 '세계'를 나타내는지의 여부이다. 힉의 가설은 '하나의 세계' 이해에 대한 일종의 성공한 유비(즉, 종교 영역에서)에 달려있는 것 같다. … 우리가 실재를 경험한다는 주장은 이러한 관점['하나의 세계' 이

23) Paul R. Eddy, 위의 책, 173. "... in a perspectival interpretation, to speak of the unknowability of the noumenal is simply to speak tautologically: it is to consider an object for a subject's knowledge as *apart* from that knowledge, and so-by definition-as unknowable."

24) 위의 책, 174.

해의 유비]에 부합하는 것 같다. 하지만 다른 점에서, 힉은 '두 [개의 독립적인] 세계'로 접근하는 것을 선호하는 것처럼 보인다. 이 관점에서 힉은 실재를 근본적으로 경험할 수 없다고 한다.[25)]

에디에 의하면 힉은 '하나의 세계'를 말하는 것처럼 하면서 동시에 '두 세계'를 이야기하는 논리적 모순에 빠진다. 따라서 힉이 두 가지 방향 중에서 하나를 선택해야 그의 논증의 타당성과 정합성이 드러날 것이라고 꼬집는다.

여기서 잠깐 철학과 인식론 이야기가 혼란을 초래할지 모른다는 생각에 칸트의 인식론과 신칸트학파의 주장을 간략히 살펴본다. 칸트의 사상은 실체와 현상을 구별하면서 인간이 감각적 경험으로 인식할 수 있는 대상은 실체 자체(물자체 Ding an sich)가 아니다. 인간의 인식으로부터 독립되어 존재하는 실체 혹은 관념(신, 의지의 자유, 영혼 불멸)은 인간의 인식 대상이 아니라 믿음의 대상, 혹은 종교적 경험의 대상이다. 칸트는 관념만도 아니고 경험만도 아닌 양자를 다 포괄하는 관점에서 대륙의 합리론과 영국의 경험론을 종합하였다.

객관적 판단의 형성은 기본적 개념과 '범주' 및 '직관의 제 형식'(공간과 시간)을 가능한 감각적 경험 내용에 적용하는 것을 필요로 한다. 정신은 인식을 조직하는 능동적 역할을 하지만, 그러나 이것이 가능한 감각적 경험의 한계를 넘어설 경우에는 해결될 수 없는 모순에 빠진다. 결국 여

25) 위의 책, 180.

기서 얻어지는 결과는, 우리가 인식할 수 있는 세계는 가능한 경험의 대상 세계, 즉 '그 자체'로서 존재할 뿐 인간의 인식 능력으로부터 독립된 그러한 사물과는 구별되는 '현상'의 세계이다. 그러나 실천적 내지 도덕적 생활을 위해서-그리고 심지어 과학 그 자체의 행위를 위해서까지도-우리는 그 대상이 감각적 경험의 영역을 넘어서는 대상으로서의 관념(Idea)이 없이는 행동할 수가 없는바, 그러한 관념이란 곧 신(God), 의지의 자유, 그리고 영혼의 불멸성이다. 결국 물 자체(thing-in-themselves, 'noumena')로서의 그러한 대상은 인식의 대상이 될 수는 없고, 다만 믿음의 영역으로 넘어간다.[26)]

단순화해서 말하자면 신칸트학파의 인식론은 실체와 현상은 구별하고, 실체에 대한 인식은 불가능하다고 보며, 초월적 실체에 대한 경험을 환상으로 간주한다.[27)] 반면에 실재론은 인간의 의식으로부터 "독립하여 객관적으로 존재하는 실체"를 인정하면서도 그 실체에 대한 경험적 인식은 결코 환상으로 간주할 수 없다는 인식론이다. 실재론은 소박한 실재론과 비판적 실재론으로 구분되는데 이를 비교하면 다음 표와 같다.[28)] 신칸

26) "칸트주의와 신칸트주의," 노동자의 책 http://www.laborsbook.org/dic/view.php?dic_part=dic01&idx=150 (2020. 4. 10).

27) "칸트는 경험적인 인식의 모든 대상을 '현상'으로 보고, 그 배후에 인식의 가능성을 초월한 '물자체'(物自體, Ding an sich)를 상정(想定)하였다. 감관을 촉발하는 물자체의 존재를 일단 인정한 점에서 실재론적이라고 할 수 있으나 그 존재방식의 인식은 불가능하다고 보았으며, 자신의 입장은 초월론적 즉 선험적(先驗的)으로는 관념론이며, 경험적으로는 실재론이라고 말하였다." 이런 관점에서 학자들은 칸트의 인식론을 '철학적 실재론'이라 부른다. http://dictionary.catholic.or.kr/dictionary.asp?name1=%BD%C7%C0%E7%B7%D0 (2020. 4. 10).

28) "소박한 실재론은 일상 우리가 느끼거나 생각하거나 하는 대로의 세상이 있으며, 의식은 그것을 즉 실재를 모사(模寫)함에 불과하다고 주장한다. 비판적인 실재론들의 입장은 실재의 특성을 객관적으로 파악하는데 있어서는 경험의 주관적인 혼입을 먼저 비판적으로 격리시켜야만 옳다는

트학파에 따르면 실재 자체의 인식은 불가능한데, 실재론에 따르면 신 자체의 인식은 가능하고 정당하다. 힉이 이 두 가지 인식론 사이를 오가며 자기의 주장을 논증하는 것이 문제라고 에디는 지적하고 있다. 결국 힉은 세계의 다종교 현상에 대한 경험적 인식을 그의 논증의 핵심 토대로 삼으면서 주관주의에 빠지는 오류를 범하고 있다. 실체와 현상의 인식이 고정된 것처럼 보는 동시에 역사적, 문화적으로 상대화될 수 있다고 보는 것이 문제다. 신앙의 세계로서의 신, 자유 의지, 영혼 불멸(칸트에 의하면 직관의 형식 및 선험적 범주에 해당함)과 현상으로서의 인식 가능한 대상 사이의 구별을 하면서 전자에 대한 종교적 경험으로서의 후자를 종합하고, 역사적, 문화적 상황에서의 종교적 경험으로서 다양한 세계 종교로 보는 힉의 추론은 칸트가 추구했던 객관성을 벗어나서 주관주의에 빠졌다. 이와 같이 힉은 종교 영역에서 칸트적 주관주의를 강화하면서 실재론의 중심을 위협하고 있다. 힉의 인식론 이해를 위해서 아래에 인식론 비교 도표를 제시한다.[29)]

것이다. 이리하여 실재론 일반이 강화되었음과 동시에, 관념론에 의하여 저항을 받았다. ... 경험적 실재론 : 프래그머티즘, 특히 케임브리지 플라톤학파의 영향을 받은 논리실증주의, 비트겐슈타인(Ludwig Wittgenstein, 1889~1951)의 맥락에 서있는 영국 일상언어학파의 경향 등은 경험적 실재론으로서, 경험의 배후의, 원리적으로 비경험적인 실재와 경험과의 관계를 논한다는 전통적인 경향의 근본적인 난점을 배제하였다는 점에서 의의가 있다." http://dictionary.catholic.or.kr/dictionary.asp?name1=%BD%C7%C0%E7%B7%D0 (2020. 4. 10).

29) Paul Hiebert, *Anthropological Reflections on Missiological Issues*. 『문화속의 선교』. 김영동 안영권 옮김, (서울: 죠이선교회출판부, 1997), 26. 김영동, 『교회를 살리는 선교학』 (서울: 장로회신학대학교출판부, 2011), 367.

입장	인식의 본질	인식체계 사이의 관계	심판관의 응답
순수 관념론/ 순수 실재론 (실증주의)	외부 세계는 실재한다. 정신은 실재를 정확히, 철저히, 편견 없이 알 수 있다. 과학은 실재의 사진이다. 인식과 실재는 무비판적으로 동일시된다. 순수 실재론은 경험과 역사에 따라 인식을 검증한다. 인식은 완전히 객관적이다. 개종은 급진적 대체를 의미한다.	인식이 정확하고 철저하기 때문에, 오직 하나의 통일된 이론(거대담론)이 있을 수 있다. 다양한 이론들은 하나로 축소되어야 한다. 이것은 물리적, 심리적, 사회 문화적 영역 안에 축소주의를 심어준다.	"나는 있는 그대로 부른다(판단한다). 만약 그것이 스트라이크면 스트라이크라고 부른다. 만약 그 공이 볼이면 볼이라 부른다."
비판적 실재론	외부 세계는 실재한다. 그에 대한 우리 지식은 부분적이나 진리일 수 있다. 과학은 지도나 모델이다. 그것은 실재나 절대 진리에 근접한 근사치로 이끄는 계속적인 패러다임으로 만들어진다. 비판적 실재론은 경험과 역사에 따라 인식을 검증한다. 인식은 주관적이며 객관적이다. 개종은 새로운 형태를 의미한다.	과학의 각 분야는 실재에 대한 다른 설계도를 제시한다. 이것들은 상호 보충적이다. 통합은 그것을 하나의 모델로 축소함으로써가 아니라, 그들의 상호관련성을 보므로 달성된다. 각각은 우리에게 실재에 대한 부분적인 통찰력을 제공한다.	"나는 내가 보는 대로 부른다(판단한다). 그러나 실제로 투구(피치)가 있고 내가 그것을 판단해야하는 객관적 표준이 있다. 그것으로 내가 옳은지 그른지 판명될 것이다."
도구주의 (실용주의)	외부 세계는 실재한다. 우리는 실재에 대한 우리 지식이 진리인지는 알 수 없다. 그러나 만약 그것이 "작용을 하면" 우리는 그것을 사용할 수 있다. 과학은 어떤 존재론적 진리 주장을 하지 않는 '로르샤하 반응'이다.[30] 인식은 완전히 주관적이다. 따라서 상대주의, 실용주의로 흐르고, 반개종을 주장한다.	우리 이론이나 모델에 대한 어떤 진리 주장도 하지 않기에, 그들 사이에 어떤 존재론적 모순도 없다. 우리는 그들이 작용하는 한 상이한 상황에서 모순적인 모델을 분명하게 사용할 수 있다.	"나는 내가 보는 대로 부른다(판단한다). 그러나 내가 옳은지 그른지 알 수 있는 길은 없다."

표 2 인식론 비교 도표

30) 로르샤하(Rorschach)는 스위스의 심리학자로 그가 개발한 심리 검사방법을 "로르샤하 검사"라 한다. 이는 잉크의 얼룩 같은 무의미한 무늬를 해석시켜 사람의 성격 등을 알아내는 검사이다.

2. 힉의 신칸트학파 가설의 위장된 단일 신론적 경향을 비판한다.

힉의 종교 다원주의 가설은 신칸트학파의 인식론을 바탕으로 인격적 신과 비인격적 신, 유신론과 무신론, 종교현상과 유사종교현상을 다 아우르는 종교신학 혹은 철학이다. 힉의 신론에 대한 비판은 모든 종교 신봉자에게 구원이 주어진다는 것이다. 즉 실체적 실재(noumenal Real)를 가정하여 힉의 신론은 "서구의 인격적 신 개념의 하나"[31]로 본다. "또 다른 비판은 힉의 다원주의 가설은 "실재에 대한 동양 종교의 범신론적 개념과 매우 유사하다"는 것과 그래서 "기독교 핵심 원리와 반대"된다는 것이다.[32] 한 마디로 힉의 종교 다원주의 토대인 실체적 실재를 과연 세계 종교에 적용할 수 있느냐 하는 것이다. 신도 신론과 티베트 불교 신론에 그러한 실체적 실재를 적용할 수 없을 것이다. 이러한 전제 하에 에디는 몇 가지 세부적인 관점에서 힉의 종교 다원주의 가설이 상정하는 위장된 단일 신론적 관점을 비판한다.

첫째, 힉의 가설은 "위장 단일신론(covert 'Mono'-theism)"에 지나지 않는다. 힉은 그의 가설을 논증할 때 일괄적으로 실체적 실재 혹은 궁극적 실재를 복수가 아닌 단수로 언급한다. 이에 대해 에디는 '어떻게 힉은 매우 다르고 때론 상호 모순되는 궁극적 실재에 대한 각 종교의 개념과 서로 갈등을 보이는 그 실체적 실재의 현상적 표상을 "하나의 동일한(one

31) John C. Lyden, "Why Only 'One' Divine Reality?: A Critique of Religious Pluralism," *Dialogue & Alliance* 8 (1994), 63. Paul R. Eddy, 위의 책, 182에서 재인용, 197(각주 81).

32) R. Douglas Geivett and W. Gary Phillips, "Response to Hick," In *More than One Way?: Four Views on Salvation in a Pluralistic World*, Edited by Dennis L. Okholm and Timothy R. Phillips, (Grand Rapids: Zondervan, 1995). 79. Paul R. Eddy, 위의 책, 182에서 재인용.

and the same)" 실체적 실재의 개념으로 볼 수 있는가?' 라는 문제제기를 한다. 명백하게 다르게 나타나는 실재의 현상적 표상은 오히려 다수의 실체적 실재를 뒷받침하는 것으로 보는 것이 타당하다.[33] 힉의 종교 다원주의 가설은 세계의 여러 종교와 이념과 유사종교가 보여주는 신과 절대자의 다양성을 어떻게 진지하게 수용하고 해석할 것인가에 대한 하나의 가설 혹은 이론이다. 간략히 말하면, 종교의 다양성이 내포하는 다원주의적 의미를 찾으려는 것이다. 모든 종교는 '궁극자'와의 접촉 속에 토대를 둔다는 힉의 주장은 설득력이 없다고 에디는 말한다. 힉은 전통적인 종교의 진리를 신화로 해석하고, 모든 종교의 다양한 종교 현상과 진리는 단 하나의 궁극적 실재에 대한 경험이라는 단일적인 실재론(Mono-Realism)을 주장한다. 그러나 에디는 하나의 실체적 실재를 주장하는 힉의 구원론적 논증은 그리 확신을 주지 못한다고 본다. 하나의 궁극적이며 실체적인 실재에 대한 경험으로서 세계의 다양한 종교를 보는 힉의 이론은 공통의 경험이 하나의 공통 경험 대상을 필수적으로 수반하는 것은 아니기 때문이다. 힉은 세계 종교의 현상 가운데 나타나는 존재론적, 실체적 실재의 다양성을 애써 외면하며 진지하게 수용하지 않고, 그가 심중에 품은 단일 실재론(mono-Realism) 프로젝트에 따른 위장 단일신론을 주장한다고 에디는 결론을 내린다.[34]

둘째, 힉의 가설은 "위장 단일신론"이라는 비판이다. 에디는 힉의 신론과 종교적 인식론 및 종말론의 불일치를 지적한다. 힉의 종교 인식론은 전통 기독교의 신론처럼 인격적인 하나님이 자유로운 인간을 창조

33) Paul R. Eddy, 위의 책, 182-84.

34) 위의 책, 185-87.

하고, 하나님과 인간의 인격적인 사랑의 관계를 맺도록 초청한다. 힉에게 종교 경험과 인식론은 서로 연결되어 있다. 초기의 이러한 종교 경험과 인식론은 후기로 갈수록 사라졌으나 여전히 인간의 자유, 우주의 근본적인 종교적 애매성, 인간 종교의 자율성을 보존하는 기능적 필터로서 다양한 종교 전통 등이 중요한 역할을 한다. 그래서 힉은 무신론적 전통보다는 유신론적 전통을 따라 자기의 주장을 펼친다. 힉의 인식론은 인격적 신을 전제로 한다는 점에서 에디는 힉을 위장 단일신론자라고 본다.[35)]

힉의 위장 신론은 다른 한편으로 종말론과 연결된다. 힉의 종말론적 시나리오는 분명히 그의 단일 신론이라는 전제에서 잉태된 산물이다. 힉에 의하면 인류의 거대한 종말론적 상태는 신이 관리 감독하는 것과 유사한 상태이다. 이러한 종말론을 관리 감독하는 신 혹은 실재의 존재는 인격적이거나 초인격적 본질을 구비해야 한다. 그러한 인격적이거나 초인격적인 본질이란 합목적성(合目的性 purposiveness), 예지력(foresight) 등을 뜻한다. 인류의 종말론적 운명은 궁극적 실재에 의해서 관리 감독된다는 힉의 이론 바탕은 유신론이다. 힉의 종말론적 시나리오에 나오는 사후의 인격적, 자의식적 실존에 대한 언급도 유신론과 연관된다. "그런데 만약에 우리가 죽은 후에 여전히 실존함을 발견하게 된다면, 우리의 경험은 자연주의적 가설의 오류임을 입증하게 될 것이다."[36)] 힉의 종교 개념에는 개인과 인류의 불멸의 삶을 상정한다.[37)]

힉의 유신론적 종말론의 문제 중 하나는 무신론적 종교나 사후 개인

---

35) 위의 책, 187-89.

36) John Hick, *Christian Theology of Religions*, 73.

37) John Hick, *Death and Eternal Life* (New York: Harper and Low, 1976), 15.

의 실존에 대한 개념이 없는 종교와는 아무런 관계가 없다는 데 있다. 힉의 위장 단일신론은 결국 그의 종말론적 시나리오에서 배제되는 종교들이 나타나게 되기에 그의 가설에 결함이 있음을 드러낸다고 할 수 있다.

힉의 위장 단일신론은 신의 부성과 인간의 형제애를 믿는 서구의 자유주의 신학이 가진 플라톤적인 이념과 상통한다. 기독교의 유일신론의 흔적을 지닌 힉의 위장 단일신론은 전통에 중립적 입장의 종교 다원주의 모델을 추구하는 힉의 소망의 표현으로 보인다.[38]

에디는 힉 만큼 세계 종교의 다원성과 상호 대립되고 갈등을 야기하는 문제를 집중적이고 독창적인 개념을 통해 해결하고자 한 사람은 없다고 높이 평가하고 있다. 하지만 힉의 거대한 시도는 그 목표를 달성하지 못했다고 본다. 힉의 종교 다원주의 가설의 가장 큰 허점은 그가 피하고자 몸부림쳤던 비실재론과 위장 단일신론에 빠졌다는 것이다. 에디는 "정교하게 균형 잡힌 전통 중립성"과 동시에 "탄탄한 종교 실재론"을 동시에 유지하는 것은 불가능하다고 한다.[39] 따라서 힉의 종교 다원주의 가설은 논리적, 실천적으로 타당하지 못하다.

힉의 종교 다원주의 가설이 논리적, 실천적으로 타당한가? 하는 문제 외에 힉의 종교 다원주의 가설이 기독교적인가? 하는 문제가 제기된다. 이에 대해 에디는 전통 복음주의 기독교에서 볼 때는 '아니다' 이고, 자유주의 기독교에서는 '예'라고 할 것으로 본다. 하지만 제3의 관점인 새로운 신약성경 신학의 연구에 따르면 힉의 기독론은 신학적으로나 역사적으로 문제가 된다. 힉의 종교 다원주의 가설을 오랜 질문에 대한 새

38) Paul R. Eddy, 위의 책, 189-92.

39) 위의 책, 202.

로운 해결의 시도로 일정 부분 가치를 부여한다면, 새로운 종교신학의 가능성은 열려있고, 새로운 대안적인 이론의 출현을 기대하게 한다.[40] 변화하는 선교 환경의 도전에 성경적, 복음적으로 바르게 응답하는 복음주의 종교신학의 길은 여전히 가야 할 길이 멀고 해야 할 일이 많음을 시사한다.

40) 위의 책, 203-204.

3장
해롤드 네틀란드(Harold A. Netland)의 존 힉 종교 다원주의 비판

힉의 종교 다원주의 가설을 비판한 대표적인 신학자는 네틀란드(Harold A. Netland)이다.[1] 이번 장에서는 2001년에 나온 네틀란드의『종교 다원주의 대면하기: 기독교 신앙과 선교에 대한 도전』[2]을 중심으로 살펴본다. 복음주의 신학자인 그는 힉의 다원주의 가설을 설명하고 그 핵심 주장을 기술한다. 그리고 힉의 종교 다원주의 가설이 내포하고 있는 근본적인 문제점과 그 바탕에 놓여있는 인식론적 문제점을 제기하면서 비판적 성찰을 한다.

---

1) 해롤드 네틀란드는 일본에서 복음주의 자유 교회를 위해 9년간 선교사로 봉사했다. 1993년에 그는 미국으로 돌아가 트리니티 복음주의 신학교에서 '종교와 문화 간 철학' 교수로 가르치고 있다.

2) Harold A. Netland, *Encountering Religious Pluralism: the Challenge to Christian Faith & Mission* (Downers Grove, Ill.: InterVarsity Press, 2001).

I. 다원주의의 인식론적 틀

앞에서 살펴본 바와 같이 힉의 다원주의 인식론은 급진적인 경험주의와 검증주의 토양에서 배양된 논리 실증주의이다. 실증주의의 특징은 "의미에 대한 검증 가능한 기준(verifiability criterion of meaning)"을 설정하는 것이다. 이러한 기준이란 "의미 있는 진술"과 "문자 그대로 의미 없는 진술"을 구별한다. 이 기준을 만족하는 진술만이 인식론적으로 의미를 지니고, 따라서 참 또는 거짓이라고 할 수 있다. 즉 원칙적으로 순수하게 의미 있는 혹은 정보를 제공하는 진술은 반드시 어떤 특별한 경험에 의해서 검증되거나 오류로 판명된다. 급진적인 경험주의와 검증주의에서 영감을 받은 이러한 논리 실증주의에서 볼 때, 형이상학과 윤리학과 신학은 실재(reality)에 대한 인지적인 의미나 정보를 제공하지 않는다. 다시 말해서 논리 실증주의자 입장에서는 하나님, 죄, 영혼구원, 천국과 같은 정통 기독교의 발언이 참 또는 거짓이라는 것이 불가능하다. 실증주의가 고려하는 핵심은 참, 혹은 거짓이라는 실증 가능성이다. 만약 유신론자가 그러한 진술이 참, 혹은 거짓이라는 실증 가능성 기준을 충족시키지 못한다면, 하나님에 대한 발언은 실재에 대한 정보를 제공하지 않는 것으로 무시된다. 이런 상황 속에서 일부 철학자와 신학자는 실증주의자의 결론을 받아들였고, 비인지적 용어(non-cognitive terms)로 종교 진술을 재해석했다. 따라서 종교 진술은 참 또는 거짓으로 단정할 수 있는 게 아니라, 경험이나

느낌 등으로 판단하는 비인지적인 것으로 생각했다.[3)]

20세기 중반의 이러한 사상사적, 신학적 상황에서 초기의 힉은 실증주의를 비판하며 전통적인 기독교 유신론을 변증적으로 옹호하려고 하였다. 당시 정통 기독교의 실증주의에 대한 응답은 주로 연역적인 관점에서 하나님의 실존을 나타내고, 그 기초 위에 예수 그리스도와 성경의 진리를 세우는 것이었다. 하지만 힉은 전통적인 자연신학과 유신론적 증명보다는 다른 길을 찾았다. 그는『신앙과 지식』에서 하나님의 실존을 입증하기 위한 전통적인 논증은 부적절하고, 그리 중요하지 않다고 보았다. 오히려 그리스도인이 특정한 상황에서 하나님을 믿는 것이 전적으로 합리적이거나 논리적일 수 있다고 하였다. 이와 같이 기독교 신앙의 정당성은 유신론적 논증이 아니라, 오히려 특정한 종류의 경험에 놓여 있다는 비인지적인 주장을 하였다. 이때 경험은 그리스도인이 하나님의 현존과 활동에 대한 것을 말한다.[4)] 네틀란드는 힉의『신앙과 지식』은 훗날 종교 다원주의 이론을 형성하는 인식론적 토대가 되었다고 말한다. 이와 같이 힉은『신앙과 지식』에서 기독교 신앙을 합리적으로 옹호하면서, 훗날 종교 다원주의 모델에 필수적인 개념을 도입한다. 그러한 개념을 요약하면 '-로서 경험하는 것(experiencing-as)'[5)], 세상에 대한 종교적 애매함, 그리고 "인지적 자유(cognitive freedom)", 그리고 종교 경험 내에서 해석하는 요

3) 위의 책, 161-62.

4) John Hick, *Faith and Knowledge*, 95. Harold A. Netland, 위의 책, 163.

5) 힉의 종교 다원주의 가설에 중요한 이 개념은, 모든 경험은 본래적으로 해석하는 성질을 가진다는 것을 의미한다. 그에 의하면, "하나님이 있다는 추론은 옳지 않고, 살아있는 존재로서 하나님은 경험에 들어온다고" 말한다. John Hick, *Faith and Knowledge*, 95.

소로서의 신앙 등이다.[6] 이러한 요소는 힉의 종교 다원주의 가설의 정립과 발전의 뼈대이다. 힉은 인간의 경험에 내포되는 세 가지 차원의 실존을 구별하는데, 그것은 자연적 혹은 육체적 차원, 인간적이며 윤리적 차원, 그리고 신적 혹은 종교적 차원이다.[7]

힉에 의하면, 우리의 모든 경험은 무언가를 해석하는 것이다. 아울러 우리의 경험에는 종교적 또는 비종교적 방식으로 합리적인 해석이 가능한 세상에서 더 이상 단순화할 수 없는 애매함이 있다고 한다. 힉의 관점에 따르면, 기독교 유신론뿐만 아니라 자연주의도 설득력 있게 논증될 수 있다. 다시 말해서 하나님을 경험하는 사람은 유신론적으로 총체적인 삶을 해석하고, 하나님을 경험하는 데 실패하는 사람은 자연주의적으로 삶을 해석한다. 그런데 양자 모두 합리적이라고 할 수 있고, 각자의 해석은 자기의 특수한 상황과 경험에 의존한다는 것이 힉의 관점이다.[8]

힉의 초기 인식론의 핵심 개념인 세상에 대한 종교적 애매함, "인지적 자유"와 종교 경험 내에서 해석하는 요소로서 신앙의 개념은 기독교인에게 과연 참된 종교가 무엇인지, 그리고 종교를 이해하는 근본적인 범주가 어떠해야 하는지에 대해서 의문을 가지게 한다. 그러나 엄격하게 유일신 신앙이나 초월적 창조자를 믿지 않는 무신론자 혹은 자연적 관점의 산물로서 삶을 경험하는 무신론자에게는 힉의 핵심 개념이 통할는지 모른다. 1980-1990년대 힉은 여전히 종교 신념의 합리성에 관한 저술을 하고 있다. 그리고 그 합리성은 다양한 다른 종교에도 적용된다. 힉의 종교 다

6) 위의 책, 162-63.

7) 위의 책, 162.

8) 위의 책, 164.

원주의 가설의 초기 설계와 발전, 그에 대한 비판에 대한 응전의 시도는 일관되게 그의 『신앙과 지식』에서 제시된 인식론적 틀 속에서 대체로 작동하고 있었다.[9)]

II. 존 힉의 종교 다원주의 가설 정리

네틀란드는 기존의 종교 다원주의 모델 가운데 힉이 제시한 가설이 가장 엄격하고 철학적으로 정교한 시도라고 평가한다. 대부분의 종교 다원주의 논쟁은 힉을 둘러싸고 일어나며, 힉의 가설에 직간접적으로 연관되고, 그에 대한 찬반 논쟁이 계속되고 있다. 힉의 종교 다원주의 가설은 그의 학문적 여정의 오랜 기간 동안, 다양한 저작과 강연을 통해 제기되고 수정 발전해 왔는데, 그 중에서도 힉의 가설을 종합적, 체계적으로 제시한 책은 『종교의 해석』(1989)이다. 힉의 종교 다원주의 가설의 핵심 주제를 살펴보며 힉의 주장에 대한 이해를 돕고자 한다.

(1) 서로 다른 여러 종교에는 각 종교가 적절하게 반응하는 궁극적인 실재(ultimate reality)가 있다.

(2) 다양한 종교는 실재에 대해 역사적, 문화적으로 규정된 해석(historically and culturally conditioned interpretations of this reality)이다.

9) 위의 책, 165.

(3) 주요 종교 내에서 구원론적 변화(soteriological transformation)가 대략 같은 정도로 일어나고 있다.[10)]

이상의 세 가지 종교 다원주의 구성 요소 혹은 핵심 주제를 네틀란드의 설명에 따라 좀 더 살펴보기로 한다. 힉은 칸트의 본체(noumenon, 예지체)와 현상(phenomenon, 현상체)을 구별하는 개념적 인식론을 빌려와서, 모든 종교에 본체 혹은 실체로서 "종교적 궁극자, 신성한 실재(a religious ultimate, a divine reality)"가 그 자체로 존재한다는 것과 이러한 궁극적 실재를 역사적, 문화적인 조건에서 사람들이 경험하는 것을 구별한다. 힉은 궁극적 실재(the Real)를 있는 그대로 인간이 직접적으로 경험할 수 없다고 본다. 다만 실재가 역사와 문화라는 조건적인 상황에서 현현하는 현상은 경험될 수 있고, 그러한 경험을 세계의 여러 종교들이 표명할 수 있다고 주장한다. 궁극적 실재가 개개 종교에 경험적으로 나타난 현상은 인격적(예를 들어 야훼, 알라, 크리슈나)인 형태로 나타나거나 탈인격적(법신, 공, 니르구나 브라만)인 형태로 나타난다. 인격적인 형태로 경험되는 실재를 실재의 인격(personae of the Real)이라 하고, 탈인격적인 형태로 경험되는 실재를 실재의 탈인격(impersonae of the Real)이라 한다.[11)]

네틀란드는 힉의 핵심 주제 가운데 세 번째인 구원론적 변화에 대해서 질문을 제기한다. 각 종교들이 역사적, 문화적 조건 하에서 경험하는 궁극적 실재의 현상은 서로 다르고, 심지어 인격적이거나 탈인격적인 현상으로 나타나는데, 어떻게 하나의 동일한 궁극적 실재에 대한 경험적 현

---

10) Harold A. Netland, *Encountering Religious Pluralism*, 221.

11) John Hick, *Interpretation of Religion*, 243.

상이라고 할 수 있느냐? 하는 질문이다. 이에 대한 힉의 대답은 각 종교의 다양성과 차이점에도 불구하고 그 모든 종교는 하나의 공통분모, 즉 구원론적 변화를 제공한다는 점에서 하나의 동일한 궁극적 실재를 가정한다고 말한다.[12] 궁극적 실재가 세계의 모든 종교의 공통의 근거가 되는 것은 바로 이러한 구원론적 변화, 즉 "자기중심에서 실재 중심으로의 변화"이다. 더 나아가 이러한 구원론적 변화를 가져오는지 아닌지의 여부에 따라 종교의 적법성도 좌우된다. 그리고 이러한 구원론적 변화를 가져오는지를 점검할 수 있는 기준은 각 종교의 신자가 보여주는 영적, 도덕적 삶의 열매라고 하면서, 칸트와 유사하게 순수 이성적 차원보다는 실천 이성적 차원에서 종교를 판단할 수 있다고 한다.[13] 네틀란드는 힉의 종교다원주의 가설이 그의 사상적 발전 궤도에서 후기로 올수록 두 가지 인식론적 토대의 갈등이 보인다고 말한다. 하나는 비판적 실재(critical realism)와 "사실 주장(fact-asserting) 또는 인지적으로 정보를 제공하는 종교 언어의 본성"을 토대로 하는 것이고, 다른 하나는 "다원주의 모델 안에서 신화와 은유(myth and metaphor)의 역할의 중요성"을 인정하는 것이다.[14] 힉은 그의 학문적 저술의 초기에 논리 실증주의의 도전에 응전하기 위해 비판적 실재론과 종교 언어의 사실적이며 정보 전달의 본성을 간파하고 활용하였으며, 이러한 인식론적 틀은 후기의 저작과 논증에도 여전히 나타나지만, 후기에 와서는 신화와 은유를 중심적으로 활용한다.[15] 힉은 "문자적 진리"와 "신화적 진리"를 구별하고, 후자를 더 중심적으로 다룬다.

12) John Hick, *Christian Theology of Religions*, 69. Harold A. Netland, 위의 책, 226.

13) John Hick, *Interpretation of Religion*, 307, 309.

14) Harold A. Netland, *Encountering Religious Pluralism*, 227-28.

15) 위의 책, 228. 특히 각주 47을 참고하라.

"신화적 진리"란 "진술이나 이야기의 참된 가치가 객관적으로 존재하는 사건의 상태에 의존하지 않고 개인이나 공동체에 미치는 영향력에 달려 있다는 점에서 실용적"[16]이라 한다. 따라서 "진실한 종교적 신화는 실재와의 관계에 있어서 우리의 상황에 적합한 태도와 행동 양식을 불러일으키는 신화"[17]라고 주장한다. 따라서 종교적 전통 내에서 다양한 인격적(personae) 또는 탈인격적(impersonae)인 대상에 관한 교리는 문자 그대로 실재에 적용되지 않고, 신앙인에게 적절한 해석적 반응을 불러일으키는 한 실재에 대한 신화적 진리를 표현한다고 말할 수 있다는 것이다.

이러한 힉의 종교 다원주의 가설은 결과적으로 세상의 모든 종교는 역사와 문화라는 상황 속에서 각각 실재에 대해 반응하는 적법한 대안이고, 그러한 종교는 모두 구원을 주는 변화를 가져온다는 것이다. 그 구원이란 앞에서도 여러 차례 언급한 바와 같이 "자기중심에서 실재 중심으로의 변화"를 말한다. 그러므로 어느 한 종교가 구원의 유일한 길이라든지, 실재에 대해 유일하고 적법하다는 배타적 주장을 할 수 없다는 입장이다. "위대한 종교는 그들의 경험적인 뿌리에서 볼 때 궁극적인 신적 실재와의 접촉이란 점에서 같다."[18]고 힉은 주장한다. 물론 힉은 현상적인 종교 사이에 서로 일치하지 않는 요소도 있음을 인정한다. 다만 종교 사이의 서로 상충하는 구원론적 주장을 하나의 수준 안에서 설명할 수 있다는 것이다. 힉의 주장하는 바는 종교 다원주의 가설이 진리라기보다 현실에 존재하는 종교의 다양성을 설명하는 작업가설로 보아야 한다고 네틀란드

---

16) 위의 책, 230.

17) John Hick, *Interpretation of Religion*, 248.

18) John Hick, "The Outcome: Dialogue into Truth," in *Truth and Dialogue in World Religions: Conflicting Truth-Claims*, ed. John Hick (Philadelphia: Westminster Press, 1974), 151.

는 표명한다. 그러나 힉이 주장한 것처럼 다양한 종교가 모두 같은 신성한 실재와의 접촉으로 이해한다면, 왜 이 하나의 실재 개념 속에 어리둥절하게 만드는 다양성이 존재하는가? 라고 네틀란드는 반문한다.[19] 많은 종교 사이에 믿음의 통일성이 더 크지 않은 이유는 무엇일까? 이에 대해 힉은 서로 다른 역사적, 문화적 요소 때문이라고 답한다. 우리가 감각적으로 알고 이해하는 바는 이해의 범주에 따른다는 칸트의 인식론을 유비로 하여 힉은 역사적, 문화적 상황에 호소함으로써 신앙과 실천의 다양성을 설명하는 포괄적인 이론을 제시한다. 칸트의 감각적 범주에 유비되는 힉의 인식론적 렌즈는 역사적, 문화적 소여성(所與性)[20]이나 범주라고 할 수 있다. "칸트와 힉의 차이점을 찾아보면, 칸트의 범주는 선험적, 즉 보편적이며 필수적(a priori and thus universal and necessary)으로 인간의 경험에서 일정한 정합성을 가져온다는 데 있다. 이에 반해 힉은 역사적, 문화적 변수의 우연적이고 상대적이라는(contingent and relative) 점을 주장한다."[21] 힉의 종교 다원주의 가설은 크게 세 가지 요소, 즉 궁극적 실재의 존재 인정, 각 종교 현상의 그 궁극적 실재에 대한 역사적, 문화적 경험으로서의 반응, 각 종교는 구원론적 변화를 가져온다는 것으로 요약된다.

19) John Hick, *Encountering Religious Pluralism*, 223.

20) 철학 용어로서, 사실 혹은 대상으로 나타나기 이전에 주어진 경험의 내용 범주를 의미한다.

21) John Hick, 위의 책, 224.

III. 존 힉의 종교 다원주의 가설에 대한 평가[22)]

네틀란드는 힉의 종교 다원주의 가설을 비판하기 전에 그 가설이 주는 의의를 언급한다. 즉 모든 종교가 표방하는 "구원론적 변화"를 주장하는 점과 어떤 하나의 종교가 모든 사람에게 결정적이고 규범적인 진리의 길은 아니라는 사실을 제시한 점을 일단 긍정적으로 평가한다. 그렇지만 힉의 종교 다원주의 가설이 과연 세계의 현존하는 다양한 종교 자료에 근거하고 있는가 라고 질문한다. 힉이 주장하는 기본적인 가설인 '-로서 경험하는 것(experiencing-as)', 세상(우주)에 대한 이해에 있어서 종교적 애매함, 그리고 "인지적 자유(cognitive freedom)"와 종교 경험 내에서 해석하는 요소로서 신앙 등이 과연 성경 말씀에 부합하는지에 대한 논쟁의 여지가 있다. 네틀란드는 힉의 가설이 "종교에 대한 1차 자료를 설명하기 위한 2차이론"으로서 다음 두 가지 요소에 근거한다고 본다. (1) 그의 이론이 반영하는 정확성과 수용하기 쉬운 편의성과 다양한 종교 전통의 자료들이다. (2) 이론 자체의 내부적인 일관성이다. 네틀란드는 이 두 가지 면에서 힉의 가설이 치명적이라고 주장한다.[23)] 첫 번째 요소에 대한 비판은 종교 신앙을 환원주의적으로 해석하는 점이고, 둘째 요소에 대한 비판은 실재와 인격적/탈인격적 실재의 관계, 실재 자체의 불가언성(ineffability)을 둘러싼 논리적 타당성 문제이다. 먼저 첫 번째 비판인 신앙의 환원주

22) 위의 책, 231.

23) Harold A. Netland, *Encountering Religious Pluralism*, 232.

의적 해석을 고찰하고, 두 번째 문제를 알아보려 한다.[24]

1. 신앙과 환원주의 재해석 비판[25]

다른 종교 신앙에 대한 힉의 해석은 종종 환원주의(축소주의)적이다. 또 세계 종교들이 가진 난해하고 번거로운 교리를 그의 이론에 짜 맞추기 위해서 자의적으로 해석한다. 힉의 종교 다원주의 가설이 현재 세계에 존재하는 다양한 종교 전통의 자료를 설명하는 모델이긴 하지만, 종교의 실제 신앙과 관습을 종교 내부의 정통 신봉자들이 받아들일 수 없는 방식으로 재해석하는 것이 힉의 문제이다.

이 문제에 대해서 힉은 두 종류의 환원주의를 구별함으로써 그의 가설을 옹호한다. 즉 '묘사적 환원주의(descriptive reductionism)'와 '설명적 환원주의(explanatory reductionism)'로서, 힉은 자신의 가설은 후자와 관계있다고 한다. 왜냐하면, 후자는 2차적 모델에 필수 불가결하고, 따라서 문제가 되지 않는다고 한다. 묘사적 환원주의란 "종교 내부자들이 수용할 수 없는 용어로 일차적인 종교 현상을 묘사할 때 발생하는" 것이라면, 설명적 환원주의는 "종교 전통과는 다소 다른 용어와 범주로 일차적인 현상을 설명하는 이차적인 이론"[26]이다. 따라서 힉은 자기의 이론이 기성 종교의 교리와 전통과는 다소 거리가 있는 용어와 범주로 종교를 보는 것이

---

24) 위의 책.

25) 위의 책.

26) Sumner B. Twiss, "The Philosophy of Religious Pluralism: A Critical Appraisal of Hick and His Critics," *Journal of Religion* 70 (October 1990): 533-68. 이 글은 후에 Philip L. Quinn and Kevin Meeker, eds., *The Philosophical Challenge of Religious Diversity* (New York: Oxford University Press, 2000), 67-98에 다시 실렸다.

고, 결국 일차 자료에 대한 이차적인 이론이기에 그의 종교 다원주의 가설을 각 종교 내부자가 보는 관점과 다르거나 해석을 달리한다 해도 문제가 될 것은 없다고 한다.[27]

하지만 네틀란드는 힉의 가설은 여전히 부적절한 환원주의 문제를 해결하지는 못한다고 평가한다. 네틀란드는 특정 종교의 개념적 틀 안에서 발생하는 설명적 환원주의와 힉의 종교 다원주의 가설에서 작동하는 환원주의를 구별해야 한다고 말한다. 각 종교는 다른 종교 전통에 관해서 설명할 수 있지만, 어디까지나 자기 자체의 종교적인 틀 안에서 다른 종교에 대한 일반적인 설명을 제공하고 있다. 따라서 아드바이타 베단타 힌두교도는 베단타 힌두교의 가정과 범주의 관점에서 다른 종교를 설명할 수 있다. 정통 기독교인은 기독교 신학의 관점에서 다른 종교를 설명할 수 있다. 이렇게 종교 내부적인 관점에서 종교를 해석하게 되면, 이슬람, 불교, 힌두교 또는 그 밖의 어느 종교도 그러한 설명으로 다른 종교를 묘사할 때 묘사적 환원주의를 피할 것이다. 즉 "종교 내부자들이 수용할 수 없는 용어로 일차적인 종교 현상을 묘사"하는 환원주의를 피할 수 있다. 그러나 종교 자체의 내부적인 용어와 범주에 낯설게 다른 종교의 신념과 관행을 설명한다면 설명적 환원주의를 채택하게 될 것이다. 네틀란드는 이러한 특정 종교가 그들의 특정한 관점에서 다른 종교를 해석하는 설명적 환원주의는 불가피하며 문제가 될 것이 없다고 본다. 다만 "특정 종교의 개념적 틀 안에서 발생하는 설명(religion-specific explanations RSEs)"으로서의 설명적 환원주의와 힉의 종교 다원주의 가설에서 작동하는 환원주

27) Harold A. Netland, 위의 책.

의를 구별해야 하고, 후자는 문제가 있다고 말한다.[28)]

이 점을 논증하기 위해서 네틀란드는 다시 한 번 더 힉의 이론이 가진 세 가지 가정을 지적한다. (1) 주요 종교는 믿음과 관습 면에서 매우 다르며 심지어 양립할 수 없다. (2) 어떠한 종교 전통도 절대적으로 우월하거나 유일하게 참으로 간주할 수 없다. (3) 모든 주요 종교 전통은 하나의 신성한 실재에 대해 "참되고", "유효하며", 또는 "효과적인" 반응으로 간주해야 하며, 이들 모두는 다소 동등하다고 할 수 있다. 힉의 가정은 각각의 주요 종교는 어떤 면에서 '수용할 수 있는' 반면, 다른 의미에서 각 종교는 중심적인 진리 주장(central affirmations)을 잘못 판단하고 있다는 것이다. 다시 말해 힉의 모델은 네 번째 가정을 수반한다. (4) 각 주요 종교의 몇 가지 기본 신념은 종교 자체의 정통 신봉자에 의해 이해된 것이기 때문에 보편적 진리로 받아들여질 수 없다. 그러한 신념은 실재와 관련하여 이해될 때 신화적으로 재해석되어야 한다.[29)] 그렇다면 힉의 설명적 환원주의와 네틀란드가 인정하는 "특정 종교의 개념적 틀 안에서 발생하는 설명(RSEs)"의 환원주의는 어떻게 다른지, 좀 더 살펴보려고 한다.[30)]

네틀란드는 타 종교에 대한 일반적인 설명을 "특정 종교의 개념적 틀 안에서 발생하는 설명(RSEs)"이라고 규정한다. 그러한 설명은 특정 종교의 세계관을 수용할 때 그 타당성을 얻는다. 이때 특정 종교의 세계관은 "특정 종교의 개념적 틀 안에서 발생하는 설명(RSEs)" 그 자체와 다른 독립적인 근거에 기초한다. 그런데 힉의 설명적 환원주의와 가설에서는

28) Harold A. Netland, *Encountering Religious Pluralism*, 233.

29) 위의 책, 234.

30) 위의 책, 233-34.

이러한 타당성이 결여되었다. 그리고 힉의 가설은 자기 자신이 세운 이론의 틀 안에서 다른 종교를 설명한다. 힉은 특정 종교의 기본 신앙을 지나치게 재해석하고 있다. 이러한 힉의 가설은 "종교에 대한 일반적 이론"이라고 보기 어렵다.[31] 이런 힉의 종교 다원주의 가설이 지니는 설명적 환원주의의 오류를 좀 더 세분해서 몇 가지로 제시할 수 있다.

첫째, 힉의 이론은 현존하는 세계 종교가 궁극적 실재에 대한 고유하고 독특한 진리(혹은 개념)를 제시한다는 사실을 명확하게 설명하지 못한다. 힉은 야훼의 개념이 이슬람의 알라, 힌두교의 브라만, 도교의 도처럼 기독교인에게는 존재론적 궁극자에 대한 개념이라고 한다. 아마도 각각의 종교 전통 신봉자들은 그들의 절대적 궁극자에 대한 개념이 참된 궁극적인 실재에 대한 부차적인 표현(penultimate manifestation)이라는 주장을 도저히 받아들이지 못하며, 오히려 그런 가설에 적극적으로 저항할 것이다. 네틀란드는 궁극적 실재에 대한 부차적인 표현으로서 각 종교를 평가하는 힉의 주장을 비판한다. 야훼, 알라, 시바, 비슈누, 아미다불(Amida), 법신(dharmakaya), 공(sunyata) 또는 브라만과 같은 이미지는 인격적 혹은 탈인격적인 실재에 대한 인간의 경험이요, 단지 실재에 대한 부차적인 표현이라는 힉의 주장은 각 종교가 제시하는 진리와 부합하지 않는다. 궁극적 실재에 대한 이러한 개념을 사용할 때 각각의 종교 신봉자들은 그들 고유의 특정 개념을 상정하고 표명할 것이기에, 그 개념과 진리는 어떤 궁극적 실재에 대한 부차적인 표현이 아니다. 오히려 각 종교의 신봉자들에게 제시되는 진리는 종교적, 존재론적 완전성을 의미한다.[32]

31) 위의 책, 234-35.

32) 위의 책, 235.

둘째, 힉은 종교 경험을 실재 자체에 대한 직접적인 경험이 아니라 항상 인격적이거나 탈인격적인 대상 중 하나의 인간적 경험이라고 주장한다. 실재에 대한 직접적이고 중재되지 않은 경험은 없다. 이런 관점에서 볼 때, 힉의 관점은 실재와의 합일 혹은 궁극적 실재와의 직접적이고 중재되지 않은 종교적 경험을 주장하는 다양한 형태의 신비주의와는 다르다. 힉은 선(zen) 불교와 아드바이타 베단타 힌두교를 통해 이러한 신비주의적 경험과 전통을 잘 알고 있다. 그들이 "직접 경험한다고 주장하는 것은 근본적으로 다르고, 상호 부합하지 않는다"고 한다. 그런데도 힉은 그들의 종교적 경험은 실재 자체에 대한 경험이 아니라, 실재에 대한 부차적인 경험이고, 그러한 부차적인 경험이 공과 브라만으로 표현된다고 주장한다. 다시 말해 신비적인 경험까지도 해석하여 궁극적인 실재에 대하여 특권적이고 직접적인 접근을 못하게 한다. 문제는 선과 아드바이타 베단타에서 각각 이해되는 깨달음(satori)과 선험적 지식(para vidya, 초월적 지식)의 개념을 힉의 논증으로 명백히 설명할 수 없다. 따라서 힉은 이들 종교의 실재에 대한 경험을 "-로서 경험한 것"(experiencing-as)으로 해석한다. 그러나 힌두교와 불교도는 그들의 궁극적인 실재에 대한 특권적 접근을 기꺼이 포기하지 않을 것이며, 따라서 힉의 모델은 비판을 면치 못하게 된다.[33)]

셋째, 전통적인 종교 안에 내포된 중요한 교리에 대한 힉의 재해석이다. 예를 들면 기독교의 성육신 개념과 이슬람의 신적 계시 혹은 영감에 대한 해석을 살펴볼 수 있다. 이와 연관하여 힉의 구원론에 대한 재해석이 가장 극명한 축소주의의 실례이다. 그는 모든 종교가 제시하는 구

33) 위의 책, 236.

원을 각 종교에 고유한 인식론적, 세계관적, 형이상학적 구조에서 파악하지 않고, 그가 고안한 구원론적 구조라는 틀 안으로 집어넣어 재형성한다. 그는 구원론적 구조를 "실재의 구조로부터 소외된 상태에서 실재와 조화를 이루는, 근본적으로 더 나은 상태로의 인간 상황의 변화" 혹은 "자기중심적인 인간으로부터 실재 중심으로의 전환"[34]으로 정의 내리는데, 이것은 그의 구원론적 구조를 절대화하는 축소주의의 오류이다.

넷째, 모든 종교는 구원 개념을 가지고 있다는 힉의 구원론, 그리고 이런 구원은 모든 종교에 공통적으로 있다는 구원론적 구조이론은 종교의 실상과 주장에 부합하지 않는다. 일정 부분 "자기중심에서 실재 중심으로의 변화"로서의 구원관을 모든 종교의 구원에 적용할 수 있는 면도 없지는 않다. 하지만 이것은 각 종교 나름의 독특한 내용을 간과한 종교의 일반적인 형식에 지나지 않는다. 구원론의 한 형식으로 인정할 수 있지만, 그 형식에 담긴 내용은 종교마다 놀라울 정도로 다르다. 이에 네틀란드는 "자기중심에서 실재 중심으로 변화"된다는 것은 무엇을 의미하는가? "자기중심성"이란 무엇인가? 그리고 "실재 중심성"이란 무엇인가? 라고 근본적인 질문을 제기한다. 힉은 마치 모든 종교가 구원의 본질에 대한 공통의 목표와 이해를 공유하는 것처럼 주장함으로써 구원론적 차이를 희석하거나 최소화한다. 이것은 세계의 모든 종교를 다 섭렵한 어떤 전지전능한 신의 관점에서 보는 것 같은 오류이다. 네틀란드는 좀 더 예리하게 '이신칭의에 대한 바울의 신학이나, 해방(moksha)에 대한 힌두교의 이해나, 깨달음(satori)에 대한 선 불교의 개념이 "자기중심에서 실재 중심으로의 전환"으로 환원(축소)될 수 있는가?' 라고 질문을 한다.

34) John Hick, *Interpretation of Religion*, 10, 36.

결국 힉은 다양한 종교 구원론의 핵심적이고 중심적인 개념을 무시하는 형식적인 공식을 도출하는 최하위 공통분모 체계를 채택함으로써 환원주의 내지는 축소주의의 오류를 벗어나지 못하고 있다고 네틀란드는 비판한다.[35)]

2. 실재와 인격적/탈인격적(Personae/Impersonae) 존재 구분 비판[36)]

힉이 주장하는 종교 다원주의 가설의 핵심은 '실재 그 자체'와 세계 종교들이 제공하는 그러한 실재에 대한 다양한 경험 혹은 개념을 구별하는 것이다. 힉은 실재 그 자체는 모든 진정한 종교적 경험의 근거가 되는 신성한 본체(noumenon)이고, 종교적 궁극자 혹은 궁극적 실재에 대한 역사적, 문화적으로 조성된 이념은 신성한 현상(phenomena)이라고 한다. 인격적 용어(야훼, 알라, 크리슈나, 시바, 아후라 마즈다[37)])로 종교적 궁극자를 개념 규정하는 현상은 신성한 인격체(divine personae)이고, 탈인격적 용어로 된 종교적 궁극자의 이미지(도, 니르구나 브라만, 공, 니르바나, 법신/다르마카야)는 신적인 탈인격자(divine impersonae)로서 궁극적 실재를 표현한다. 힉의 이러한 구분 자체를 네틀란드는 반대하지 않는다. 궁극적 실재 그 자체와 그 궁극적 실재에 대한 각 종교의 역사적, 문화적으로 경험되고 인식된 신적 실재의 구별 자체는 유용한 것으로 본다. 왜냐하면 무한한 실재와 유한한 인간은 질적 차이와 거리가 있기 때문이다. 그러나 이 주장은 유

---

35) Harold A. Netland, *Encountering Religious Pluralism*, 236-37.

36) 이 부분은 위의 책, 237을 요약 정리한 것이다.

37) 조로아스터교의 주신

한한 인간이 궁극적 실재를 포섭하거나 이해할 수 있다고 보는 점에 문제가 있다. 각 종교가 인식하는 신성한 신(절대자)은 그것이 인격적이든 탈인격적이든 관계없이 궁극적 실재의 다른 종교적 표현이고, 심지어 종교들이 서로 양립할 수 없는 신념과 관행까지도 포함하며, 더 나아가 이러한 상충되는 이해를 넘어서서 서로 다른 이해를 낳는 종교적 궁극자가 존재한다는 것을 입증해야 한다.

네틀란드는 힉의 이러한 구별과 주장에서 실재와 인격적/탈인격적 존재의 관계를 설명하는데 만족할만한 방법은 없는 것 같다고 말한다. 만약 인격적이고 탈인격적인 존재가 정확하게 실재를 반영한다면, 그러한 인격적, 탈인격적 존재와 그들이 반영하는 종교적 궁극자 사이에 의미 있는 연속성이 있어야 한다. 네틀란드는 실재와 각 종교가 제시하는 다양한 궁극적 실재의 경험적 인식 사이의 관계에 연속성이 있다면 이를 해석하는 두 가지 방식이 있다고 한다. 첫째, 실재 자체와 실재의 다양한 표현 사이에 강한 연속이 가능하고, 그래서 위대한 종교적 인물들은 야훼, 알라, 공, 브라만에 대한 그들의 경험에서 실재를 경험한다고 하더라도, 그것은 어디까지나 특수한 인격적 혹은 탈인격적 존재를 통해 매개되었다. 유신론적이거나 다신론적인 전통의 인격적 존재와 일원론 전통의 탈인격적 존재는 실재가 문화적, 역사적인 상황 속에서 경험되어 나타난 현현(顯顯)이요, 아울러 실재를 인식하고 경험하는 "이미지"이다. 문제는 세계의 여러 종교에서 서로 상이하게 나타나는 인격적 존재와 탈인격적 존재가 동일한 궁극적 실재의 경험이라고 주장할 수 있는지는 여전히 의문으로 남는다. 왜냐하면 궁극적 실재를 인식하고 경험하는 종교의 이미지나 현현은 너무 다르기 때문이다. 궁극적 실재가 인격적, 탈인격적인 존재로 경험되느냐 하는 것이 문제가 아니다. 오히려 그 실재가 인격적이면서도 탈인격적인 존재로 바르게 묘사될 수 있느냐 하는 것이 문제다.[38)]

다양한 종교 전통이 제시하는 궁극적 실재, 즉 인격적, 탈인격적 실재와 그 모든 역사적 문화적 차이를 넘어서 존재하는 궁극적 실재가 같다는 것을 입증할 수는 없다. '유대-기독교가 야훼로 신 이해를 가지는 존재론적 함축적인 의미, 즉 존재론적으로 독립적인 인격적 창조자요 의로우신 재판관이라는 의미가 힌두교의 니르구나 브라만 개념의 일원론적 의미와 서로 상통하는가? 혹은 유대-기독교의 야훼 이해가 선불교에서 말하는 공에 대한 존재론적 궁극적 이미지와 양립할 수 있는지를 입증할 수 있는가' 하는 문제가 여전히 남는다.

궁극적 실재 그 자체와 그에 대한 각 종교가 경험하는 현현의 연속성에 대한 둘째 해석은 힉이 그러한 연속성을 최소화하고 있다. 여기서 힉은 다시 칸트의 인식론을 빌어 자기의 논지를 전개한다. 칸트의 본체와 현상의 구분처럼, 실재 그 자체와 역사적, 문화적 경험치로서 각 종교의 실재 현현은 같지 않고, 아울러 실재 그 자체는 직접적인 경험의 대상은 아니다. 다만 종교 경험의 사실을 의미 있게 하는 어떤 이미지로서 기능한다. 힉은 실재와 우리의 경험 영역 사이의 급격한 차이에서 확실한 의미를 끌어내는 것을 망설이지 않는다. 우리의 실체론적 범주나 개념 중 어느 것도 실재 자체에 적용될 수 없다. 엄밀히 말하면 우주의 창조주, 삼위일체 하나님의 존재에 대한 궁극의 특정 개념은 종교적 궁극에 대한 하나의(혹은 많은) 효과적인 생각의 방법이 될 수 있다. 하지만 힉이 말하는 그런 신을 믿는 그리스도인은 없기 때문에 잘못된 것이라고 네틀란드

38) 위의 책, 238-239.

는 말한다. 요약하면 힉이 종교 다원주의 가설의 근거로 제시하는 실재 그 자체와 역사적, 문화적 경험치로서의 현현의 구별이 문제시되고, 후자가 원인이고 전자가 결과라는 논리적 증명도 미비하기에 힉의 종교 다원주의 가설은 문제가 있다.

3. 실체적 속성의 불가언성(Ineffability) 비판

힉은 종교 다원주의 가설을 논증하는 가운데 불가언성이라는 용어를 도입한다. 쉽게 말하자면 인간이 개념화하거나 말로 표현할 수 없는 존재가 실재라는 것이다. 그런데 인간의 언어로 설명할 수 없다고 하는 불가언적 실재를 어떻게 인간이 이해하고 말로 설명할 수 있다는 말인가? 말할 수 없는 실재를 종교가 말하고 있다는 것은 모순이 아닌가? 힉은 이러한 반론에 대해 실재의 속성 혹은 본질을 두 가지로 구분한다. 순수 형식적 속성(purely formal properties)과 실체적 속성(substantial properties)으로 구분한다. 실재는 불가언적 실재, 즉 모든 개념적 이해의 범주를 넘어서기 때문에 실체적인 속성은 이야기할 수가 없다고 한다. 하지만 네틀란드는 힉이 속성을 두 가지로 나눌지라도, 그러한 "수정된 불가언성(modified ineffability)" 조차도 수용할 수 없다고 한다. 그 논리적 근거는 다음과 같다. 첫째, 실재가 있고, 그 실재에 실체적인 속성이 적용되지 않는다는 주장에 일관성이 있다는 힉의 주장은 결코 분명하지 않다. 실재가 있으나 실재를 말할 수 없다고 한다면, 신에 대한 불가지론으로 빠질 수밖에 없다고 네틀란드는 우려를 제기한다. 그리고 네틀란드는 키이스 워드(Keith Ward)의 말을 인용하여 자기의 논지를 주장한다. "실재가 불가언성이라면, 그 실재가 존재한다는 것을 어떻게 알 수 있는가? 진리 주장을 그 실재에 적용할 수 없다면 그 실재에 대해 무언가를 말할 수 있는 자격이 주어지는가? 이 실재를 알 수 없다면, 모든 것이 완전한 착각이라는 점을 제외하고 실재에 대한 모든 [종교의] 주장이 똑같이 타당하다고 할 수 있는지 어떻게 알 수 있는가?"[39] 힉은 실재 그 자체를 불가언적이라고 하면서 실제로는 실재가 "모든 것의 원천이요 근거"라고 말하고 "초월적 실재", 혹은 "우리 실존의 필요조건과 최고선"이라고 말한다. 힉은 말할 수 없는 것을 말하는 논리적 모순에 빠진다.

둘째, 실재 자체가 모든 실체적인 속성을 초월한다는 힉의 주장은 선과 악의 도덕적 범주도 실재에 토대를 둘 수 없음을 의미한다. 힉은 계속해서 실재 그 자체는 선하거나 악하다고 말할 수 없다고 한다. 왜냐하면, 선과 악은 인간의 범주이기에 인간의 삶에만 적용할 수 있기 때문이다. 그러나 이 점에서 반론의 여지는 충분하고, 힉의 모델에 근본적인 불일치가 나타난다고 네틀란드는 말한다. 힉의 이론에서 필수 구성 요소는 두 가지 중요한 기능을 수행하는 구원론적 또는 도덕적 기준(자기중심에서 실재 중심으로의 전환)이다. 첫째, 구원론적 혹은 도덕적 기준은 여러 종교의 실체적 근거로서 실재를 추론하는 타당성을 제공한다. 둘째, 어떤 종교라도 그 표방하는 실재가 구원을 주는 존재라고 인정하지는 않는다.[40] 합법적이거나 불법적인 종교적 가르침과 실천을 구별할 수 있게 해주는 것

39) Keith Ward, "Truth and the Diversity of Religions," in Philosophical Challenge of Religious Diversity, 113. Harold A. Netland, *Encountering Religious Pluralism*, 244에서 재인용.

40) 이런 관점에서 사이비 이단이나 혹세무민하는 종교나 나치즘과 사탄주의는 실재에 대한 바른 이해와 응답을 제시하는 것은 아니라고 힉은 말한다. John Hick, *Christian Theolgy of Religions*, 69.

은 도덕적 기준이다. 그러나 여기에 문제가 있다. 참으로 실재 자체가 도덕적 범주를 넘어서서 선과 악이 아니라면, 힉은 어떻게 이런 방식으로 도덕적 기준을 사용할 수 있는가? 네틀란드는 힉의 존재론에 결함이 있다고 본다. 실재의 불가언성이라는 실체적 속성이 선과 악의 도덕적 기준과 무관하다고 하면서, 특정 종교의 도덕적 변화를 실재와 전통적인 관계를 보여주는 것으로 가정할 수 있는가 하는 내적 모순을 제기한다.[41]

결론적으로 네틀란드는 힉의 종교 다원주의 가설이 내재적으로 근본적인 불일치와 인식론적 문제를 갖고 있기 때문에 비판받아야 한다고 말한다. 종교 다원주의는 모든 종교가 하나의 실재에 대한 역사적, 문화적 경험치로서의 종교 현상이라 하지만, 그것은 어디까지나 종교 밖에서 마치 우주의 어느 별에서 종교를 객관적으로 평가하는 것이지, 종교를 신봉하는 종교인 내부자의 입장에서 종교를 적절하게 이해하는 것은 아니다. 그런데도 종교 다원주의 가설이 마치 새롭고 앞서가는 이론처럼 받아들여지고 있는 현실은 아이러니하다. 종교 다원주의 역시 어떤 의미에서는 배타주의라고 할 수도 있는데, 왜 배타주의와 포용주의보다 더 대중적인 인기를 끄는지는 또 다른 연구의 주제로 남는다.

박재은은 힉의 은유적인 예수의 성육신 이해는 기독교의 신학적, 실천적 결과를 왜곡시키는 문제를 초래한다고 지적한다. 힉의 논리대로 하면 결국 예수 그리스도의 속죄 사역의 의미와 중요성을 잃게 된다. 그렇게 되면 예수는 특별한 존재가 아니다. 이러한 신학적 결과는 실천에 영향을 미친다. 이것은 기독교 예배의 대상, 이유, 그리고 목적을 손상시킨다. 힉의 표현대로, 단순히 하나님의 현존과 실재에 개방되는 인간

41) Harold A. Netland, *Encountering Religious Pluralism*, 245.

이라면, 인간 예수는 예배의 중보자가 될 수 없으며, 경배할 이유가 없다.[42] 맥그라스는 다른 종교와의 관계에서 힉이 기독론을 주요 문제로 삼는 것은 높게 평가하지만, 예수 그리스도의 정체성을 '선한 종교 교사'의 범주에 두는 것에 문제를 제기한다. 초기 기독교 전통과 신약성경에서 예수를 '선한 종교 교사'의 범주로 해석하는 증거는 어디에도 없다고 반박한다.[43]

42) 박재은, "존 힉(John Hick)의 은유적 성육신 개념: 원인과 결과에 대한 개혁 신학적 고찰," 『한국개혁신학회』 49집 (2016): 183-90.

43) John Hick. "존 힉의 주장," Dennis L. Okholm and Timothy R. Phillips, *Four views on salvation in a pluralistic world*, 이승구 옮김, 『다원주의 논쟁: 다원주의 세계에서의 구원에 대한 네 가지 견해』 (서울: 기독교문서선교회, 2006). 92-93.

4장
존 힉의 종교 다원주의에 대한 비판적 고찰과 선교적 함의[1)]

현대 선교의 가장 난해하고 복잡한 장애물은 현세적인 구원을 제시하는 세계관에 대한 문제와 타 종교 혹은 다른 신앙을 가진 사람들의 구원 문제일 것이다.[2)] 다른 말로 하면 현세적이며 인본주의적인 세계관과 타 종교의 도전에 직면해 기독교는 어떤 차별성을 보여줄 수 있는가? 기독교는 계속 생존할 수 있을 것인가? 하는 절체절명의 난관 앞에 놓여있다. 이것은 종교신학의 문제로서, 선교신학의 전형(epitome)으로 간주된다.[3)]

그런데 다원주의 문제는 현대 포스트모더니즘 시대의 난제만은 아님을 우리는 역사를 통해서 알 수 있다. 이미 초기 기독교 자체가 종교와

1) 이글은 필자가 "존 힉의 종교다원주의에 대한 비판적 고찰"이란 제목으로 『선교와 신학』 44(2018. 2): 197-224에 발표했던 글을 약간 수정한 것임을 밝힌다.

2) Hans Küng, *On Being a Christian* (London: Collins, 1977), 25, David J. Bosch, *Transforming Mission* (New York: Orbis books, 1991), 476-77.

3) David J. Bosch, 위의 책, 477. 레슬리 뉴비긴(Lesslie Newbigin)은 종교 다원주의 도전을 심각하게 받아들여 종교 간 대화에서 종교 다원주의 비판으로 신학적 강조점의 전환을 가져왔다. 허성식, "레슬리 뉴비긴이 종교 간의 대화에서 종교 다원주의와의 논쟁으로 강조점을 전환한 것이 가지는 선교적 함의" 『장신논단』 Vol. 47 No. 3. (2015, 9): 181-202.

사상의 다원주의 속에서 탄생, 성장, 발전했다.[4] 따라서 우리는 다음과 같은 종교신학적 질문을 제기할 수 있다. 그리스-로마, 이집트, 페르시아, 팔레스타인 등 여러 지역에서 다원적인 종교와 신앙체계가 사람들의 영혼을 사로잡던 시대에 로마제국 변두리 중에서도 변방의 이름 없는 곳에서 일어난 기독교가 어떻게 그 다원주의적 종교 문화 상황에서 독특하고 유일한 구원을 선포하는 종교가 되었는가? 아주 미미하고 가려져 있던 무명의 메시아 운동이 어떻게 로마제국의 종교로 공인되고 후에는 국교로 인정받게 되었는가? 어떻게 그런 일이 가능했는가? 이러한 초기 기독교의 발흥에 대한 질문에 대한 응답은 여러 가지로 설명되었다.[5]

이 장에서는 힉의 종교 다원주의 가설이 종교의 다원성이라는 변화된 시대 상황과 그의 다종교 현실 체험에 토대를 둔 구성이라는 관점에서 그의 가설 이해와 비판을 시도한다. 힉에 대한 비판은 그의 종교 다원주의 토대가 되는 다원주의 상황변화가 과연 종교 다원주의를 진리로 인정하게 되는지에 대한 검토에서 전개하여, 초기 기독교가 다원주의 상황에서 유대교의 한 분파로 전락하지 않고, 더 나아가서 불법종교(religio illicita)가 합법종교(religio licita)로 변화한 역사적 사실을 토대로 논증하려고 한다. 황제숭배와 그리스-로마의 다양한 종교 제의, 동방의 신비주의, 그리스 철학과 다양한 이단의 종교 다원화 상황 속에서 기독교가 어떻게 차별성을 갖게 되었는지를 살펴보며 현대 포스트모더니즘 시대 속의 기독교 정체성 확립과 복음 진리 증거를 담대하면서도 겸손하게(bold

4) David J. Bosch, 위의 책, 191.

5) Rodney Stark, *The Rise of Christianity: A Sociologist Reconsiders History* (New Jersey: Princeton University Press, 1996), 3.

humility) 추진해 나갈 수 있을 것으로 기대한다.

I. 존 힉의 종교 다원주의 개요

1. 서구 세계와 서구 기독교의 상황변화

스탠리 사마르타(Stanley J. Samartha), 폴 니터(Paul Knitter), 레이문도 파니카(Raimundo Panikkar) 등과 같이 종교 다원주의를 주창하는 존 힉(John Hick)은 종교의 코페르니쿠스적인 혁명가이다. 그에 의하면, 모든 종교는 신, 즉 궁극적 실재를 중심으로 도는 천체와 같다. 따라서 기독교가 중심이라는 도그마를 버리고 신이 중심이라는 것, 그리고 인류의 모든 종교는 이 신을 중심으로 돌며 섬기는 것이라고 한다.[6] 신 혹은 궁극적 실재는 오직 하나의 무제약적인 초월자라고 전제하면서 힉은 이 실재에 대한 인간적 개념, 이미지, 경험과 반응이 곧 지상의 모든 종교라고 한다.[7] 마치 무지개의 색깔이 다양하듯이 실재를 인식하고 경험하고 반응하는 종교는 다양할뿐더러 같은 구원을 주는 다원주의가 진리라고 그는 주장한다.[8]

---

6) John Hick, *God and the Universe of Faiths* (New York: St. Martin's, 1973). John Hick, *The Second Christianity*, 3rd enl. ed. of *Christianity at the Centre* (London: SCM Press, 1983), 82.

7) John Hick, *The Second Christianity*, 83.

8) John Hick, *Problems of Religious Pluralism* (London: Macmillan, 1988), 80. John Hick, *The Rainbow of Faiths* (Louisville: Westminster John Knox, 1995), ix-x.

이러한 종교에 대한 코페르니쿠스적 혁명론의 근거는 바로 시대 상황의 변화와 새로운 종교 현실에 대한 인식 지평의 확대이다. 힉은 종교 문화적, 정치 사회적 지형 변화로 인해 서구 중심의 전통적인 기독교는 그 근본 신학적 정체성과 도그마를 변화시켜야 한다면서 종교 다원주의를 주창하였다. 그는 20세기 말의 기독교는 엄청난 위기에 처해 있어서 종교 다원주의를 수용하지 않을 수 없다고 한다. 힉은 서구 교회가 다종교 상황에 부닥쳐 있는 서구인들에게 더 이상 적절하지 못하고, 비서구 세계의 기독교인들에게는 서구문화의 주도권 확장으로 간주되어 기독교가 낯설고 외래적인 것으로 느껴지기 때문에 기독교 종교신학의 변화와 선교의 변화가 있어야 한다고 주장한다. 기독교가 처한 위기 요소 중 가장 중요한 점은 기독교가 유일하고 절대적인 종교라고 주장할 수 없는 현실 인식이라는 것이다. 즉 기독교는 유대교, 불교, 유교, 이슬람 등의 "신, 신적인 것, 절대자, 실재"(God, the Divine, the Ultimate, the Real)에 대해 동등하고 진실하게 반응함으로써 이러한 다원주의적인 종교 가운데 하나의 종교로서 기독교라고 인식해야 한다는 주장을 편다. 더는 기독교의 절대성이나 우월성을 주장하는 것은 시대 상황에 부응하지 못하는 것이며, 더 나아가 시대착오적이며 어리석은 것으로 간주한다. 기독교의 변화를 통해 전통적인 제도적 종교의 틀에 유폐된 기독교가 새롭게 활성화되며 사람들에게 영향력을 줄 것이라 한다. 아울러 "지적으로 정직하며 현실주의적인 기독교 신앙"(an intellectually honest and realistic Christian faith)으로 변화될 것이라 희망한다.[9)]

---

9) John Hick, *A Christian Theology of Religions* (Louisville, KT: Westminster John Knox Press, 1995), ix.

힉의 말처럼 서구 기독교가 제3세계에 선교한다고 하면서 제국주의와 식민주의에 편승하고, 서구 문화우월주의와 자문화중심주의에 도취되어 서구 기독교 우월주의에 빠져서 서구문화와 복음을 혼합하여 이식하고, 주입하며, 지배하는 선교 행태를 보여 왔다. 이제는 서구인들에게조차 서구 기독교는 외면당하며, 버림받는 신세가 되어 한탄할 지경에 이르렀다. 제3세계와 서구에서 기독교는 강력한 도전을 받고 있으며, 타 종교의 구원과 진리 주장에 밀려나고 있는 듯이 보인다. 비단 사람들의 일상생활 면이나 실질적이며 실천적인 차원에서만 아니라, 지적이며 학문적인 영역에서도 기독교는 비판받고, 위기를 경험하며, 종교 다원주의와 여타의 사회적 이슈(세계적인 빈부격차, 테러와 평화, 세계적 감염병, 동성애 등)로 인해 입지는 더 좁아지고 있다.

힉은 세계 제2차 대전 이후 대중에게 나타난 인식의 변화를 세 가지로 들고 있다. 첫째는 서구 세계에서 세계적인 전통 종교뿐 아니라 원시 혹은 토착 종교들을 포함한 세계종교에 대한 정보의 폭발이고, 둘째는 서구인의 여행 기회의 확대로 인해 타 종교가 서구 이외 지역에서 평안, 안전, 황홀감, 헌신, 신과의 합일, 종교 예술 등의 선 기능하는 면을 인식하게 되었다. 세 번째로 가장 중요한 요소는 서구 세계로의 대량 이주이다. 특히 타 종교권에서 서구로 이주한 무슬림, 시크교도, 힌두교도, 불교도 등이 유럽과 서구에 정착하면서 서구인의 의식 가운데 타 종교의 존재와 타 종교인 이웃의 실재가 자연스럽게 수용되고 있다. 그러면서 과거 서구문화우월주의나 자문화중심주의에서는 상상하기 힘든 타 종교, 타 종교인에 대한 호의적 이해를 하게 되었다. 이렇게 세계가 점점 하나의 세계로 변화하고, 인간과 종교의 스토리들이 통합되는 세계에서 종교 다원주의는 시대적 요청이라고 한다.[10] 특히 종교의 진리 면에서만 아니라, 윤리 도덕면에서 기독교와 타 종교가 공유하는 가치가 많다. 그리고 모든 종교에는 선과 악이 공존하기에, 어느 한 종교가 자신의 선의 관점에서 타 종교의 악을 비난하거나, 그로 인해 자기 종교의 우월성을 주장할 수는 없다. 기독교의 도덕적 우월성이나 탁월성이 존재하지 않기 때문에 기독교의 구원과 진리 주장 역시 상대적 가치를 지니는 것이며 그로 인해 종교 다원주의가 옳다는 것이다.[11]

사실 서구 교회의 존재와 선교의 위기에는 공감을 하나, 그런 이유로 종교 다원주의를 진리로 주장하는 것은 기독교의 정체성을 포기하거나 훼손하는 것이다. 그리고 종교 다원주의는 종교신학이라기보다 종교철학으로 볼 수밖에 없다.[12]

2. 다원주의 구원론과 기독론

예수 그리스도의 성육신, 생애, 십자가 죽음, 부활, 재림 등에 의해서 죄 사함 받은 기독교인들이 구원받은 하나님의 자녀가 된다는 전통적인 기독교의 구원론을 힉은 다르게 해석한다. 성령의 열매는 기독교 교회만 아니라 교회 밖에서도 분명히 나타난다고 주장한다. 그는 양과 염소의 비유에서 예수님의 의도는 굶주린 자를 먹이고, 나그네를 영접하고, 벗은 자를 입히고, 병자와 죄수를 방문해야 한다는 것으로서, 그러한 성령

10) 위의 책, 32-33.

11) 위의 책, 11-16.

12) John Hick, *A Christian Theology of Religions*, 1.

의 열매로 종교 구원론의 진리가 판명난다고 한다. 힉은 구원론을 하나님 나라의 구현이나, 현세와 내세의 영생보다는 현세의 삶에서 도덕적 열매로 맺히는 삶의 변화로 본다. 또한 자기애, 탐욕, 약탈, 잔혹성, 불의 등의 근원인 자기중심적 관점을 초월하도록 부른다는 면에서, 기독교와 다른 종교가 다를 바 없다는 것이다. 그리고 기독교인이나 타 종교인이 믿는 신 혹은 절대자를 무엇이라 규정하든지 그것은 별 문제가 안 되고, 동일한 신에 대한 서로 다른 이해의 한계치를 드러낼 뿐이라고 한다. 야훼, 궁극적 실재, 초월자, 혹은 실재라고 부르든, 그것은 인간 이해와 용어의 한계일 뿐이라는 것이다. 힉은 모든 종교가 토대로 하는 신을 '실재'(the Real)라고 하자고 제안한다. 기독교의 야훼, 이슬람 아랍어 알-하크(al-Haqq), 산스크리트 사트(sat)는 바로 이 실재를 다르게 표현한 것이다. 힉이 말하는 구원이란 자기중심에서 실재 중심으로의 변화(transformation from self-centredness to Reality-centredness)로서, 구원, 해방, 깨달음, 각성 등의 표현으로 다양하게 부를 수 있다. 세계 종교란 이러한 구원 혹은 해방을 최대의 관심사로 두는 것이고, 그런 까닭에 세계 종교란 구원 혹은 해방의 길을 제시하며, 기독교만의 독특성과 유일성은 있을 수 없고 모든 종교에 다 내재한다고 한다.[13)]

힉은 타 종교와 기독교 이전의 종교에서도 그리스도는 역사했다는 다원주의적 가정(the pluralistic hypothesis) 하에 종교 다원주의를 주장한다. 그가 말하는 '그리스도 이념'(the idea of Christ)이란 부처, 우파니샤드 선지자, 모세, 구약의 예언자, 공자, 장자, 무함마드, 구루 나낙, 라마크리슈나, 혹은 다른 어떤 종교 창시자 내지 위대한 인물에게도 공히 역사한

13) 위의 책, 16-18.

다는 것이다. 이러한 그리스도 이념 혹은 로고스는 역사적 예수의 생애와 죽음, 인격과 사역과는 직접적인 관계가 없다. 다만 신적인 것, 초월적인 것, 궁극자, 실재에 대한 전 세계적이며 역사적인 현존과 영향력이 곧 그리스도이다.[14] 예수님의 성육신도 하나님이 인간의 몸을 입고 이 땅에 오셨다는 전통적인 기독론을 부인하고 신화(론)적으로 해석을 한다. 그리스도는 단지 신적인 사랑의 체현일 뿐이며, 신의 성육신은 아니라고 한다. 성육신이란 모든 인간에게 나타난 '실재'의 모습이며, 다른 종교에도 나타난다.[15] 이와 같이 힉이 주장하는 기독론은 전통적인 '본체 기독론'(substance Christology)이 아니라 '정도 기독론'(degree Christology)이다. '정도 기독론'이란 예수님이 '참 신이요 참 인간'(vere deus vere homo)이 아니라 단지 인간일 뿐인데, 다만 다른 인간과 정도 차이라는 것이다.[16] 예수님은 호모우시오스(homoousios)가 아니라 호모아가페(homoagape)이다.[17] 힉이 말하는 신 혹은 실재는 그가 가정하는 전제로서의 이념이고, 철학이고, 상상의 도구이다. 다른 종교에서는 그가 말하는 그리스도를 인정하지도 않고 주장하지도 않기 때문에 힉이 말하는 종교 다원주의는 하나의 종교철학이나 상상 속의 종교 다원주의에 지나지 않는다.

힉은 그리스도가 모든 종교에 존재하며, 그 명칭이 다르기에 신앙 체계도 다르게 나타나지만 궁극적으로 동일한 실재(the Real)를 지시하며,

---

14) 위의 책, 22-23.

15) John Hick, *Problems of Religious Pluralism*, 14, Hick, *God has Many Names*, 74-75, Hick, *Second Christianity*, 9, Hick, *Rainbows of Faiths*, 22-23.

16) John Hick, *God has Many Names*, 58-59. Veli-Matti Kärkkäinen, *An Introduction to the Theology of Religions* (Downers Grove, IL: 2003), 290.

17) John Hick, *Rainbows of Faiths*, 136.

구원과 해방을 주는 종교로서 동일한 가치를 지닌다고 가정한다. 그러면서 그는 세 가지 비유를 들어 자기주장의 정당함을 입증하려고 한다. 첫째 비유는 심리학자 조셉 자스트로(Joseph Jastrow)의 오리-토끼 그림이다. 사람들이 자기들의 세계관이나 선 이해나 문화에 따라 어떤 이들은 오리로, 다른 이들은 토끼로 인식하는 것일 뿐 절대적이지 않다. 따라서 다른 이들이 오리로 본다고 해서 틀렸다고 말할 수 없다. 이와 같이 신 혹은 실재에 대해서 각각의 종교가 다르게 인식하고 이름 붙인다고 해서 틀렸다고 할 수 없다는 것이다.

두 번째 비유는 양자역학의 파동-입자 상보성의 원리이다. 빛이 파동으로 혹은 입자로도 인식될 수 있는 것은 관찰자가 그 대상에 어떠한 관계를 가지느냐에 달렸다고 한다. 우리가 실재에 대해 인격적인 관계에서 보든, 비인격적인 관계에서 보든 무관하게 동일한 실재에 대한 경험이요, 예배요, 기도라는 것이다. 계시라는 것도 각각의 종교가 그들의 전통에 따라서, 그들의 상이한 개념의 틀과 영적 실천의 면에서 수용한 관계적인 것이라고 한다.

세 번째로 지구에 대한 지도의 비유이다. 원래 지구는 삼차원을 구성하는데 모든 지도는 이차원을 드러낸다. 따라서 지도는 그 목적에 따라 다르게 나타난다. 여행, 네비게이션, 군사용 목적 등에 따라 지도는 달라지지만 그것을 틀렸다고 할 수는 없다. 힉은 삼차원의 지구에 대한 이차원의 지도보다도, 우리의 유한한 인간 언어로 무한한 신적 실재를 나타내는 것은 더 부적절하다고 한다. 비록 각 종교의 길이 다르게 보일지라도 결국에는 그 길을 따라가다 보면 신적인 은총이나 초자연적 깨달음을 얻게 될 것이고, 마침내 우리의 삶에서 가시적인 열매로 나타날 수 있다고

한다.[18]

II. 존 힉의 종교 다원주의 비판

이상의 간략한 힉의 종교 다원주의 가설에 대한 주장에 대해서 비판적 고찰을 하려고 한다. 그 전에 먼저 힉의 종교 다원주의 가설의 핵심 토대가 되는 '실재'의 허구성을 파악하고, 이어서 '힉이 논리적 근거 혹은 추론의 토대로 삼는 세 가지 비유에 대한 비판과 마지막으로 서구중심의 한계를 제기하려고 한다.

1. '실재' 의 허구성

힉의 종교 다원주의 가설의 토대인 '실재'는 불가언성(ineffability), 즉 '실재'의 본성과 속성은 인간의 말과 지성으로 감히 다 표현할 수 없다는 것이다. 다만 그는 신의 존재에 대해서 두 가지를 구별해야 한다고 주장한다. 즉 "우리의 개념적 이해를 초월해서 무한하게 스스로 존재하는 신(God in God's infinite self-existent being beyond our conceptual grasp)과 인간이 이해할 수 있고 경험할 수 있는 신"[19]은 구별할 수 있다. 아마도 그는 기

18) 위의 책, 24-27.

19) 위의 책, 58.

독교의 계시, 즉 하나님이 직접 자기를 인간에게 현시하는 것을 신뢰하지 않는 것 같다. 다만 그는 '실재', 혹은 인간의 지각과 이성을 초월하는 모든 종교와 철학과 신화가 동일하게 언급하는 '실재'가 존재한다는 가설을 토대로 그의 종교 다원주의 추론을 펼친다.

힉의 '실재'는 어디까지나 신화론적이며 이론적인 가설에 지나지 않는다. 왜냐하면 그는 인간의 개념적 이해를 초월하여 존재하는 신 혹은 '실재'를 상정하면서, 동시에 모든 종교인들이 그 '실재'를 경험하고 신앙한다고 전제하기 때문이다. 벨리-마티 캐르캐이넌(Veli-Matti Kärkkäinen)의 비판처럼, 힉의 가설은 현존하는 종교인들의 절대적인 신앙의 타당성을 부인하는 것으로 귀결된다. 그의 신중심적 모델(theocentric model) 혹은 신중심주의적 종교신학에 의하면, 지상에 존재하는 모든 종교는 '실재'에 대한 체험과 믿음으로 간주되는데, 이는 현실 종교와 부합하지 않는다. 따라서 힉의 신중심주의적 종교신학은 타 종교인들이 어떻게 신행을 하는지와 모순되며, 또한 기성 종교의 가치를 평가절하하는 결과를 가져온다.[20)]

일반적으로 궁극적 '실재'는 두 가지 양상을 가진다고 한다. 하나는 우리가 보는 방식으로의 인식(phenomena, the way we see things)이요, 다른 하나는 우리에게 알려지지 않는 물자체(物自體, the-thing-it-itself, which is unknown to us)이다. 이것은 힌두교의 니르구나 브라마(nirguna Brahma)와 사구나 브라마(saguna Brahma)와 유사하고, 도교의 '표현된 도'(expressed Tao)와 '영원한 도'(eternal Tao)와 비교된다.[21)] 하지만 힉은 실재에 대한 이

20) Veli-Matti Kärkkäinen, *An Introduction to the Theology of Religions*, 293.

21) John Hick, "Religious Realism and Non-Realism: Defining the Issue," in: *Is God Real?* ed. Joseph Runzo (New York: St. Martin's Press, 1993), 6.

러한 서로 상이한 이름과 접근방식과 무관하게, 오직 하나의 '실재' 혹은 궁극적 '실재'가 있다고 주장한다. 그는 현실의 기성 종교가 '실재'에 대해 다양한 이름을 가지지만 유사한 개념에 지나지 않으며, 따라서 서로 다른 종교들이 모두 구원에 이르는 타당한 길이라고 주장한다. 종교와 신앙의 차이에도 불구하고 결국 동일한 구원에 이르게 되며, 모든 종교의 목적은 같다.[22] 그래서 자기중심에서 신 중심으로의 전환을 해야 한다고 주장한다.[23] 그런데 이러한 힉의 종교 다원주의는 종교에 대한 일종의 '메타이론'(metatheory)이며[24], 그가 이러한 메타이론을 주장하는 중요한 토대는 철학적이거나 신학적인 관점이 아니라 오히려 경험적, 현상학적 관찰의 결과이다. 결국 이것은 힉의 다원주의적 기독론과 구원론, 혹은 종교 다원주의가 기독교 다수의 서구 혹은 기독교세계(christendom) 이후의 서구가 느끼는 타 종교의 '실재'와 경험이라는 토대에서 나온 것임을 드러낸다. 힉의 종교 다원주의는 지극히 현실에 존재하는 종교에 대한 인식과 경험에서 나온 경험주의적 가설일 뿐이다. 이러한 관점에서 필자는 이 장의 세 번째 부분에서 다종교상황과 초기 기독교에 대해 더 연구를 진행하며 힉의 종교 다원주의에 대해 비판적 고찰을 하려고 한다.

---

22) John Hick, *Rainbows of Faiths*, 69.

23) John Hick, *Metaphor of God Incarnate: Christology in a Pluralistic Age* (Louisville: Westminster John Knox, 1993), 136; Hick, *Problems of Religious Pluralism*, 69; Hick, *An Interpretation of Religion: Human Responses to the Transcendent* (New Haven: Yale University Press, 1989), 5-6.

24) John Hick, "Religious Pluralism and the Divine: A Response to Paul Eddy," *Religious Studies* 31 (December 1995): 418; Hick, "The Epistemological Challenge of Religious Pluralism," *Faith and Philosophy* 14 (July 1997): 163.

2. 세 가지 비유 비판

힉의 세 가지 비유를 중심으로 한 추론은 일견 타당해 보이며, 우리 인식의 한계성을 지적하고, 문화나 세계관이나 대상에 대한 관계성에 따라 경험하고 인식하며 판단하는 것이 달라질 수 있음을 지적한 것은 타당해 보인다. 그러나 종교의 경우, 그것도 각 종교가 표방하는 구원과 진리 주장에 대해서도 비유적으로 해석하여 각 종교가 동일한 구원 혹은 진리를 제시한다는 힉의 주장은 논리적 모순이요 어디까지나 가설일 뿐이다.

첫 번째 비유인 오리-토끼 그림은 인간 인식의 애매성을 이야기하는 것에 지나지 않는다. 힌두교에 나오는 시각장애인 코끼리 만지듯 각자가 전체를 보지 못하고 자기가 만지는 부분만 가지고 그것을 전체로서의 코끼리로 인식하는 문제를 드러낸 것이다. 이런 비유로 모든 종교가 시각장애인처럼 각자의 종교적 진리를 절대화한다고 단정하는 것은 무리가 따른다. 이 이야기는 시각 장애인만이 아니라 코끼리 전체를 볼 수 있는 왕의 관점을 전제로 한다는 것을 놓쳐서는 안 된다. 만약 전체를 볼 수 있는 왕이 없다면 누가 코끼리를 온전하게 알 수 있겠는가? 이것은 참 신이신 하나님이 존재하고 그 하나님을 인식하는 각각의 종교는 시각장애인처럼 부분적인 진리를 나타낸다는 것으로 해석할 수 있는 여지를 준다.[25] 오리-토끼 그림도 보는 이에 따라서 다르게 볼 수 있다는 인식의 애매성을 납득시키려하지만, 현실 세계에서 그런 오리-토끼 그림 같은 존재는 실재하지 않는다. 실제로 오리-토끼 그림 같은 존재를 세계관이나 관계

25) 이런 관점에서 레슬리 뉴비긴은 다른 각도에서 힉이 마치 코끼리 비유에서 왕의 역할을 취하는 것처럼 모든 진리를 다 섭렵하는 태도를 취한다고 비판한다. Lesslie Newbigin, *The Gospel in a Pluralist Society* (Grand Rapids: Eerdmans and Geneva: WCC Publications, 1989), 10.

성에 따라 오리로 혹은 토끼로 본다면 그것은 다원주의의 토대가 될 수 있을 것이다. 가상의 그림 혹은 브라만-야훼 그림을 그려놓고 그런 실재가 있는 전제하에 힌두교는 브라만을, 기독교는 야훼를 참 실재인 참 신으로 본다면 이 비유가 유효하겠지만, 실재로 브라만-야훼 신이란 존재하지 않는다. 그러므로 힉의 비유는 부적절하다.

두 번째 비유인 빛의 파동-입자론에 따라 인격적인 신 이해든지 비인격적인 실재 이해든지 각자 다 진리라고 하는 주장은 부적절하다. 이 비유는 하나의 빛이 인간이 분석하고 이해한 면에서 파동으로도 입자로도 타당하다는 것이다. 빛이 다르다는 것이 아니라 동일하고, 존재하는 빛을 인간이 상호보완적인 것으로 이해한다. 이와 같이 힉이 모든 종교의 실재가 하나의 빛과 같이 동일하다는 것은 상상의 허구요 철학일 뿐이다. 힉 자신도 종교 다원주의는 하나의 "가설"(an hypothesis)로서 "설명이론"(an explanatory theory)이기에 증명할 수는 없다고 한다. 물론 자기 입장에서는 종교 다원주의가 종교 역사나 경험 현실로 보아 "최선의 해설"(best explanation)이라고 하지만[26] 증명할 수 없는 가설의 범주를 넘어서지 못한다. 다른 종교들은 그렇게 주장하지 않을 뿐 아니라 성경도 그렇게 이야기하지 않는다. 성경은 다른 종교의 신들은 우상이라고 분명히 규정한다. 예수님은 "나를 통하지 않고는 아버지를 알 수가 없다"고 했다.

세 번째로 지도 비유는 현대 인식론에서 관념론이 기능주의, 혹은 도구주의를 떠나 비판적 실재론을 주장할 때 자주 사용되는 비유이다. 하나의 지구에 대한 다양한 지도가 존재하는 것처럼 하나의 실재에 대한 다양한 이해와 도덕과 윤리가 존재할 수 있다. 그러나 모든 종교가 표방하

---

26) John Hick, *A Christian Theology of Religions*, 50-51.

는 신 혹은 궁극적 절대자 위에 그러한 전체를 포괄하는 더 높은 차원의 하나의 실재(the Real)를 상정하는 것은 앞에서도 언급했다시피 힉의 철학 체계에서나 가능한 것이지 성경이나 다른 종교에서 그렇게 말하지 않는다. 각 종교의 신앙체계가 표방하는 신이 다를 뿐 아니라 구원에 대한 개념과 내용도 다르기 때문이다.

3. 서구중심주의 한계

힉이 주장하는 종교 다원주의는 지극히 서구 기독교의 관점, 그것도 특히 콘스탄틴 대제 이후의 서구 기독교세계(Christendom)의 관점을 토대로 형성된 상상의 구조물에 지나지 않는다. 힉이 다원주의를 주장할 수밖에 없는 배경과 지형 변화라고 제시한 서구에서의 기독교의 위기 상황, 특히 타 종교인들의 이주와 공존에 의한 타 종교 인식의 변화는 제3세계 기독교의 입장에서는 전혀 새롭지도 않고, 기독교의 진리성을 포기할 수 있는 근거가 되지도 않는다.[27] 제3세계는 선교지로서 처음부터 타 종교권에서 절대 소수자로서의 기독교 정체성을 모색하면서 생존에 몸부림치고 있다. 만약 종교 다원주의가 옳다면 타 종교권에서 기독교는 아

27) 물론 힉도 근대 계몽주의 이전의 종교 다원주의 주창자들을 열거하기도 한다. 예를 들면, 달라이 라마(Dalai Rama), 마하트마 간디(Mahatma Gandhi), 수피 이슬람 지도자 알 아라비(Ibn al-Arabi), 15세기 기독교 지도자 니콜라스 쿠사(Nicholas of Cusa), 퀘이크 교도 윌리엄 펜(William Penn), 무굴제국의 황제 아크바르(Akbar) 등이 종교 다원주의 혹은 하나의 종교를 주창했다고 하면서 자신의 주장의 근거로 삼는다. John Hick, 위의 책, 34-37. 하지만 이들의 주장이 한 종교 내의 다양한 신앙 유형의 통일성을 주장하는 것인지, 그리고 힌두교 불교의 자력구원에 의한 타 종교에 대한 이해인지를 더 비판적으로 살펴보아야 한다. 힌두교와 불교는 위에 든 지도자들만 아니라 누구든지 포용적이며 여러 종교들의 진리성을 수용하지만 어디까지나 불교 힌두교 자체의 신앙체계가 그러하다는 것이지 기독교의 구원과 진리 주장을 그대로 옳다거나 수용하는 것은 아니라고 본다.

무리 선교를 해도, 아니 식민제국주의 영향으로 강제적인 선교가 이루어져서 비로소 교회가 발생했다고 하더라도 제2차 세계대전 이후, 즉 독립과 토착문화 부흥의 물결과 더불어 교회는 사라졌거나 타 종교에 동화되었어야 할 것이다. 그러나 사실은 그 반대였다. 제3세계에서 기독교는 신학적, 문화적, 정치적으로 서구 교회에서 독립하였지만 종교 다원주의를 주장하지는 않는다. 비록 힌두교의 다원주의 속에서 존재하는 인도 기독교지만, 그리하여 신학적으로 다원주의적 경향을 노출하는 일부 신학자가 나타났지만, 인도의 모든 기독교가 종교 다원주의를 주장하지는 않는다. 복음주의 인도 교회는 일찍이 세계에서 두 번째로 많은 타문화권 선교사를 파송하였으며, 지금도 인도 선교를 열정적으로 감당하고 있다.

아울러 힉의 종교 다원주의라는 가설이 타당하지 않다는 사실은 초기 교회로부터 로마제국에 기독교가 공인될 때까지의 고대 기독교 시대의 기독교와 타 종교의 관계성을 생각할 때 자명해진다. 고대 교회 시대 기독교는 한 마디로 소수자 중에서도 소수자로서 힉이 20세기에 느꼈던 서구 중심 교회의 위기와는 정 반대였다. 고대 교회의 위기는 기독교 정체성의 정립을 위한 수난과 핍박이요 변증이었다. 고대 교회 선교사였던 사도 바울이 모든 종교의 공통적인 신 혹은 절대자로서 '실재'(the Real)를 상정했다면 굳이 다메섹 도상에서의 회심 사건이나 서신서를 쓸 이유가 없었을 것이다. 반대로 바울은 아테네에서 시민들에게 범사에 종교성이 많다고 하면서 그들이 '알지 못하는 신'에게까지 경배하는 종교성을 긍정하면서, 그들이 알지 못하는 참 신인 예수 그리스도, 구세주를 제시한 점을 기억해야 한다. 그러나 힉은 사도 바울보다는 그리스 철학자인 필로의 이론과 근대 철학자들의 사상에 의존하여 성경의 진리를 벗어나고 있다.

제3세계 선교지 교회는 서구 중심의 담론인 계몽주의, 모더니즘, 포스트모더니즘 등의 시대적 한계성이 있는 시대정신 내지는 세계관에 담금질 당하지 않았다는 사실을 기억해야 할 것이다. 따라서 그러한 서구 세계의 지성사적 흐름에서 종교 다원주의를 주장하는 힉의 종교 이론은 역사적 기독교와 성경의 계시의 말씀에 부합하지도 않을 뿐만 아니라 논리적 모순을 안고 있다고 결론 내릴 수 있다.

III. 종교 다원주의 비판과 기독교의 독특성

1. 다원주의와 기독교의 탄생

기독교가 탄생하고 성장했던 시기에 도전과 갈등의 요소가 된 종교 문화 사상은 먼저 로마제국의 다신론적 종교와 사상이다. 종교와 철학과 제의가 다원적으로 인간의 영혼과 삶에 영향을 미치는 시대에 기독교는 유일신 종교로서 기독교만의 구원과 진리를 천명한 고유의 특수한 종교였다. 당시 철학적이며 영적인 용광로인 로마는 신인동형적인 다신을 섬기는 전통 종교를 숭상했고, 개인적이며 가족적인 신들이 숭배되는 다원주의적이며 혼합된 종교 문화적 환경 자체였다. 다음으로 기독교는 소아시아에서 유래된 여러 다양한 "신비" 제의(mystery cults)의 도전을 받았다.

기독교의 탄생은 인류 역사상 아주 드문 몇 안 되는 혁명 가운데 하나이다("one of the few revolutions in the world's history that has lasted"[28]). 잠시 세상을 뒤흔들고 사라지는 바람이 아니라 역사의 면면에 심오한 영향을 끼친 혁명으로 기독교의 탄생과 성장과 발전을 지속하였다. 인류 정신문화만 아니라 사회 정치적 면에서나 영적 영향력 면에서 기독교는 인류 역사의 위대한 전환점(turning point)이 되었다. 그러나 기독교의 탄생은 온실에서 배양된 것이 아니라 수많은 도전과 위협 속에서 특별히 다원주의적 종교 환경에서 이뤄졌다.

기독교가 탄생한 종교 문화 역사 정치적 배경은 그리 단순하지 않았다. 흡사 21세기 종교 다원화 현상과 유사하게 다양한 사상과 문화와 종교가 혼합된 현상을 보여주었다. 그 중에서 그리스-로마 문화와 신비종교와 유대교의 존재는 기독교의 탄생과 형성과 발전에 지대한 도전과 위협이 되었다. 정치적으로는 방대한 로마 제국 하에 처해있었지만, 문화적으로는 그리스의 영향이 지대했다. 로마 제국의 존재는 특히 기독교의 발생지인 팔레스타인의 사회와 사람들의 삶에 혼란과 불안정을 초래했으며, 이로 인해 사람들은 희망과 구원의 약속을 희구하는 새로운 종교에 목말라했다. 케네스 스코트 라토렛(Kenneth Scott Latourette)은 로마 제국 치하의 민중들이 얼마나 자존감회복과 미래의 소망에 목말라했는지에 대해 다음과 같이 언급하였다. "그들은 지속 가능한 연대의식, 종교적 사회적 목적 달성을 실현하는 교제를 소망했다. 개인의 불멸에 대한 갈망이 넓게 확산되었으며 종교적 신앙과 제의의 수단으로 그러한 갈망을 충족시키려

28) Michael Grant, *History of Rome* (New York: Scribner's, 1978, Reprinted: History Book Club, 1997), 342.

고 하였다."[29]

고고학자이며 역사학자인 스튜어트 퍼로운(Stewart Perowne)은 지중해 동부지역과 근동 지방에서 유래한 신비종교가 기독교가 형성되던 시기에 조우한 강력한 도전과 갈등을 유발하였다고 하며 동시에 기독교에 영향을 끼쳤다고 한다.[30] 신비종교는 기독교 형성과 발전을 저해하는 요인이 되기도 했고, 반대로 기독교의 사상과 신행 정립에 큰 영향력을 끼쳤다. 기독교는 진공상태에서 하늘에서 떨어진 그 무엇이 아니라 이 지상의 사회문화적 상황에서 뼈와 살이 구체화되었다. 앤드류 월스(Andrew Walls)의 표현처럼 '토착화 원리'가 기독교의 발생 시초부터 작동했다. 한편 '토착화 원리'가 복음의 문화 상황에 대한 '상황화 원리'로 잘 정착되었다. 그럼에도 불구하고 복음의 정체성과 메시아 예수 그리스도의 중심성은 확고히 되었다. 즉 '순례자 원리'가 작동한 것으로 보아야 한다. 스티븐 니일(Stephen Neill)이나 데이비드 보쉬(David J. Bosch)가 말하는 창조적 갈등(creative tension) 속에서의 정체성과 상관성의 조화를 의미한다. 다시 한번 필자의 핵심논지를 언급하자면, 기독교가 주변 세계의 종교문화로부터 선한 영향을 받았지만, 기독교의 발생과 확산은 기독교만의 구원과 진리 주장에 따른 것임을 주지해야 한다.

퍼로운은 4세기에 기독교가 로마 제국에서 마침내 공인되고 후에 국교로 된 것은 기독교가 주변 세계의 종교와 동화해서라기보다는 타 종교와 투쟁을 통해서 이룩한 업적이라고 주장한다. 물론 기독교 내부의 이

---

29) Kenneth Scott Latourette, *A History of Christianity* (New York: Harper and Brothers, 1954), 22.

30) Stewart Perowne, "Rival Religions Compete With and Influence Christianity," Don Nardo, ed., *The Rise of Christianity*, 111-116.

단과의 투쟁도 기독교의 정립에 한몫했음을 부인하지 않는다.[31)]

그리스-로마 종교와 이집트와 소아시아 등의 다원주의적 종교 문화 상황에서 기독교는 구원과 진리 주장의 갈등과 대립을 경험하였지만 독특하고 특별한 종교로 정체성을 형성해 나갔다. 엄청난 정치적 박해와 순교의 상황을 경험하면서도 기독교가 유대교에 함몰되지도 않았을 뿐만 아니라 독자적인 종교로 강력하게 성장하였다. 이것은 비록 기독교세계(Christendom)에서 타 종교에 대한 새로운 정보가 유입되고, 그러한 이해를 토대로 종교 다원주의가 마치 절대적 진리인 양 주장하는 것이 기독교 역사적 진실에 부합하지 않는다는 사실을 뒷받침한다.

기독교의 성장은 기성 종교에서 활발히 참여하는 종교인의 회심이 아니라 비종교인, 자기가 속한 종교의 신앙과 생활면에서 잠정적으로 휴지기에 접어들거나 불만족한 종교인 혹은 너무 세속화된 종교 공동체에 소속된 사람들의 회심 때문이라고 할 수 있는가? 스타크는 신흥 종교운동의 경우 회심은 주로 이와 같은 휴지기나 불만족한 종교인 혹은 매우 세속화된 종교에 소속된 사람들 가운데 일어난다고 주장한다.[32)] 그렇다면 그렇게 활발하게 자기 종교의 진리를 추종하던 사람들이 기독교로 회심하는 것은 어떻게 설명할 수 있을 것인가? 스타크는 성공적인 회심에는 직접적이고 친밀한 인격적인 접촉 구조(a structure of direct and intimate interpersonal attachments)에 기초한 열린 네트워크를 통해 활발히 일어난다고 한다.[33)] 가족, 친구, 친척 등의 회심과 변화된 삶이 바로 이러한 열린

31) 위의 책, 111.

32) 위의 책, 19.

33) 위의 책, 20.

연결망을 통해 접촉될 때 전염병과 같이 새로운 회심 운동이 일어난다. 결국 근대 이후, 특히 포스트모더니즘의 종교 다원화 현상 자체를 종교 다원주의의 근거로 제시하는 것은 고대 교회의 역사와 회심 운동에 정면 배치되는 주장이다. 구원과 진리 주장의 갈등과 대립과 경쟁 속에서 기독교는 로마 제국의 시민들에게 회심을 일으키는 복음으로 전파되었던 것이다.

기독교가 탄생 발전한 로마 제국의 종교 문화적 배경은 국가가 종교를 관장하고 통제하던 때였다. 또 기성 종교의 강력한 저항으로 새로운 종교 운동으로 기독교가 존재할 가능성과 기회는 많지 않았다. 로마 제국의 종교정책은 대체로 관용과 자유를 주었지만, 기독교는 경계의 대상이 되고 박해를 받았다. 기독교는 야훼 외의 어떤 신도 인정하지 않는 유일신 신앙으로 로마 제국이 관용하는 기성 종교를 거짓 신으로, 심지어 로마 황제도 신이 아니라 인간임을 천명하였기 때문이다.

그리스-로마 제국의 종교 생태계는 거의 규제가 없었으며, 방대한 다원주의를 유지했다. 로마 제국의 주요 도시에 얼마나 많은 종교가 종교 생태계를 이루었는지는 정확히 알 수는 없으나 대략 10개 혹은 15개의 신전을 가진 신들이 숭배되었다.[34] 로마가 정복하는 곳마다 신봉되던 종교가 로마 제국으로 유입되었다고 할 때, 이보다 훨씬 더 많은 종교가 유행했을 것이다. 새로운 종교는 예나 지금이나 새로운 이주자(상인, 선원, 노예, 군인 등)를 통해 유입되고 유행된다. 그렇다면 이렇게 유입된 종교가 어떻게 사람들에게 호감을 주었고 신봉자를 얻었는지 의아심이 든다. 학

34) Ramsay MacMullen, *Paganism in the Roman Empire* (New Heaven: Yale University Press, 1981), 7.

자들은 새로운 회심자가 생겼을 수도 있지만 새로운 회심을 통한 신봉자보다는 조상들의 종교를 보충하는 정도의 새로운 종교를 수용하였다고도 본다. 정확하게 알 수는 없지만 대략 우세한 의견은 오늘날의 회심과 같은 엄격한 차원의 회심은 당시에 없었다고 한다. 다만 기독교가 강력하게 등장하자 다른 경쟁적인 종교들이 적대시하면서 이교로의 회심이 나타났다.[35)]

이와 같이 기독교는 그리스-로마의 종교와 사상, 고대 근동의 신비주의 종교, 여러 다양한 종교 전통의 다원주의 상황 속에서 기독교만의 차별성과 독특성을 보여주면서 탄생, 성장, 발전했다. 기독교 교리적인 면의 차별성은 부활, 세례, 성육신, 보편적 유일신(유대교의 민족적 특수주의적 유일신과 차별성) 등이다. 초대 교회 시대 기독교의 보편성(유일성)과 그리스-로마의 보편성(탁월성) 사이에는 차이점이 있다. 후자는 문명인과 야만인을 구별하나, 기독교 복음에는 그러한 차별이 없다.[36)] 어떤 면에서 더 독특하고 영향력을 발휘했던 기독교의 고유성과 차별성은 헬라의 철학과 종교의 다원적 사회 속에서 유일신 신앙의 확고한 믿음을 소유하고 인생의 문제에 대해 명확하고 분명한 대답을 줄 수 있었다는 점과[37)] '삶을 통한 메시지 선포' 혹은 '사랑과 정절의 높은 윤리적 탁월성'으로 나타났었다.[38)]

---

35) Arthur Darby Nock, *Conversion: The Old and the New in Religion from Alexander the Great to Augustine of Hippo* (Oxford: Clarendon, 1933), 15. 위의 책, 196.

36) Andrew Walls, *The Missionary Movement in Christian History* (New York: Orbis Books, 2004), 18-19.

37) Stephen Neill, *A History of Christian Missions* (London, New York: Penguin Books, 1986), 35-36.

38) David. J. Bosch, *Transforming Mission*, 192; Adolf Harnack, *The Mission and Expansion of Christianity in the First Three Centuries* (PA: Harper Torch Books, 1962), 147-98; Karl Holl, "Die Missionsmethode der alten und die der mittelaterlichen Kirche," in H. Frohnes/ U. W.

2. 유대교와 기독교

다양한 종교와 제의가 다원주의를 이루던 로마 제국에서 기독교는 유대교의 한 종파 내지는 또 하나의 신흥 종교로 역사의 뒤안길에 묻힐 운명이었다. 그런데 어떻게 그토록 놀랍도록 성장하고 마침내 로마 제국의 국교가 되었을까? 이러한 질문은 현대 종교 다원주의자가 타 종교의 존재 자체 혹은 타 종교에 대한 새로운 인식을 그들 주장의 근거와 배경으로 삼기 때문에 새롭게 제기되고 있다. 도드는 로마 제국의 다원주의는 완전히 열린 다원주의, 극단적인 다원주의로서 "당황할 정도의 대안, 과도하게 많은 제의(cults), 너무 많은 신비 종교, 과도한 인생철학 가운데 선택"에 노출되었다고 한다.[39] 여기서 신생 종교인 기독교가 확산과 확장에 타 종교와 제의나 철학으로부터 영향을 어느 정도 주고받았다고 할지라도, 기독교를 타 종교와 동일한 정체성을 가진 종교로 보는 다원주의는 주장될 수 없다. 다만 로마 제국에서 다원주의 체제아래 호가를 누리던 종교와 제의가 재정 적자, 대중들의 호감도 감소 등 여러 가지 이유로 약화된 것은 사실이다.[40]

기독교 탄생의 요람이라 할 수 있는 유대교는 무엇보다도 기독교의 생성과 발전에 큰 영향을 끼쳤다.[41] 기독교라는 새로운 혁명적인 종교의

Knorr(Hg.), *Kirchengeschichte als Missionsgeschichte* Bd. I, Die Alte Kirche (Munchen: Kaiser, 1974), 8; Michael Green, *Evangelism in the Early Church* (London: Hodder & Stoughton, 1970), 146, 193; Kurt Aland, *A History of Christianity*, vol. I (Phil: Fortress Press, 1985), 37-38.

39) E. R. Dodds, *Pagan and Christian in an Age of Anxiety* (New York: Norton, 1970), 133.

40) Rodney Stark, *The Rise of Christianity*, 196-201.

41) Don Nardo, ed., *The Rise of Christianity* (San Diego, CA: Greenhaven Press, 1999), 12-17.

탄생뿐만 아니라 그 반대로 기독교의 생성과 발전 자체를 무력화시키는 역할도 맡은 종교가 유대교이다. 존 데이비스(John G. Davis)는 기독교가 유대교 관습과 이념과 믿음으로부터 풍부하게 영향을 받았다고 한다.[42) 유대교와 유일신 신앙과 사회 문화 제의적으로 공유하는 부분이 많았다는 것은 기독교가 독자적인 종교가 아니라 유대교의 한 분파로 남았을 가능성도 충분했을 것이다. 그럼에도 불구하고 기독교가 기독교로 성장 발전한 것은 유대교와의 차별성을 극명하게 보여주었던 메시아 예수 그리스도의 탄생과 생애와 죽음과 부활, 그리고 재림이다. 예수 그리스도의 사역과 행동으로 하나님 나라가 이미 임했다는 사실이 유대교와의 차별성을 보인 핵심 내용이며, 바로 이러한 메시아사상이 하나님의 아들인 예수님을 구세주로 믿는 기독교의 정체성을 형성한 것이다.

특히 유대교의 유일신론이 로마 제국으로부터 인정받았던 반면에 기독교의 유일신론은 배척당했음을 기억해야 한다. 유대교의 유일신론은 유대인의 민족적 신으로 그리스-로마의 다원주의에 부합하였던 반면에, 기독교의 유일신론은 보편적이며 세계적인 신으로서 로마의 세계관에 정면으로 충돌을 야기했다. 기독교의 유일신론은 보편성을 지향하는 그리스-로마 종교에 도전하는 것으로 차별성을 보여주었다.[43) 따라서 다원주의 사회에서 기독교의 독특성과 고유성은 종교 다원주의를 극복할 수 있는 요소로 볼 수 있다.

로마 제국의 국교화 이후의 기독교, 특히 계몽주의 이후 모더니즘

---

42) John G. Davis, "The Jewish Background of Christianity," in Don Nardo, ed., *The Rise of Christianity*, 32-36.

43) Adolf von Harnack, *The Mission and Expansion of Christianity*, 25.

과 포스트모더니즘 시대의 다원적인 종교 상황에서 기독교를 불교, 이슬람, 유교, 힌두교 등과 동일하며 동등한 구원과 진리를 가진다는 종교 다원주의는 논리적, 역사적으로 모순이다. 기독교가 그리스-로마 철학과 종교, 고대 근동의 신비종교, 유대교 등으로부터 믿음과 행위와 실천적 제의 형성에 영향을 받았더라도[44] 기독교는 유일신 신앙과 메시아 예수 그리스도 중심의 종교라는 정체성을 양보하거나 잃지 않았다. 기독교와 타 종교 신앙과의 유사성 때문에 종교 다원주의를 주장하는 것은 기독교와 타 종교 신앙과의 차별성을 무시하는 논리적 모순을 일으킨다. 초기 기독교가 그리스-로마의 철학과 종교, 신비종교, 유대교 등으로부터 많은 영향을 받았다고 해도 기독교와 타 종교 신앙을 동일시 할 수는 없다.

IV. 선교적 함의

힉의 종교 다원주의는 서구인으로서 기독교세계 이후의 변화된 상황과 타 종교의 체험에서 나온 가설로 볼 수밖에 없다. 다원주의 상황에서 반드시 종교 다원주의가 진리라는 논증은 초기 기독교가 로마시대의 다원주의 상황에서 탄생, 성장, 발전했음을 고려할 때, 그 진리성이 성립되지 않는다. 기독교의 성장과 확산의 요소는 기독교 자체가 구원과 진리의 복음을 바탕으로 한 참된 공동체를 형성하고, 공동체의 일원으로서 개

44) Ernest William Barnes, *The Rise of Christianity*, 50-61.

개인 기독교인들이 협력하고 일치하여 가족, 친구, 친지, 이웃들에게 윤리적 탁월성, 즉 '삶을 통한 메시지 선포'가 있었기 때문이다.[45] 기독교가 유대교의 한 종파로 함몰되지 않고, 세계적인 종교로 자리매김한 것은 힉의 다원주의 가설과 다른 점을 보여준다. 종교 다원주의 상황에서 기독교만의 교리와 행동으로 고유성과 독특성을 가지고, 아울러 유일신 신앙의 보편성을 드러냄으로써 기독교는 탄생, 성장, 발전했다. 따라서 '변화하는 세상'에서 복음의 상황화를 시도함으로써 복음의 타 문화, 타 종교에 대한 상관성(relevancy)을 가지며, 동시 '불변하는 복음' 선포와 증거에 헌신하는 정체성(identity)을 견지해야 한다. 이것이 종교 다원주의 비판에 대한 선교적 함의이다.

다인종, 다종교, 다문화 사회는 20세기에 들어와서 나타난 새로운 현상이 아니다. 기독교가 탄생할 당시 고대 로마 제국의 사회 문화도 그러하였다. 무에서 유를 창조하시는 하나님이 구약에서 예언한 메시아를 보내시고 십자가 사건을 통해 인류를 죄악에서 구원하신 복음을 주셨다. 성령의 임재와 충만으로 교회는 주님 재림하실 그 날까지 땅끝까지 이르러 복음을 전하는 선교 사명을 기독교인에게 주셨다. 그리스-로마의 다신 종교, 신비종교와 제의, 철학과 사상 등의 도전과 갈등 속에서 진리 주장과 변증과 차별성 있는 변화된 기독교인의 삶의 윤리와 도덕 등으로 기독교는 성장 확산해왔다. 타 종교와 사상과 제의가 약화되든지 강화되든지 중요한 것은 복음의 정체성을 확신하고 지키며, 기독교인 개개인이 가정과 사회에서 삶으로 실천하고, 하나님 나라 시민으로서의 윤리와 도덕을 보여주고, 타 종교인과 기꺼이 대화하며 진정한 인류애를 나누면서

45) 위의 책, 208.

복음을 증거 해야 한다. 말과 마음, 신앙고백과 신앙행동의 일치를 통해 선교는 계속 이뤄져야 한다.

제3부
복음주의 종교신학

1장
해롤드 네틀란드의 복음주의 종교신학

미국 트리니티 복음주의 신학교에서 선교학(종교철학 및 문화 간 연구 교수)을 가르치는 네틀란드는 과거 선교사로서 수년 동안 일본에서 가르쳤던 경험과 이론을 종합하여 1990년대 초반에 『불협화음: 종교 다원주의와 진실의 문제』[1)]라는 신학에 관한 첫 번째 주요 작품을 출간하였다. 일본의 혼합주의적이며 복합적인 종교 문화권에서 태어나 소수자 기독교의 상황을 잘 이해하는 네틀란드는 힉의 지도하에 신학박사 학위를 받았으나, 존 힉의 종교 다원주의에 대해서는 확실하게 선을 그은 복음주의 종교신학을 전개한다. 2001년에는 본격적인 종교신학이라 할 수 있는 『종교 다원주의 만남』[2)]을 펴냈다. 이 책에서 그는 힉의 종교 다원주의 가설(모델)에 대한 철학적, 신학적 분석을 하고, 복음주의 종교신학에 대한 가

1) Harold A. Netland, *Dissonant Voices: Religious Pluralism & the Question of Truth* (Vancouve: Regent College Publishing, 1999).

2) Harold A. Netland, *Encountering Religious Pluralism: The Challenge to Christian Faith & Mission* (Downers Grove, IL: InterVarsity Press, 2001).

능성과 진실성 문제에 초점을 두었다. 또한 그는 2014년에는 제랄드 맥더모트(Gerald R, McDermott)와 함께 『삼위일체 종교신학』[3]이라는 책을 펴내면서 복음주의 종교신학의 진보한 이론을 전개했다.

네틀란드는 랄프 코벨(Ralph Covell)과 하비 콘(Harvie Conn)의 언급을 인용하며[4] 지난 반 세기 이상을 복음주의자들은 종교신학의 이슈에 대해 적극적으로 토론에 참여하지 못하였음을 아쉬워한다.[5] 1992년 마닐라에서 세계복음주의연맹(WEA, 이전의 WEF)이 "다원주의 세상에서 그리스도의 독특성"이란 주제의 토론에서 "우리 복음주의자들은 좀 더 적절한 종교신학을 필요로 한다"[6]고 하였다. 1980년대와 90년대에 소수의 소극적인 종교신학 토론이 이루어졌을 뿐이다[7]. 네틀란드는 복음주의자 중

---

3) Gerald R, McDermott and Harold A. Netland, *A Trinitarian Theology of Religions An - Evangelical Proposal* (Oxford Univ Pr, 2014).

4) Ralph Covell, "Jesus Christ and the World Religions: Current Evangelical Viewpoints," in *The Good News of the Kingdom: Mission Theology for the Third Millennium*, ed. Charles Van Engen, Dean S. Gilliland and Paul Pierson (Maryknoll, N.Y.: Orbis, 1993), 162-63. Harvie Conn, "Do Other Religions Save?" in *Through No Fault of Their Own? The Fate of those Who Have Never Heard*, ed. William V. Crockett and James G. Sigountos (Grand Rapids, Mich.: Baker, 1991), 207.

5) Harold A. Netland, *Encountering Religious Pluralism*, 308-309.

6) "The WEF Manila Declaration," in *The Unique Christ in Our Pluralistic World*, ed. Bruce J. Nicholls (Grand Rapids, Mich.: Baker, 1994), 15.

7) 이에 대한 문헌 목록은 Harold A. Netland, *Encountering Religious Pluralism*, 309, 각주 4에 다음과 같은 대표적인 문헌을 소개하고 있다. 편리를 위해 여기에 인용한다. Christopher J. H. Wright, "The Christian and Other Religions: The Biblical Evidence," *Themelios* 9, no. 2 (1984): 4-15; Christopher J. H. Wright, *What's So Unique About Jesus?* (Eastbourne, England: Monarch, 1990); Klaas Runia, "The Gospel and Religious Pluralism," *Evangelical Review of Theology* 14 (October 1990): 341-79; Edward Rommen and Harold Netland, eds., *Christianity and the Religions: A Biblical Theology of World Religions* (Pasadena, Calif.: William Carey Library, 1995); Daniel B. Clendenin, *Many Gods, Many Lords: Christianity Encounters World Religions* (Grand Rapids, Mich.: Baker, 1995); Alister McGrath, *A Passion for Truth* (Downers Grove, Ill.: InterVarsity Press, 1996), chapter 5; D. A. Carson, *The Gagging of God: Christianity Confronts Pluralism* (Grand Rapids, Mich.: Zondervan, 1996); Charles Van Engen, *Mission on the Way:*

클락 피녹의 종교신학을 자세히 언급하지만, 피녹의 종교신학은 전통적인 복음주의 종교신학의 틀을 벗어났음을 지적한다. 피녹은 예수 그리스도의 복음을 듣고 믿는 사람들 외에 타 종교 안에도 구원의 길이 있음을 긍정하는 입장이다. 피녹은 타 종교 안에도 성령의 역사가 있다고 본다. 아울러 피녹은 소수의 복음을 믿는 자만 구원받는다는 사실을 이성으로 납득하지 못한다.[8] 다른 여타의 복음주의자들과 마찬가지로 네틀란드는 피녹의 종교신학은 성경적 근거로 뒷받침되지 못한다고 비판한다.[9]

네틀란드는 모름지기 종교신학이라면 다루어야 할 주제를 세 가지로 제시하고 있다. 첫째, 미복음화된 사람들의 운명에 대한 구원론적 질문이다. 둘째, 인간 종교성의 현상에 대한 신학적 설명이다. 셋째, 다양한 문화적 상황에 처해있는 교회를 설립하는데 적용하고 세워야 할 타 종교 전통의 양상에 대한 선교학적 질문이다. 대체로 복음주의 신학자들은 첫째 질문을, 선교학자들은 간접적으로나마 셋째 질문, 즉 상황화를 다룬다. 그런데 네틀란드에 의하면 둘째 질문은 그리 다루어지지 않았다고 한다.[10]

Issues in Mission Theology (Grand Rapids, Mich.: Baker, 1996), chapters 9–10; Terry C. Muck, "Evangelicals and Interreligious Dialogue," *Journal of the Evangelical Theological Society* 36, no. 4 (1993): 517–29; Terry C. Muck, "Is There Common Ground Among Religions?" *Journal of the Evangelical Theological Society* 40, no. 1 (1997): 99–112; Ramesh Richard, *The Population of Heaven: A Biblical Response to the Inclusivist Position on Who Will Be Saved* (Chicago: Moody Press, 1994); *One God, One Lord: Christianity in a World of Religious Pluralism*, ed. Andrew D. Clarke and Bruce W. Winter, 2nd ed. (Grand Rapids, Mich.: Baker, 1992); Millard J. Erickson, *How Shall They Be Saved? The Destiny of Those Who Do Not Hear of Jesus* (Grand Rapids, Mich.: Baker, 1996); and Gerald R. McDermott, *Can Evangelicals Learn from World Religions?* (Downers Grove, Ill.: InterVarsity Press, 2000).

8) Clark Pinnock, *A Wideness in God's Mercy: The Finality of Jesus Christ in a World of Religions* (Grand Rapids, Mich.: Zondervan, 1992), 74–75.

9) Harold A. Netland, *Encountering Religious Pluralism*, 310.

10) 위의 책, 309–10.

I. 다원주의 현상과 개념

네틀란드는 다원주의가 기독교 역사에서 새로운 현상이 아니고, 기독교 선교에 낯설지 않은 현상 혹은 도전이라고 본다. 현재 제기되고 있는 다양한 형태의 다원주의가 기독교 신학과 선교에 도전적인 것은 사실이다. 종교 분야에서 다원주의는 세계 종교에 대한 기독교의 관계 설정을 어떻게 할 것인가라는 문제를 제기한다.[11] 기독교 선교에 대한 다원주의의 도전은 진리, 계시, 구원과 회심, 변증론, 세계관과 문화, 증거 등에 대해 의심하며 비판하고 무관심으로 대처하거나 냉소적인 형태로 나타난다. 특히 학자들이 제기하는 종교 다원주의는 종교의 진리와 구원 문제를 대두시키고, 이에 대한 논쟁이 치열하게 전개되고 있다. 네틀란드는 다원주의의 도전은 다양성과 차이점만 아니라 종교에 대한 평가에서 "평등주의적이며 민주주의적인 관점, 즉 종교들이 진리와 구원론(구원)적 효과성에서 대략적인 동등성"에 대한 도전이라고 한다. 종교 다원주의는 "종교 다양성을 본질적으로 선하다고 보고, 그러한 종교 다양성을 열정적으로 수용해야 한다는 독특한 사고방식이다"[12]. 현실적으로 존재하는 종교의 다양성을 종교 다원주의로 보느냐 아니면 단순히 차이점과 다양성으로 보느냐에 따라 기독교 신학에 주는 도전은 달라진다. 이러한 종교 다원주의의 이데올로기적인 도전에 대한 응전이 곧 네틀란드의 복음주의

---

11) Veli-Matti Kärkkärinen, 위의 책, 324.

12) Harold A. Netland, 위의 책, 12.

종교신학이라 할 수 있다.

다원주의적 견해의 매력은 다원주의가 다른 종교를 수용으로 받아들이는데, 특수주의와 포용주의는 그렇지 않다는 인식에 있다고 네틀란드는 말한다. 다원주의는 주요한 종교 전통을 하나의 신성한 실재(divine reality)에 반응하는 동등한 합법적인 방법으로 인정한다. 다원주의자는 종교의 믿음과 실천에 대해 개인의 판단을 피한다.

네틀란드는 다원주의와 유사다원주의 혹은 다원주의가 아닌 것을 구분해야 한다고 한다. 실제로 다원주의처럼 보이는 '관대한 형태의 포용주의'(generous form of inclusivism)가 있다. 예를 들어, 20세기 초 사르베팔리 라다크리슈난(Sarvepalli Radhakrishnan, 1888-1975)은 서구에서 종교의 관용과 다양성의 대변자로서 타의 추종을 불허하는 영향력을 행사했다. 모든 종교는 신적 존재에 응답하는 합법적인 방법이라고 주장하는 라다크리슈난을 종교 다원주의처럼 보인다. 그러나 라다크리슈난은 다원주의자가 아니라 수정된 아드바이타 베단타 사상의 관점에서 종교적 다양성을 이해한 현대 힌두교도였다.[13] 최근에는 달라이 라마(Tanzin Gyatso, 1935~)가 종교적 관용과 다양성에 대한 동양의 대변인 역할을 하고 있다. 달라이 라마는 그의 저술, 서구 세계의 광범위한 세미나 여행, 특히 겸손하고 자비로운 대중적인 행동으로 종교적 조화를 보여주는 강력한 상징적 인물이다. 라다크리슈난과 마찬가지로 달라이 라마의 말에는 종교 다원주의를 시사하는 내용이 많다. 그러나 달라이 라마는 다른 종교의 가르침과 실천이 깨달음의 길을 찾는 사람에게 도움이 되나 궁극적으로는 불교의

---

13) Harold A. Netland, 위의 책, 213-15.

틀 안에서만 해방을 이룰 수 있다고 주장하고 있다.[14] 이러한 유사다원주의 문제를 다루면서 네틀란드는 종교의 다원성에 대해 일관성과 진실성을 가진 설명 모델이 있을 수 있는가? 라는 중요한 질문을 던지며 몇 가지 고려해야 할 요소를 언급한다.

> 종교를 이해하기 위한 진정한 다원주의적 틀은 다음과 같은 사항을 포함해야 한다. 첫째, 종교의 믿음과 실천의 명백한 차이를 인식한다. 둘째, 단일 종교 전통이 규범적 또는 특권적 지위를 부여받지 않도록 다른 종교를 하나의 궁극적인 실재(one ultimate reality)에 대응하는 다소 동등하고 효과적인 방법으로 시인한다. 셋째, 첫째와 둘째가 동시에 어떻게 수용될 수 있는지에 대한 일관된 설명을 제공해야 한다. 첫째와 둘째 요소를 받아들이는 설명의 틀 자체는 종교 중 하나에서 나올 수 없다.[15]

이와 같이 세 가지 요소를 동시에 충족시키지 못하는 다원주의는 더 이상 다원주의가 아니라 포용주의라고 해야 한다는 관점이 네틀란드의 다원주의 이해의 핵심이다. 네틀란드는 종교 다원주의를 "종교 다양성을 본질적으로 선하다고 보고, 그러한 종교 다양성을 열정적으로 수용해야 한다는 독특한 사고방식"이라는 이데올로기적인 면을 지적했다. 왜냐하면 종교 다원주의는 종교 경험과 표현의 다양성에 대한 가치 혹은 요망사항을 주장하기 때문이다. 다원주의자는 하나의 종교 전통이나 진리가 모든 사람에게 적용되는 규범이 되는 것을 거부한다. 이러한 종교적 관용

14) 위의 책, 216-218.

15) 위의 책, 218.

과 동등성과 상대주의적 이해를 바탕으로 하는 다원주의는 갑자기 나타난 것은 아니다. 다원주의가 서구에서 발생한 요인으로는 서구 기독교 해체의 축적된 영향, 근대사회에서 종교의 주변화, 기독교의 정통 진리 주장에 대한 회의론의 심화, 세계화의 증대로 인한 문화적 종교적 다양성에 대한 인식의 증가 등이다.[16)]

II. 종교 다원주의의 기반으로서 모더니즘과 포스트모더니즘

네틀란드는 다원주의를 이해하는데 모더니즘과 포스트모더니즘을 종합적으로 고찰하는 것이 매우 중요하다고 본다. 그는 모더니티와 포스트모더니티를 엄격히 구별하여 별개의 사조로 보는 관점을 거부한다. 오히려 포스트모더니즘을 모더니즘과 연속성 상에서 보아야 한다는 것이다. 포스트모더니즘은 모더니즘의 기생충이라고도 한다. 계몽주의의 자궁에서 태어난 모더니즘은 사라진 게 아니라 근대화와 지구화의 진행 속에서 포스트모더니즘으로 이어지고 있다는 것이다. 이러한 연속성 속에서 그는 포스트모더니즘의 형태로 발전하는 가운데 지속되는 모더니즘을 "모더니즘 문화"(Culture of Modernity)라고 부른다.

이와 같은 "모더니즘 문화"는 두 요소의 산물이다. 16세기 유럽에서

16) 위의 책, 15.

진행된 경제, 산업, 사회변혁과 관련된 근대화의 과정에 뿌리를 두고 증대하는 세계화 문화와 이러한 문화의 세계적 확산이 하나의 요인이다. 다른 요인은 지난 300년간 서구의 지적유산이다. 결과적으로 근대화는 한 세대에 국한된 것이 아니라 16세기 이후의 시대 전체를 포괄한다. 아울러 서구에 한정되지 않고 전 세계를 포괄한다. 네틀란드가 모더니즘과 포스트모더니즘을 연속성 속에서 이해해야한다는 근거는 양자가 공히 인식론적 회의론과 서구의 후기 칸트철학의 유행으로 인한 형이상학의 비판을 공유하기 때문이다.[17] 포스트모더니즘은 종종 주장되듯이 계몽주의의 합리론(Enlightenment rationalism)에 대한 거부라기보다는 오히려 합리론의 절정이다.[18]

모더니즘과 포스트모더니즘의 공통 기반이라 할 수 있는 인식론적 회의론과 형이상학의 비판은 서구만 아니라 전 세계의 가치와 문화와 세계관에 영향을 미친다. 인식론적 회의론은 특히 종교를 개인의 문제이고, 개인의 행복과 자유에 도움이 되는 한 인정한다는 실용주의 관점이다. 종교의 사사화(私事化)와 실용주의는 개인의 경험을 강조했다. 진리보다 감성, 절대보다 상대, 도덕보다 행복을 추구한다. 다른 말로 하면 종교보다는 영성 추구의 변화이다. 진리는 더 이상 존재론적이거나 형이상학적인 관점에서가 아니라 실용주의적 관점에서 파악된다. 개인의 경험과 행복에 유익하면 어느 종교건 무관하다. 포스트모더니즘 시대에 특정한 종교가 모든 시대의 모든 문화를 초월한 인류의 기원과 운명에 대해 절대적이고 객관적인 진리의 답을 제공할 거라고 사람들은 기대하지 않

17) 위의 책, 65.

18) 위의 책, 69.

는다. 중요한 것은 영적인 실재가 개인의 선택과 욕구를 만족시키느냐는 것이다. 각 사람은 남에게 피해가 되지 않는 범위에서 자기가 하고 싶은 대로 하는 자유를 추구한다. 각 사람은 무엇이 자신에게 가장 적합하고 최선의 것인지를 스스로 발견하고 선택해야 한다.[19] 이러한 사조는 기독교 "신앙의 위기"로 간주된다.[20] 네틀란드의 주요 임무는 모더니즘의 도전과 그와 관련된 논쟁점에 대해 복음주의적 신학의 관점에서 종교적인 진리의 가능성을 탐구하는 것이다. 여기에 그의 작업의 초점이 있다.

III. 복음주의 종교신학 개요

1. 삼위일체 종교신학

현대 종교신학 논쟁과 토론에서 더 중요한 초점으로 대두된 주제는 삼위일체론이다. 복음주의 전통이든 에큐메니칼 전통이든 삼위일체론을 토대로 종교신학의 이론을 전개한다. 네틀란드는 잘못된 삼위일체 종교신학을 비판하며, 복음주의 관점에서 삼위일체 종교신학을 제안한다. 특히 성경의 내러티브에 근거한 삼위일체 틀과 기독론과 삼위일체 신학의

19) 위의 책, 146-55.

20) 위의 책, 126-29.

상호 의존성을 강조한다.[21]

힉의 종교는 궁극적 실재(the ultimate Real)에 대한 인간의 경험과 해석이라고 비판하는 네틀란드는 삼위일체 하나님만이 존재론적 궁극적 실재이고, 따라서 이 삼위일체론에 의한 종교신학이 중요하다고 주장한다.[22] 이를 토대로 어거스틴의 '삼위일체의 불가분성(Indivisibility)', 혹은 신적 본질의 통일성을 인용한다. '어거스틴의 (삼위일체론) 규칙'으로 알려진 "구속 역사의 경륜 안에서 삼위일체 하나님의 사역은 구분되지 않는다(*opera Trinitatis ad extra indivisa sunt*)."고 한다.[23] 다른 두 위격의 사역으로부터 한 위격의 사역을 분리함으로써 삼위일체를 구분하는 것은 복음에 나타난 삼위일체 논리를 위반하는 것이다. 그런데 신학자들은 성부와 성자의 사역을 분리하든가 성자와 성령의 사역을 분리하는 오류를 쉽게 범한다.

로마 가톨릭 신학자 레이문도 파니카는 성령은 기독교를 넘어서 나아가고, 심지어 제도적인, 가시적인 교회를 넘어서 나아간다고 말한다. 그는 아들의 사역을 성령의 사역과 분리하였다. 다른 말로 하면, 파니카는 기독론과 성령론을 분리하는 오류를 범한다. 역사적 예수와 분리된 성령의 사역은 기독교 신학을 넘어서는 것이다. 역시 가톨릭 종교신학자 자크 뒤피도 성자와 성령을 분리한다. 그는 성육신 전에 성령이 활동하였다면, 성육신 후에 성령의 사역이 성육신에 왜 제한되어야 하는지 의문을 제기한다. 성령은 다른 종교 안에서 새로운 것을 말할 수 있다는 것이다.

---

21) Gerald R, McDermott and Harold A. Netland, *A Trinitarian Theology of Religions: An Evangelical Proposal* (Oxford: Oxford Univ Press, 2014), 46-85.

22) 위의 책, 48-49.

23) 위의 책, 53.

오순절-카리스마 복음주의 종교신학자 아모스 용은 성령과 아들의 관계 논의에서 파니카와 뒤피보다 더 모호하다고 네틀란드는 평가한다. 용은 정통 삼위일체론의 경계선은 넘지 않았다. 그가 언급하는 성령은 확실히 예수의 영이다. 그러나 용이 제기하는 기존의 종교신학의 핵심적인 교착 상태는 정통 신학에서 아들(의 경륜)이 성령(의 경륜)을 제한하는 데 있다고 본다. 즉 정통 신학은 이미 예수 그리스도의 주권을 인정하는 곳에서만 성령이 활동하는 것으로 생각한다는 것이다. 또한 성령의 현존과 사역은 기독론적 기준을 사용함으로써 결정된다는 것이다. 그러나 용은 이러한 정통 신학의 이해를 넘어서 성자(혹은 성육신된 말씀)와 성령의 경륜, "두 신적 선교의 자율성 안에서 관계의 구별(a relationship-in-autonomy between the two divine missions)"[24]이 있다고 생각하였다. 성자와 성령의 현존과 활동의 독자적인 영역을 구별하려고 했다. 그는 세계 종교 안에서 성령의 현존과 활동을 분별하는 기독론적 범주보다 더욱 중립적인 범주를 원했다.[25] 이렇게 용은 성자와 성령의 현존과 사역을 구별하여 종교신학을 정립하려고 하면서도 완전히 분리하지는 않으려고 노력한다. 동시에 기독론적 기준에 따라서만 성령의 현존과 사역을 이해하려는 기독론적 성령론의 한계 내에 머무르지 않으려고 한다. 그런데도 다른 종교 내에 성령의 현존과 활동을 인정하고 신학화하기 위해서 기독론적 기준을 넘어서는 용의 성령론에 대해서는 비판을 받을 수밖에 없다고 네틀란드는 말한다.[26]

---

24) Amos Yong, *Discerning the Spirit(s): A Pentecostal-Charismatic Contribution to Christian Theology of Religions* (Sheffield: Sheffield Academic Press, 2000), 70.

25) Amos Yong, *Beyond the Impasse: Toward a Peneumatological Theology of Religions* (Grand Rapids, MI: Baker, 2003), 186.

26) Gerald R, McDermott and Harold A. Netland, 위의 책, 54-56.

네틀란드는 예수와 그리스도(혹은 영원한 말씀)를 분리하는 파니카, 뒤피, 니터 등의 종교신학을 비판한다. 파니카는 예수를 단지 종교 전통이 다양하게 이름을 부르는 우주적 그리스도, 원리, 존재, 로고스 또는 그리스도에 대한 하나의 표현이라고 하였다. 뒤피는 인간 예수는 우주적 그리스도 또는 영원한 말씀의 사역과 의미를 철저히 다룰 수 없다고 본다. 뒤피에 의하면, 말씀의 위격은 예수 그리스도의 인성을 초월한다. 예수의 인간 의식은 제한되어 있다. 이 논리에 따르면, 예수가 인간이 된 이후로 영원한 말씀은 성육신하신 말씀 이상을 포함한다. 우주적 그리스도는 성육신하신 그리스도보다 더욱 광범위하다. 니터는 예수 안에서 하나님의 자기 계시와 하나님의 광범위한 계시 행위 사이에 확실한 구별을 짓기를 원한다. 예수 안에서 우리는 완전한 계시를 소유하지 않는다. 성육신한 말씀 안에서도 우리는 진리를 위한 결정적인 기준을 가지고 있지 않다는 것이다. 파니카, 뒤피, 니터는 삼위일체적 독특함보다 계몽주의의 보편성을 주장하는 근대 신학의 경향을 반영한다. 뒤피는 이 경향을 다음과 같이 설명한다. 다른 종교 전통에 예수 안에서의 탁월하고 구체적인 보편적 과정의 특정한 깨달음이 있다. 역사적 예수를 구원에 필수적이라고 하는 것은 계몽주의의 자명한 이치를 위반한다. 즉 궁극적 의미는 특정한 용어가 아니라 일반적인 용어로 표현되어야 한다. 뒤피를 비롯하여 다른 계몽주의적 전통에 서 있는 종교신학자는 레싱의 다음의 말을 인식론적 토대로 삼는다. "역사의 우연한 진리는 이성의 필수적인 진리의 증거가 결코 될 수 없다."[27] 계몽주의는 예수를 "역사적 사건의 하나", 혹은

27) G. E. Lessing, "The Proof of the Spirit and of Power," in Lessing's Theological Writings, ed. by H. Chadwick (London: Adam and Charles Black, 1956), 53. Gerald R, McDermott and Harold A. Netland, 위의 책, 58에서 재인용.

"역사의 우연한 진리"로 본다. 예수의 삶, 죽음, 부활의 독특함은 인정하나, 그러한 "역사적 사건"은 신에 의해 의도된 것이다. 이를 인류에게 보편적으로 접근할 수 있느냐 라고 계몽주의적 종교신학이 지속적으로 제기하고 있다. 레싱의 보편성의 규칙을 신봉하는 파니카, 뒤피, 그리고 다른 종교신학자는 십자가의 구속을 언급하지 않고 구원의 필요성만 제기한다. 예수가 가졌던 제한적인 인간적 의식은 그의 보편성을 담보할 수 없다는 것이다. 만일 인간 곤경의 본성이 하나님의 신비에 대한 불충분한 지식이고, 구원이 하나님에 대한 정보를 제공하는 계시에서 온다면, 파니카, 뒤피, 하임 등이 제안하듯이, 예수가 가졌던 제한적인 인간적 의식이 문제가 될 것이라고 네틀란드는 말한다. 그러나 만일 인간의 곤경이 죄 때문에 야기된 하나님으로부터의 소외이고, 구원이 하나님과 화해를 의미하면, 예수의 제한적인 의식은 사실상 하나님이 우리에게 그의 의와 성령을 주는 대가로 모든 한계를 가진 우리의 죄 많은 인간을 스스로 취하셨다는 우리의 보증이다. 이것은 단지 하나님에 대한 정보가 아니라 그의 내적 삼위일체 삶 안에서 죄인을 포함하는 하나님 자신의 행위를 계시한다. 따라서 예수의 제한적인 의식은 신적 신비의 부분적 계시가 아니라 온전한 구원을 입증한다.[28)]

성경의 토대를 벗어나 계몽주의적 인식론, 혹은 포스트모더니즘과 상대주의적 인식론을 토대로 하는 종교신학은 삼위일체의 내적 관계성을 분리하거나 정통신학의 삼위일체론을 자의적으로 해석하는 문제를 내포하고 있다. 성부와 성자, 성자와 성령, 성부와 성령 등의 관계성에서 제기하는 분리는 기독교 삼위일체의 유일성과 독특성을 무시하거나 최소화

28) 위의 책, 59.

시킨다.

네틀란드는 성부와 성자의 분리의 대표적인 사례로 미로슬라브 볼프의 신학적 내용을 든다.[29] 이런 분리로 발생하는 매우 예민하고 난해한 문제는 유일신 종교의 신은 예배와 신앙과 사랑의 동일한 대상인가? 라는 질문이다. 이에 대해 볼프는 긍정적이지만 네틀란드는 볼프의 이론을 비판적으로 평가한다. 한 마디로 유일신 종교가 신봉하는 신의 동일성(공통성)과 연속성에 무게를 두는 볼프의 결론은 성부와 성자, 즉 신론과 기독론의 분리로부터 야기된 것이라는 입장이다.

볼프는 그의 저서 『알라』에서 그리스도인과 무슬림은 "하나의 동일한 하나님, 유일신(one and the same God, the only God)"[30]을 예배한다고 주장한다. 그러나 그리스도인과 무슬림이 예배하는 그 유일신 하나님이 존재론적으로 같다거나 그들이 동일한 실재를 서로 다른 용어로 사용하고 있다고는 말하지 않았다. 문제의 핵심은 그리스도인과 무슬림이 정확하게 그들이 경배하는 유일하신 하나님에 대한 동일한 믿음을 가졌느냐가 아니다. 오히려 그리스도인과 무슬림의 신앙과 사랑의 대상으로서 각자가 신봉하는 신이 동일한 것인가 하는 문제이다. 그럼에도 불구하고 네틀란드는 볼프가 일부 문제를 다루는 방식과 결론을 도출하기 위해 제시하는 증거에 문제를 제기하고, 볼프의 결론에 비판적 평가를 한다.[31]

볼프는 하나님 인식, 즉 유일신을 이해하는 데 있어 무슬림과 그리스도인 사이에 부분적으로 상당한 정도의 유사성이 있다고 한다. 볼프

---

29) 미로슬라브 볼프, 백지윤 옮김, 『알라: 기독교와 이슬람의 신은 같은가』 (서울: IVP, 2016).

30) 위의 책, 원서 14.

31) Harold A. Netland, 위의 책, 62.

에 의하면 무슬림과 그리스도인은 다음과 같이 하나님에 대한 인식과 주장에 대해 동의한다. 첫째, 유일한 한 하나님, 유일한 신적 존재가 있다. 둘째, 하나님은 하나님이 아닌 모든 것을 창조했다. 셋째, 하나님은 하나님이 아닌 모든 것으로부터 근본적으로 다르다. 넷째, 하나님은 선하다. 다섯째, 하나님은 우리가 우리의 온 존재와 함께 하나님을 사랑하라고 명령한다. 여섯째, 하나님은 우리가 우리 자신처럼 우리의 이웃을 사랑하라고 명령한다. 이에 대해 네틀란드는 처음 세 가지 주장에 의미심장한 공통성을 수용하고, 네 번째 주장의 유사성에 관해서도 인정하려 한다. 그러나 복음주의자이며 이슬람 연구 전문가인 더들리 우드베리(J. Dudley Woodverry)의 논리를 차용하여 네틀란드는 무슬림과 그리스도인이 믿는 하나님의 차별성을 환기시킨다. 우드베리는 "무슬림과 그리스도인의 신앙을 비교할 때, (1) 우리가 언급하는 존재와 (2) 양 종교가 신봉하는 그 존재의 성격과 행위를 이해하는 바를 구별하는 것이 중요하다."[32]고 말한다. 따라서 그리스도인과 무슬림은 처음 세 가지 주장을 진심으로 확언할 것이지만, 네 번째 공통점이라고 하는 하나님의 선함에 대해서는 서로 다르게 이해하고 있음을 네틀란드는 분명히 이야기한다. 볼프가 앞에서 말한 양 종교의 여섯 가지 공통점이라고 한 내용 중 마지막 두 개의 주장은 문제가 있다고 네틀란드는 비판한다. 왜냐하면, 복음주의의 관점에서 볼 때, 볼프의 주장에는 정당한 증거가 없다. 예를 들어 이슬람이 제1 계명(다섯째 주장)을 가르친다는 주장의 증거는 매우 빈약하다. 하나님을 사랑하라는 명령은 쿠란에서 찾아보기 어렵고, 거의 언급조차 없다. 다섯 구

32) J. Dudley Woodberry, "Do Christians and Muslims Worship the Same God?" *Christian Century* (May 18, 2004), 36. Harold A. Netland, 위의 책, 64에서 재인용.

절이 나오는 데 문제는 이 구절의 어느 것도 사랑을 명령하지 않는다. 단지 알라에 대한 관계를 기술한다. 기껏해야 육천 구절 중에 다섯 구절이다. 또 무슬림 학자도 이 다섯 구절은 알라를 향한 사랑을 언급하지만, 그 사랑은 명령이 아니다.[33] 사랑을 명령하면 그와 상응하게 인간이 알라를 사랑해야 한다는 것인데 이런 명령은 쿠란에 없다. 알라를 향한 사랑의 명령이 있다면 그것은 인간이 서로 애정을 느끼는 것과 동일한 전제를 가지기 때문에 문제가 된다고 보는 것이 이슬람의 입장이다. 이슬람은 알라에 대한 사랑 대신에 두려움을 명령한다. 쿠란의 중심 주제는 알라의 정의이고, 가장 일반적 권고는 알라의 진노에 대해 두려워하며 자기 자신을 보호하는 것이다.[34] 이슬람에서 알라는 두려움의 존재며 주권적인 군주와 같고, 인간은 알라에게 절대적으로 복종해야 하는 종(혹은 노예)과 같은 존재이다. 물론 볼프는 알라를 향한 사랑에 대한 계명의 예로 이슬람 내의 수피 전통을 증거로 제시한다. 그러나 수피즘은 이슬람에서 정통에서 벗어난 것으로 간주되고, 게다가 수피즘의 사랑 이해와 기독교의 하나님에 대한 사랑과 인간을 향한 하나님의 사랑 이해는 다르다. 쿠란에는 알라의 무조건적이며 은혜로 베푸는 사랑 개념이 없다.[35] 이웃 사랑조차도 알라의 명령이 아니다. 이슬람의 알라는 사랑이 아니라고 한다. 이웃을 향한 이슬람의 사랑의 개념은 기독교의 사랑 이해와 다르고, 대부분 다른 무슬림을 향한 사랑에 제한되며, 타 종교인과 적은 이웃으로 여기지

33) 네틀란드가 증거로 제시하는 이슬람 학자는 다우드 라바(Daud Rahbar)이다. Daud Rahbar, *A Study in the Ehical Doctrine of the Qur'an* (Leiden: Brill, 1960), 180.

34) 위의 책, 180-83, 223, 225. Harold A. Netland, 위의 책, 66.

35) Daud Rahbar, 위의 책, 172.

않는다(쿠란 3:118, 58:22, 60:1).[36] 볼프가 이웃 사랑의 계명에 대한 증거로 제시하는 것도 쿠란이 아니라 이슬람 전통인 하디스(Hadith, 무함마드의 구전 언행을 기록한 것)라는 점에서 그 증거의 불충분함을 드러낸다.[37]

이제 볼프의 처음 세 주장에 대한 문제점을 간략히 제기하고 볼프의 결론적 주장, 즉 그리스도인과 무슬림이 동일한 하나님을 예배한다는 결론이 타당한가를 검토하려 한다. 그리스도인과 무슬림에 공통적인 신론이 있다는 것에서 서로 동의한다. 유일신 이해와 영원한 창조주라는 점은 서로 인정한다. 문제는 창조주 하나님이 어떤 분인지에 대한 인식에는 차이가 있다고 네틀란드는 말한다. 그 차이점은 기독교의 기독론과 삼위일체론이다. 무슬림은 이 교리를 거부한다. 여기서 볼프는 무슬림이 삼위일체를 부인한다고 해서, 그것이 곧 무슬림은 기독교와 동일한 하나님을 믿는 것이 아니라고 단정할 수 없다고 한다. 하지만 네틀란드는 무슬림이 삼위일체를 거부하면서 하나님의 진정한 본성을 오해한다고 본다. 다시 볼프는 쿠란이 부인하는 것은 정통 기독교의 삼위일체론이 아니라 무함마드 시대의 이단적인 삼위일체론이라고 주장한다. 많은 학자들이 볼프의 의견처럼 쿠란이 거부한 것이 그 당시 일부 기독교 공동체의 이단적 교리에 기인했다는 점을 네틀란드는 수용한다. 그러나 그리스도인과 무슬림이 동일한 하나님을 예배하는가? 라는 질문과 논쟁의 중심에는 삼위일체론 이해 중에서 특별히 예수 그리스도의 신성에 대한 것이다. 라민 사네를 인용하여 네틀란드는 양 종교가 공통적으로 유일신, 창조주 하나님을 예배하지만, 궁극적으로 동일한 하나님은 아니라고 한다. 성경의

36) Harold A. Netland, 위의 책, 68.

37) 위의 책, 68-69.

하나님의 속성과 쿠란의 알라의 본성을 표현하는 술어는 다르다. 가장 결정적인 핵심 논점은 하나님 자기 계시로서의 예수 그리스도를 믿는가 믿지 않는가에 있다. 예수 그리스도의 신성을 인정하는가에서 양 종교는 갈라진다.[38)]

네틀란드는 무슬림의 삼위일체론 부정이 무슬림과 그리스도인이 동일한 하나님을 경배하지 않는 게 아니라는 볼프의 주장을 비판한다. 왜냐하면 아버지, 아들, 성령의 관계는 하나님에 대한 기독교 이해에 필수적이며, 교리는 단순히 제쳐놓을 수 있는 이상한 추상 관념이 아니기 때문이다. 네틀란드가 볼프를 비판하는 근거 또한 '어거스틴의 (삼위일체론) 규칙'이다. 이 명확한 규칙은 우리에게 아버지의 사역은 아들의 사역으로부터 구분될 수 없다는 것이다. 아들은 아버지의 특성을 확인하게 한다. 왜냐하면 아버지의 특성은 아들에 의해 계시되었기 때문이다. 우드베리에 따르면, 유일신론자로서 그리스도인, 무슬림, 유대인은 그들이 아브라함, 이삭, 야곱의 창조주 하나님으로, 즉 하나님에 대해 말할 때, 동일한 존재를 언급한다. 그러나 그들은 그에 대한 동일한 이해를 갖지 않는다. 그리스도인과 무슬림은 하나님은 하나라고 말한다. 그러나 무슬림은 하나님은 구별 없이 숫자상 하나라고 주장하지만, 예수는 통일성은 또한 삼위일체라고 보여주고 가르쳤다. 사네의 의견을 인용하여 네틀란드는 이슬람의 알라 이해와 성경의 하나님 이해의 동일성은 다음과 같다고 결론을 내린다. "오직 한 분 하나님이라고 하는 데에 적절하지만, 하나님의 속성에 관한 이해에는 부적절하다. 이 속성에 따라 헌신과 정체성의 문제

38) 위의 책, 69-71.

가 걸려있다."[39] 따라서 우리는 사네와 우드베리와 네틀란드의 견해를 따라 볼프의 주장에 문제가 있다고 결론 내린다. 특히 하나님 예배는 그리스도인의 정체성과 헌신과 직결되는 것임을 직시할 때 유일신, 창조주 신을 믿는다고 해서 양 종교가 동일한 신을 경배한다는 결론을 수용할 수 없다. 물론 양 종교 간의 평화적, 지구 생태적 공존과 보전을 위한 협력과 대화는 열어놓고 있다.

2. 삼위일체론과 타 종교 이해

타 종교와 삼위일체론이 무슨 상관이 있는가? 현대 종교신학에서 타 종교 안에도 삼위일체의 현존이 인식된다는 주장이 꽤 많다. 네틀란드는 이 문제에 대해서 세 가지 유형으로 요약 정리한다. 첫째로 삼위일체 기준의 사용을 따로 떼어 놓음, 둘째로 삼위일체와 유사한 추상적인 패턴 찾음, 셋째로 온전한 서술 혹은 내러티브 충만함 속에서의 삼위일체론 이다.

첫 번째 접근인 삼위일체 기준의 사용을 따로 떼어 놓기는 기독교 하나님의 삼위일체 특성을 인식하지만, 종교 간 대화에서 이는 제국주의적이고 오만하다고 생각하는 신학자들에 의해 취해졌다. 그들은 다른 종교에서 하나님의 현존을 분별하는 중립적 기준을 찾는다.[40] 이 입장의 대표자는 아모스 용이다. 용은 확고한 기독론적 기준을 주장하는 것은 다른 사람의 정체성을 약화시키고, 다른 신앙을 향해 제국주의적으로 행동하

39) Lamin Sanneh, "Do Christians and Muslims Worship the Same God?" *Christian Century* (May 4, 2004), 35. Harold A. Netland, 위의 책, 72에서 재인용.

40) Amos Yong, *Beyond the Impasse*, 178-79.

는 것이라고 한다. 다른 종교를 평가할 때 기독론적 범주의 사용은 유사한 것을 나타내는 비기독교 방식을 불명료하게 할 수 있다고 하며, 명확하지 않은 범주를 제안한다. 전통적인 기독론적 접근보다는 성령론적 접근으로 다른 종교의 신앙 경험과 전통에서 다른 영들과 성령의 임재와 활동을 분별할 수 있는 적절한 기준을 만들 수 있다는 논지를 편다.[41] 이 방식으로 기독교 종교신학자는 진정으로 초월적, 보편적 담론과 합리성을 획득할 수 있고, 기독론적 접근의 한계를 넘어설 수 있다고 본다. 다른 종교의 경험과 전통을 분별하고 이해하는 데 있어서 편향적이고 중립적이지 않은 범주를 피할 수 있다고 본다.[42] 그래서 용은 3단계의 분별 과정이 그러한 중립 용어를 요약한다고 말한다. 첫 단계는 현상학적-경험적 단계다. 경험이 개인을 어떻게 변화시키는가를 관찰한다. "개인의 종교 경험의 강도와 진정성을 판단하는"[43] 미적 표준을 사용한다. 다음 단계는 도덕적-윤리적 단계다. 더 나은 방향으로 변화된 개인적인 열매를 한 번 더 찾고, 종교적 상징을 성령의 열매와 연결한다. 세 번째 단계는 신학적-구원론적 단계다. 초월적 실재가 종교 경험과 전통에 관련된 종교 상징을 드러내는지를 묻는다. 이런 과정에서 용은 악마적인 영향과 개입의 가능성이 있다고 말한다. 아울러 합리적인 인식 작용을 초월하는 영적 행위는 어떠해야 하는지에 관해서도 이야기하고 있다. 용은 이 과정을 영적 매개에 의해 접신(spirit possession)을 강조하는 아프리카계 흑인 브라질 종교 전통인 움반다(Umbanda)를 사례 연구로 제시한다. 그는 움반다

41) 위의 책, 제3장의 주요 내용임.

42) 위의 책, 73, 91, 179.

43) 위의 책, 250-51.

를 있는 그대로 수용하지 않고 긍정과 부정을 언급하면서 객관적 입장을 취하지만, 움반다 신봉자들이 선포하는 움반다의 신조에 대해서 긍정적인 이해를 드러낸다. 움반다 신조는 다음과 같다. "나는 움반다를 구속의 종교로서 믿고, 우리에게 오릭사 아버지에게로 가는 길로 인도할 수 있다."[44] 용은 움반다 신조와 종교 현상을 단순화하여 악마적이라거나 비밀 기독교라고 하지 않고, 여기에서 성령의 현존을 발견할 수 있다고 한다. 움반다만 아니라 다른 종교 경험과 전통에서도 성령의 현존이 발견될 수 있다고 본다. 그 분별의 기준은 바로 움반다와 다른 종교 경험과 전통에서 "법, 합리성, 관계성, 공동체성" 등을 찾을 수 있으면 그것은 곧 성령의 현존이고, 반대로 "무질서, 비합리성, 고립, 소외" 등을 발견하면 악마적이라는 것이다.[45]

이러한 용의 주장에 대해서 네틀란드는 성령의 현존과 활동의 범위와 인식에 대한 문제를 파악해야 하고, 성령 사역의 현존과 영향을 평가하는 기준을 구체화해야 한다고 말한다.[46] 이와 관련하여 그는 세 가지 질문을 제기한다. 첫째, 성령은 움반다와 같은 종교에서 무엇을 행하고 있을 것인가? 선이 나타나는 곳이 어디든 선이 드러나면 그것은 모든 선의 원천인 삼위일체 하나님의 현존과 활동으로 볼 수 있을 것인가? 하는 질문이다. 네틀란드는 이 질문에 대해 부정적이다. 선, 즉 개인과 공동의 안녕과 복지를 위한 활동과 특성이 있다고 해서 그것이 곧 참된 구원을 가져오는 삼위일체 하나님의 활동은 아니기 때문이다. 기독교 신학

44) 위의 책, 287.

45) 위의 책, 131-32.

46) Harold A. Netland, 위의 책, 75.

은 성령에 의해 활동하는 일반적인 은혜와 하나님의 성령이 그의 아들을 통해 아버지와 함께 구원하는 교제 안으로 개인을 초청하는 특별한 은혜이다. 둘째, 우리는 어떻게 무엇이 합리적이고 관계적이며 공동체적인지 아는가? 움반다와 다른 종교 전통에 인간적인 가치와 사회적 응집력을 일으키는 부분들이 분명히 있지만, 인간성을 고양하고 변화하는 중심적인 기준은 주관적이고 모호하다. 기독론적 표준처럼 아주 구체적인 신학적 기준을 갖고 있지 않아서 인간의 번영에 대한 서로 다른 개념을 선택하거나 결정하는 방식이 매우 분명하지 않다. 셋째, 과연 우리는 중립적 기준을 가지는 것이 가능한 것인가? 라는 질문이다. 중립적일 수 있느냐? 혹은 어떤 의미에서 중립적인가? 라고 묻는다. 만일 용의 주장처럼 적절하게 종교를 평가하지 못하게 막는 임의적이거나 편향된 기준을 우리가 피할 수 있다면, 네틀란드는 그에게 진심으로 동의하고자 한다. 그러나 기독교 원천에서 나온 기준으로 평가하지 말아야 한다는 용의 주장에 대해 네틀란드는 동의할 수 없다고 한다. 다른 종교에 대한 기독교의 신학적 평가는 성경과 기독교 전통이라는 기준에서 비롯되어야 하기 때문이다. 모든 종교 경험이나 현상을 평가할 수 있는 순수하고 중립적이고 합리적인 기준은 없다고 힉의 종교 다원주의 비판을 할 때 이미 언급한 바가 있다. 네틀란드 역시 이 점에 동의한다.[47] 기독교의 타 종교 이해와 평가 기준은 기독교 신학과 전통에서 나와야 한다. 모든 종교도 이러한 기준을 가지고 타 종교를 평가할 수밖에 없다. 물론 다른 종교가 가진 특수성과

47) 네틀란드는 종교를 평가하는 중립적인 범주를 추구하는 데 대해서는 동의할 수 있으나, 한 인간으로서 관찰자가 그/그녀의 궁극적인 비교와 평가에서 중립적이 될 수는 없다고 한다. 일례로 '계시'라는 범주로 특정 종교(예를 들면 상좌부 불교)를 평가할 수 없지만, '경전'이라는 범주로 특정 종교를 평가할 수 있다고 본다. 위의 책, 76, 각주 106.

독특성을 무시하거나 배척한다는 의미가 아니다. 어느 종교나 이데올로기든 자신의 경전과 경험과 전통으로부터 영향을 받지 않은 '순수 형태'의 중립적인 기준을 찾는 것은 바람직하지 않고 가능하지 않다는 결론을 네틀란드는 내린다.[48]

두 번째 접근인 삼위일체와 유사한 추상적인 패턴 찾음이다. 네틀란드는 현대 삼위일체 종교신학은 성경적 배경과 다른 철학적 구성물의 유형화로 본다. 헤겔의 영향을 받은 철학적 삼위일체 유형은 세상과 피조물과의 관계에서 주조되었다. 삼위일체적 유형의 종교신학의 대표적 예로 마크 하임이 있다. 일찍이 하임은 『구원들』이라는 저서에서 종교들은 제각각 다른 목적 또는 구원을 제시하며 실제로 다른 구원이 있을지도 모른다고 하였다.[49] 존재론적으로 다양하게 실제적이지만 다른 종교는 그들 고유의 구원이 있을 수 있다. 상좌부불교는 사실상 니르바나 구원을 경험할 수 있고, 무슬림은 사실상 천국을 찾을 수 있다는 것이다. 하임에게 하나님은 삼위일체의 세 위격 가운데, 그리고 피조물과의 관계로 구성된다. 그래서 하나님의 존재는 친교(communion)이다. 다양한 종교의 목적은 삼위일체 하나님의 다양한 차원을 나타낸다는 것이다. 하임은 비기독교인은 삼위일체의 모든 면을 다 포괄하지 못하기 때문에 그리스도 안에서 풍부한 삶을 경험할 수 없다고 주장한다. 다른 종교의 목적(구원)은 삼위일체의 한 위격에 분리되는 것이 아니라 피조물과의 삼위일체적 관계의 한 차원의 고양을 나타낸다.[50] 현실의 여러 종교는 삼위일체 삶의 분

48) 위의 책, 75-76.

49) S. Mark Heim, *Salvations: Truth and Difference in Religion* (Maryknoll, NY: Orbis, 1995), 131.

50) Harold A. Netland, 위의 책, 77-79.

리된 차원을 나타내지만, 완전히 참된 것이 아니라고 하임은 말한다. 다른 종교의 구원론적 목적이 달성될 수 있지만, 깊은 의미에서 다른 종교의 구원론적 경험은 부족하다. 그들은 다양한 정도로 희망과 믿음의 실패를 나타낸다. 그들의 헌신자는 진리의 충만함을 보는 것, 그리고 삼위일체 안에서 하나님의 충만함과의 교제에 들어가는 것 대신에 진리의 한 측면을 절대화한다.[51] 이것이 하임이 주장하는 삼위일체적 유형에 의한 종교신학이다.

네틀란드는 하임의 종교신학이 통찰력 있고, 매우 창의적이지만 궁극적으로 지지할 수 없다고 한다. 삼위일체적 충만함을 언급한 점은 인정하나 실제 종교 목적(구원)의 심오한 차이를 인식하지 않았다고 본다. 하임은 세계 종교와의 비교에서 기독교 삼위일체의 독특함을 인식한다. 동시에 종교 안에서 진정한 종교의 진리로 여기는 것을 기독교 삼위일체와 연결시킨다. 하지만 하임의 삼위일체 신학에는 두 가지 문제, 즉 성경이해와 기독론에 문제가 있다. 하임의 종교신학에 성경적 근거가 약하고, 예수 그리스도의 역할 역시 애매하게 제시하고 있다. 성경 계시에 대해서도 하임은 분명하지 않다. 하임의 종교신학 주장은 인위적이다. 성경이 그러한 가정을 뒷받침하는 충분한 근거를 제시하는지를 살펴보려 한다. 하임은 요한계시록에 나타난 천국의 다양한 직무(순교자, 장로, 천사)와 고린도전서, 에베소서, 로마서의 다양한 은사를 언급하며 다른 종교에 대한 구원론적 목적을 뒷받침하는 성경적 근거가 있다고 본다. 그러나 성경에서 이 직무와 은사는 삼위일체의 단순히 분리된 차원이 아닌 온전한 삼위일체와의 친교 안에서 성도와 천사가 갖는 것이다. 하임은 바울의 진술,

51) 위의 책, 79-80.

'하나님은 각자의 행위에 따라 보답할 것이다'(롬 2:6-7)를 인용하여, 선한 일을 행함으로써 영광, 존귀, 썩지 아니함과 영원한 생명을 얻는다고 해석한다. 그는 다른 종교 전통의 의인들에게도 그런 보상이 있다고 해석한다. 그러나 하나님의 보상에 대한 바울의 진술은 삼위일체 삶 안에서 그리스도의 구원에 관한 담론 안에서 나타난다. 더 문제가 되는 것은 구원에 있어서 하임의 기독론이다. 그리스도는 다른 종교의 목적과는 아무런 관계가 없다. 하나님 인식이나 하나님이 베푸는 구원에 있어서 그리스도만이 유일무이하며 완전한 원천이 아니다. 하임은 하나님에 대한 모든 지식의 중재자와 유일한 구원자로서 예수를 가리키는 성경적 본문과 밀접하게 연관 짓지 않는다.[52)]

정리하자면 하임은 삼위일체와의 연합을 가장 완전한 인간의 목적으로 주장하는 견고한 삼위일체주의자로 칭찬받을 만하다. 그러나 종교에서 삼위일체 경험의 흔적 또는 병행을 위한 그의 논증은 삼위일체의 위격을 각각 분리시키고, 그리스도를 다양한 구원과 분리하는 경향이 있다. 그러한 삼위일체적 이해는 정통 기독교의 삼위일체론과 모순된다.[53)]

세 번째 접근은 '온전한 서술 안에서 삼위일체론'(Trinity in Its Narrative Fullness)을 말한다. 이 접근방식은 캐르캐이넌의 복음주의 종교신학에 나타난다. 캐르캐이넌은 철학을 토대로 구성된 삼위일체론이 아니라 하나님의 자기 계시 안에서 나타난 삼위일체론에 근거해야 한다고 한다. 피조물과의 관계성에서 삼위일체를 발견하는 것이 아니라 자기 계시 하나님은 천지창조 이전부터 또 창조 후 성자의 성육신 이후에도 여전히 사랑의

52) 위의 책, 80-81.

53) 위의 책, 82.

신적 교제로서 존재하는 삼위일체론에서 발견할 수 있다.[54)] 즉 삼위일체 신학과 기독론은 필수적으로 연결되고 상호 의존적이다. 기독론 없는 삼위일체론은 바른 기독교 신학이 아니고, 삼위일체론이 배제된 기독론 역시 바른 계시의 신학이 아니다. 기독론은 삼위일체론의 신앙의 진실성과 진리성을 드러낸다.

기독론과 긴밀히 연관된 삼위일체론이 복음주의 종교신학에 주는 의미를 캐르캐이넌은 두 가지로 본다. 첫째, 삼위일체의 개념은 복음의 특수성 혹은 복음의 내러티브와 연결되어 언급되어야 한다. 둘째, 삼위일체의 온전한 내러티브는 아버지와 아들에 대한 연계성 안에서 성령에 대한 언급이 되어야 한다. 이런 의미에서 성부, 성자와 독립한 혹은 배제한 성령 이야기는 거부되어야 한다. 참된 삼위일체론에 입각한 종교신학은 "추상적인 사변 ... 혹은 종교들 사이의 유사성"에 토대를 두면 안 된다. 캐르캐이넌은 하나님의 나라는 가시적인 교회보다 크다는 것에 동의한다. 그리고 교회 밖에서 성령의 현존은 본질적으로 삼위일체적, 교회론적으로 이해해야 한다는 가톨릭 신학자 가빈 드코스타의 의견에 찬성한다. "성령의 활동을 그리스도의 부활절 신비와 연결하여 언급하는 것은 삼위일체론적이고, 부활절 사건을 성령의 지도 아래 성령의 공동체를 만드는 힘으로 언급하는 것은 교회론적이다."[55)] 신약에서 교회는 그리스도의 몸이고 성령의 전이라고 한다. 구원의 역사가 일어나는 곳에 성령이 활동할 때 성령은 사람들을 그리스도의 몸인 교회 안으로 이끌어 교회

---

54) 위의 책, 82-83.

55) Veli-Matti Kärkäinen, "The Uniqueness of Christ and the Trinitarian Faith," in *Christ the One and the Only: A Global Affirmation of the Uniqueness of Jesus Christ*, edited by Sung Wook Chung (Grand Rapids, MI: Baker, 2005), 123.

의 일원이 되게 한다. 그리고 캐르캐이넌은 삼위일체의 온전한 내러티브는 실제로 종교 간의 대화에 유익하다고 말한다. 스리랑카 복음주의 신학자인 비노스 라마찬드라의 "특수성은 배제가 아닌 보편성의 목적을 위함"[56]이라고 한 말을 인용하면서, 삼위일체 신앙과 특수성을 정반대로 생각할 것이 아니라고 한다. 네틀란드는 삼위일체론과 기독론의 연계성과 온전한 삼위일체론에 토대를 두는 복음주의 종교신학을 추구한다. 또한 칼 바르트와 요나단 에드워즈를 인용하면서 기독교와 타 종교의 신과 계시에 대한 이해의 차별성을 언급한다. 앞에서 말한 삼위일체론 규칙을 기억하고, "계시, 회심, 기독교 윤리학, 문화와 종교의 관계, 궁극적인 화해, 그리고 선교"[57]와 같은 종교신학의 핵심 이슈들을 이해할 것을 강조한다.[58]

이상으로 철학적으로 구성된 종교신학과 삼위일체론적 종교신학의 차이점을 캐르캐이넌과 네틀란드의 기독교 계시를 바탕으로 한 복음주의 종교신학을 통해 간략히 살펴보았다. 복음주의 종교신학은 삼위일체론의 중요성을 강조한다. 아울러 삼위일체론이 기독론이나 성령론과 별개로, 추상적인 사변으로 흐르지 않아야 한다고 강조한다. 삼위일체의 위격과 사역은 서로 구별되나 별개가 아니라 온전한 하나라는 점을 명확히 한다. 복음주의 종교신학은 철학적, 사변적, 종교 다원주의적 삼위일체론적 종교신학을 비판하고 거부한다. 네틀란드의 논지를 이끄는 중심점은 기독론에 대한 바른 이해다. 예수와 성령, 예수와 그리스도와 영원한 말씀,

56) Vinoth Ramachandra, *The Recovery of Mission* (Grand Rapids, MI: Eerdmans, 1996), 216.
57) Harold A. Netland, 위의 책, 85.
58) 위의 책, 83-84.

아버지와 아들의 관계를 제시한다. 기독론을 중심으로 삼위일체와 서로 상호 의존적인 관계 속에서 복음주의적 삼위일체 종교신학이 무엇인지를 제시하고 있다. 에큐메니칼 입장에서 본 삼위일체 접근과는 차별성을 보인다.

3. 종교와 진리

네틀란드는 종교신학에서 진리 주장의 다양성과 차이점을 고려한다. 그는 종교가 주장하는 진리 주장의 충돌과 모순 문제를 해결하기 위해 종교, 고난, 구원의 본질을 탐구한다. 모든 종교는 이런 질문에 나름대로 해답을 제시하고 있다. 다만 각 종교의 진리 주장이 다르다. 이 차이를 복음주의 종교신학은 어떻게 대답하는가? 네틀란드는 캐르캐이넌의 교회중심주의 혹은 특정주의 입장을 분명하게 견지한다. "그리스도교적 특정주의는 ... 기독교 신앙의 중심적 주장이 다른 종교 전통의 주장과 양립할 수 없는 경우 후자를 비진리로 거부해야 함을 주장한다."[59] 네틀란드는 오늘날 특정주의가 매우 인기가 없고, 많은 사람에게 불쾌감을 주고 있음을 안다. 아놀드 토인비(Arnold Toynbee)와 윌프레드 스미스 등이 주장하는 모든 종교의 동일시 관점을 인식하지만 네틀란드는 진리관에서 특정주의를 선호한다. 경험을 우선시하는 관점을 거부한다. 진리에 있어 네틀란드는 현대 자유주의 신학자의 두 가지 관점을 언급한다. 첫째, 개인적 진리는 종교에 적법하게 적용할 수 있지만, 명제적 진리는 적용할 수 없다. 둘째, 개인적, 명제적 진리는 둘 다 종교에 적용할 수 있지

59) Harold A. Netland, *Encountering Religious Pluralism*, 188, 또한 24-26, 48-51을 참고하라.

만, 개인적 진리는 명제적 진리보다 더 기본적이고 근본적이다.[60] 하지만 사실상 이 두 관점 다 부적절하다. 종교는 궁극적 실재의 본질에 대한 근본적인 믿음을 포함하고 있다는 점, 그리고 이러한 믿음 중 일부는 서로 다르기 때문에 "실제적이고 명제적인(realist and propositional)" 진리라는 두 단계 진리 개념이 필요하다고 강하게 이야기한다.[61] 실제적인 진리가 합리적 이성을 토대로 하는 과학과 철학의 진리라면, 명제적 진리는 좀 더 고차원적 진리로서 합리적 이성을 초월하는 진리이고, 이때 전자만 아니라 후자도 인정해야 한다는 것이다. 물론 이성을 초월하는 명제적 진리라고 해서 이성을 사용하지 않는 것은 아니다.

전통적인 진리의 주장과 종교의 특수성(특정주의)을 완화하려는 또 다른 시도는 종교적 진리 자체를 표현 불가능한 것으로 취급하는 것이다. 이런 관점에서 종교적인 신념은 말로 표현할 수 없는 것을 표현하려는 부적절한 시도일 뿐이다. 이러한 종교 진리의 표현 불가능성을 주장하는 사람은 "믿음과 교리는 표현할 수 없는 것을 지칭하는 부적절한 지표"라거나 하나님의 속성과 행동은 부정적인 방법(via negativa) 외에는 표현할 수 없다고 한다.[62] 그러나 부정적인 방법으로 하나님을 표현할 수밖에 없다는 이면에는 하나님에 관한 긍정적인 인식이 전제된다. 그렇지 않으면 그

60) Harold A. Netland, *Dissonant Voices*, 129.

61) 네틀란드의 "명제적인 진리"에 대한 정의는 "개인적 진리와 반대되는" 외부적인 것으로 풍자될 수 없고, 오히려 개인적인 요소를 포함하는 것이다. 그에게 있어서 "종교적 진리"는 또한 "개인적 진리"이다. 명제적 진리에 대한 비판자는 그들이 종종 잘못된 배타적 분리의 관점에서 문제를 설정한다는 점에서 잘못됐다고 본다. 한 사람은 하나님에 대해 명제적 진리를 가지고 있거나, 한 사람은 하나님과 실존적 만남을 가지고 있지만, 두 가지 모두 다 가지지는 않는다고 하지만, 네틀란드는 이 양자의 양립 가능성을 주장한다. Harold A. Netland, *Encountering Religious Pluralism*, 197-204.

62) Harold A. Netland, *Dissonant Voices*, 133.

러한 부정적인 진술이 참인지를 결정할 수 없기 때문이다. 네틀란드는 하나님을 완전히 이해할 인간은 없겠지만, 하나님에 대한 어떤 의미 있는 표현이나 개념을 지칭할 수 없는 것은 아니라고 응답한다. 여기서 네틀란드는 실재의 두 단계와 진리의 두 단계를 구분하는 아드바이타 베단타를 비판적으로 제시한다. 아드바이타 베단타는 종교적 궁극적 실재는 모든 이원론을 초월하기에 전혀 나누어지는 속성이 없다고 하고, 궁극적 실재에 대한 어떠한 언급도 합당하지 못하다고 한다. 이러한 '불이이원론(不二二元論)'에 대해 네틀란드는 논리적으로 일관성과 정합성이 없고, 불필요한 가설이라고 간주한다.[63] 그렇다면 다양한 종교와 그들의 세계관을 평가할 수 있는 기준이 있는가? 있다면 어떤 것인가? 네틀란드는 상황-독립적 기준(context-independent criteria), 논리적 일관성, 비모순성, 도덕적 기준 등의 기준을 도입해 이 문제의 해결을 시도한다.[64] 이러한 기준의 효용성과 타당성에 대한 비판에 대해 네틀란드는 두 가지로 응답한다. 그것은 모든 문화에 적용되는 논리적인 일관성과 도덕성이다. 네틀란드는 '역설'과 '신비'는 결코 '모순'과 동일시될 수 없다는 것을 알고 다른 종교와 세계관을 평가하는 논리적 기준이 문화를 초월하여 적용된다고 본다. 도덕적 기준에 관해서 네틀란드는 모든 사람이 다양한 문화권의 사람에게 구속력이 있는 최소한의 도덕적 가치와 원칙에 동의할 수 있다고 믿는다. 예를 들어 힉이 종교 다원주의 모델에서 도덕적 기준을 사용한 것은 잘 알려져 있다. 그래서 선과 악의 구분을 상대화시키는 모든 종교는 실패할 운명이라고 네틀란드는 주장한다. 캐르캐이넌은 네틀란드가 이

63) Harold A. Netland, *Encountering Religious Pluralism*, 204-11.

64) 위의 책, 289-307.

두 가지 관점을 다양한 종교 사이의 진리 주장을 평가하는 데 구체적으로 적용할 수 있을지에 대한 논의를 발전시키지 못해 아쉬움을 표현하며, 흥미를 갖고 기대하고 있다고 했었다.[65] 비교적 최근에 나온 책에서 네틀란드는 도덕성에 대해서 언급한다. 진리에 기초한 기독교인의 삶은 도덕적 가치를 드러낸다. 값싼 은혜가 아니라 값비싼 은혜로 구원을 받은 기독교인은 구원의 조건이 되어서가 아니라 은혜에 감사하고 보답하는 차원에서 도덕적 행동을 통해 세상의 빛과 소금이 되어야 한다. 도덕적인 가르침이나 교훈 면에서 기독교는 다른 종교와 유사점이 많지만, 진리 면에서 확연한 차이가 있다. 도덕적인 면에서 다른 종교와 공동의 도덕적, 사회적 선과 정의를 위해 함께 협력할 수 있으며, 다른 종교로부터 배울 수도 있다.[66] 다만 중요한 것은 신앙과 도덕의 분리 혹은 정통 기독교 신학과 정통 도덕 신학의 분리는 용납할 수 없다. 양자의 분리가 일어나면 자신의 종교만 아니라 다른 종교의 진리를 왜곡할 수 있다.[67]

복음주의 종교신학의 개요 가운데 진리 측면에서 2010년 제3차 로잔대회가 발표한 '케이프타운 서약'의 진리 증거 부분이 네틀란드의 종교신학을 좀 더 발전시키는 데 도움이 된다. '케이프타운 서약' 2부 "우리가 섬기는 세상을 위하여: 케이프타운의 행동 요청"은 모두 여섯 가지 선교 실천과 행동 양식을 제시하였다.[68] 그것은 다원적이고 세계화된 세상 속에서 그리스도의 진리를 증거하기, 분열되고 깨어진 세상 속에서 그리스도의 평화를 이루기, 타 종교인들 속에서 그리스도의 사랑을 살아내기,

65) Veli-Matti Kärkkärinen, *An Introduction to the Theology of Religions*, 331.

66) Gerald R, McDermott and Harold A. Netland, *A Trinitarian Theology of Religions*, 182-205.

67) 위의 책, 204-205.

68) 『케이프타운 서약: 하나님의 선교를 위한 복음주의 헌장』 (서울: IVP, 2014), 65-128.

세계복음화를 위한 그리스도의 뜻을 분별하기, 겸손하고 온전하며 단순한 삶으로 돌아가도록 교회 부르기, 선교의 일치를 위해 그리스도의 지체 안에서 동역하기 등이다. 이 중 첫 번째 실천 방향인 '다원적이고 세계화된 세상에서 그리스도의 진리에 대한 증거를 담지하기'(7가지 실천 요소)가 네틀란드의 관점과 일치하며 더 확장되고 있다. 네틀란드가 강조한 도덕성 부분은 '진리와 그리스도의 인격,'[69] '진리와 일터,' '진리와 공적 영역'과 연관된다. 나머지 네 가지는 진리와 다원주의 도전, 진리와 전 세계적 미디어, 진리와 선교에서의 예술, 진리와 부상하는 기술 문명이다.

4. 구원과 회심[70]

1) 다원주의 가치

각 종교는 자신의 길이 정확하고 효과적이라고 생각하며, 다른 종교의 제안을 불충분하다고 한다. 기독교는 전통적으로 하나님의 은혜로 구원자인 예수 그리스도를 믿어야만 죄를 극복하고 구원을 얻을 수 있다고 주장한다. 그러나 이런 주장은 '배타주의'로 비판받고, 도덕적으로 옹호될 수 없다고 점차 거부되고 있다. 교리적 절대적 요구는 많은 사람에게 종교적 폭력으로 비친다. 종교에서 정말 중요한 것은 분열을 야기하는 교리가 아니라, 서로 공유되는 기본적인 도덕적 가치와 원칙이다. 복음 전도와 회심은 더 큰 갈등을 야기했다. 이제 인류는 영혼을 위한 종교 간

69) 케이프타운 서약은 특히 교회와 선교하는 성도의 겸손(humility), 신실성/정직(integrity), 단순성(simplicity)을 강조한다. 『케이프타운 서약』, 112-20.

70) Gerald R. McDermott and Harold A. Netland, *A Trinitarian Theology of Religions*, 122-81.

경쟁이 아니라, 평화로운 공존과 협력을 도모해야 함을 네틀란드도 강조한다.[71]

2) 종교 다원주의와 구원론

일반적인 다원주의 사회의 가치는 경쟁보다 일치, 차이점보다는 유사점, 개종보다는 존중과 공동이익을 우선시한다. 이를 일차적으로 긍정하며 네틀란드는 과연 이런 주제가 종교의 가장 중요한 관심사일까? 라고 의문한다. 종교신학에서 구원론은 이미 많은 이론가 사이에서 토론된 주제이지만 네틀란드는 구원과 회심에 대한 그의 복음주의 종교신학을 전개한다.

우선 네틀란드는 힉의 일반화한 구원론, 자기중심주의에서 실재중심주의로의 전환이나 도덕적 변화 자체가 종교에서 필수적인 구성물이라는 것에 동의하지 않는다. 각 종교에는 각기 고유한 형이상학적 체계 안에 도덕적 가르침이 있다. 종교의 구체적인 구원론적 주장을 추상적인 일반적 공식으로 축소시키는 것은 오류이다. 세계의 현존하는 종교가 일정한 형식의 구원론적 구조를 공유한다는 힉의 주장을 인정하더라도 이러한 구원론적 구조에는 종교 간에 근본적이며 명백한 불일치가 존재한다. 각 종교는 인간의 운명, 현재의 곤경의 본질과 그 대안에 서로 일치하지 않는다.[72]

71) 위의 책, 122-27.

72) 위의 책, 127-32.

3) 죄와 구원

기독교는 추상적이고 포괄적인 구원론이 아니라 구원에 대한 매우 특별한 이해를 제공한다. 게다가 기독교는 인간이 직면하고 있는 근본적인 문제인 "죄"에 대해 성경의 맥락 안에서 이해해야 한다고 가르친다. 죄는 단순한 도덕적 실패와 구별된다. 죄의 중심에는 하나님과 하나님의 의로운 방식에 대한 반항과 거부가 있다. 죄는 종교적인 개념이지, 도덕적인 개념만은 아니다. 그러므로 죄의 개념은 항상 거룩하고 의로운 하나님의 맥락 안에서 이해되어야 한다.

하나님은 그의 자비와 사랑으로 죄 많은 사람이 하나님과 화해하고 용서받을 수 있는 길을 마련해 주셨다. 이것이 성경의 두드러진 주제이다. 그러나 성경의 구원에는 더 많은 것이 내포되어 있다. 성경에서 구원에 대해 가장 먼저 찾아봐야 할 것은 첫째, 구원하시는 분은 언제나 하나님이다. 둘째, 하나님이 죄의 능력과 영향으로부터 인간을 구한다. 성경 전체의 뚜렷한 주제는 인간의 구원과 인류와 하나님과의 화해이다. 성경에서의 구원은 전적으로 하나님의 은혜로 이뤄지며, 인간의 노력이나 선행의 결과가 아니다.

신약성경에서 예수 그리스도는 모든 인류의 유일하신 주님이자 구원자, 그리고 하나님의 독특한 성육신으로 제시된다. 신약성경은 하나님이 제공하는 화해의 길은 나사렛의 예수를 통해서라고 선포한다. 또한 하나님은 독특한 방식으로 나사렛 예수 안에서 존재했고 활동함을 증거 한다. 하나님은 영원한 말씀이 성육신된 예수에게 자기계시의 정점을 이룬다. 폴 니터는 진정으로 구세주로서의 예수와 유일한 구세주로서의 예수를 구별한다. 신약성경은 예수가 유일하다고 말하지만, 니터는 "하나뿐인"(one and only)이라는 말을 다르게 해석한다. 그것은 '고백의 언어' 또는 '사랑의 언어'로 이해해야 한다고 주장한다. 다른 구원자들이 있을 가능성을 배제하는 형이상학적 이해가 아니라는 것이다. 이러한 '사랑의 언어'의 목적은 기독교 공동체의 총체적이고 개인적인 헌신을 예수께 표현하는 것이라고 한다. 초기 제자에게 예수는 유일한 분이었다. 이제 이것은 오늘날 다른 종교 공동체도 그들 자신의 구세주를, 성경에서 말하는 것과 똑같이 합법적인 구세주를 가질 수 있다는 것을 인정해야 한다고 니터는 주장한다.[73] 그러나 네틀란드는 신약성경과 정통 신앙의 전통에 따라 하나님이 세상을 구원하시는 구원의 유일한 요인은 예수라고 주장한다. 예수 그 자신이 길, 진리, 생명인 것(요 14:6)은 그의 존재와 인간을 위한 그의 죄 없는 삶, 십자가, 부활에서 행한 것 때문이다. 그러므로 예수의 가르침은 하나님의 성육신된 말씀으로서의 그리스도의 인격에 있는 이 진리의 존재론적 근거와 분리될 수 없다.[74]

4) 복음을 듣지 못한 사람의 문제

예수 그리스도가 유일한 구세주임을 강조할 때 당연히 복음을 듣지 못하는 사람의 구원 범위와 운명에 대해 의문이 든다. 네틀란드는 복음주의자라면 대체로 다음과 같은 성경의 증언에 동의한다고 전제한다.

(1) 신실한 타 종교인을 포함한 모든 민족은 죄인이며 죄에 대한 하나님의 정의로운 심판에 직면한다.

73) Paul F. Knitter, *No Other Name? A Critical Survey of Christian Attitutes toward the World Religions* (Maryknoll, NY: Orbis, 1985), 182-86.

74) Gerald R. McDermott and Harold A. Netland, *A Trinitarian Theology of Religions*, 144-45.

(2) 구원은 오직 예수 그리스도를 통해서만 받는다.

(3) 성실, 선행, 특정 종교에의 헌신 등으로 구원을 받을 수 없다.

(4) 구원은 항상 하나님의 은혜에 의해서만 이루어지며, 믿음을 통해서 개인적으로 받아들여져야 한다.

(5) 궁극적으로 모든 사람이 구원받는 것은 아니다.

(6) 하나님은 전적으로 의롭고 정의롭고 공정하다.

(7) 교회는 주님에 대한 순종과 잃어버린 자들에 대한 긍휼로 타 종교인을 포함한 모든 민족을 제자로 만드는 일에 적극적으로 임해야 한다.

(8) 먼저 복음을 듣고 성령의 역사를 통해 복음에 믿음으로 반응하여 구원받는다.[75)]

그런데 예수 그리스도의 복음을 직접 듣지 못한 사람의 구원은 어떻게 되는가? 하는 문제가 제기된다. 레슬리 뉴비긴은 긍정적이든 부정적이든 복음을 접하지 못한 사람의 구원 문제에 대해 명확한 답을 내리려는 사람들에게 비판적이다. 궁극적으로 누가 구원될 것인가에 대한 문제는 하나님만이 대답하실 수 있으며, 신학자들이 그것에 대답하려고 하는 것은 오만이라는 것이다. 예수는 하나님의 판단에 대해 주제넘은 오만함에 대해 경고한다(마 7:21-23, 25:31-46, 눅 13:23-30). 그럼에도 불구하고 구원은 성경의 중심 주제인 만큼 복음을 듣지 못한 사람의 운명에 대한 질문을 단순히 무시할 수 없다. 복음주의자 사이에서 복음을 듣지 못한 사람에 대해 의견 차이가 있다. 각 입장의 차이는 구원의 수단이 아니라 신에 대한 구원의 반응과 그러한 지식을 습득하는 수단에 필요한 지식의 양에

75) 위의 책, 146.

관한 것이다.[76]

첫 번째 관점은 복음을 듣고 예수 그리스도에 대한 믿음을 명시적으로 반응하는 사람들만이 구원받을 수 있다는 것이다. '제한주의'(restrictivism)라고 불리기도 하는데, 복음을 듣지 못하고 죽는 사람에 대한 희망이 없다(요 3:16, 요 3:36, 요 14:6, 행 4:12).[77] 그런데 첫 번째 관점 중 하나의 변형으로 제한주의의 '사후(死後) 복음주의(postmortem evangelism)' 관점과 가브리엘 패크레(Gabriel Fackre)의 '신의 견인 관점'(divine perseverance view)이 있다.[78] 이것은 예수 그리스도의 복음에 명시적으로 반응하는 것은 구원을 위해 필요하지만, 복음을 듣지 못하고 죽는 사람은 사후에 복음에 반응할 기회를 얻는다고 한다. 이 관점을 지지하는 사람은 로마서 10장 9절[79]이 구원에 필요한 조건을 제공한다고 주장한다. 그들은 사도 바울이 모세에 대해 듣지 못한 이방인들도 구원을 받기 위해 복음을 듣고 복음에 대해 충실히 고백해야 한다고 했다고 제안한다. 그들은 또한 그리스도에 대한 명백한 고백이 구원을 위해 필요하다는 견해와 몇몇 기독교 고대 교부들이 복음을 듣지 못하고 죽은 이교도 도시에 살았다는 사실에 대한 초기 교부들의 거의 보편적인 증언을 지적한다.[80] 첫 번째 관점 중 또 다른 변형은 이 삶에서 복음을 듣지 못한 사람들이 예수 그리스도와 마주하고 반응할 기회를 주는 것은 죽음 이후가 아니라 그 자체의 시점에

76) 위의 책, 147-48.

77) 위의 책, 148.

78) Gabriel Fackre, "Divine Perseverance," in *What About Those Who Have Never Heard?* edited by John Sanders (Downers Grove, IL: InterVarsity, 1995), 71-106.

79) "네가 만일 네 입으로 예수를 주로 시인하며 또 하나님께서 그를 죽은 자 가운데서 살리신 것을 네 마음에 믿으면 구원을 받으리라."(롬 10:9).

80) McDermott and Netland, *A Trinitarian Theology of Religions*, 148-50.

있다는 것이다. 클락 피녹과 같은 포용주의를 지지하는 자들은 베드로전서 3장 19절[81]이나 베드로전서 4장 6절[82]과 같은 본문에 호소한다. 그러나 오늘날 대부분의 복음주의자는 살아서 복음을 듣지 못하는 사람이 죽음의 지점에서나 어떤 방식으로든 예수 그리스도와 복음을 마주할 수 있다는 생각은 성경이 보증하지 않는다고 거부한다.[83]

이어서 네틀란드는 포용주의자인 클락 피녹과 존 샌더스(John Sanders)의 주장을 소개하고 비판적으로 평가한다. '포용주의'는 복음을 들어본 적이 없는 많은 사람이 그럼에도 불구하고 구원될 것이라는 기대를 하고 희망을 품는다. 예수 그리스도가 유일한 구세주이지만, 구원을 얻기 위해 예수 그리스도와 십자가에 대해 명확하게 알 필요는 없다. 피녹은 포용주의의 근거를 다음과 같이 제시한다. 첫째, 하나님은 예수 그리스도의 삶과 죽음, 부활에서 결정적인 방법으로 인류의 구원을 위해 행동해 온 무한한 사랑과 자비의 하나님이다. 둘째, 예수 그리스도는 타 종교의 신실한 신자를 포함한 모든 사람을 위한 유일한 구세주, 하나님의 독특한 성육신이다. 피녹은 두 번째 근거가 "구원의 낙관론" 및 "폭넓은 희망(wider hope)"과 양립할 수 있다고 주장한다.[84] 샌더스는 "복음을 듣지 못한 사람을 위한 구원은 오직 예수의 구속적 사역에 의해서만 가능하지만, 하나님은 속죄에 대해 모르는 사람에게도 그 구속적 사역을 적용한

---

81) "그가 또한 영으로 가서 옥에 있는 영들에게 선포하시니라."(벧전 3:19).

82) "이를 위하여 죽은 자들에게도 복음이 전파되었으니 이는 육체로는 사람으로 심판을 받으나 영으로는 하나님을 따라 살게 하려 함이라."(벧전 4:6).

83) 위의 책, 150.

84) Clark Pinnock, *A Wideness in God's Mercy: The Finality of Jesus Christ in a World of Religions* (Grand Rapids, MI: Zondervan, 1992), 제1, 2장 참고, 특히 74-74.

다. 하나님은 사람이 각자 계시에 따라 그 사람에게 구속적 사역을 적용한다."[85] 포용주의자는 복음을 듣지 않고도 구원받을 수 있다는 것에 낙관적이다. 이들은 원칙적으로 하나님은 복음을 분명히 들어보지 못한 사람을 구원하실 수도 있다는 것을 인정하지만, 이런 일이 일어나는지, 만약 일어난다면, 얼마나 많은 사람이 이런 방식으로 구원될 수 있는지 알지 못한다고 덧붙인다.

인간이 일반계시를 통해 신을 충분히 이해하고, 이런 지식을 통해 하나님의 은혜에 적절하게 반응할 수 있을까? 제한주의자는 이를 거부한다. 그들은 일반계시가 하나님에 대한 지식을 제공하므로 모든 사람이 하나님 앞에서 변명의 여지는 없지만(without excuse) 그러한 지식은 원칙적으로 믿음을 갖게 하기에는 불충분하다고 주장한다. 특별계시가 제공하는 복음에 대한 이해만이 구원을 가져올 수 있다. 그렇다면 일반계시를 근거로 "핑계하지 못한다."(without excuse)는 것은 무엇을 의미하는가? 네틀란드는 밀라드 에릭슨(Millard J. Erickson)의 논지를 끌어온다. 그의 논지는 피녹이나 샌더스의 주장과 유사하게 보이지만 꼭 일치하지는 않는다. 로마서 1장 18-23절은 일반계시가 악한 자에게는 구원을 가져오지 못하지만, 그것에 반응하는 자에게는 잠재적으로 구원으로 이어진다고 말한다. 에릭슨은 복음의 중요한 본질을 구성하는 5가지 요소가 있으며, 원칙적으로 일반계시를 통해 이용할 수 있다고 제안한다.

(1) 선하고 전능하신 한 분이신 하나님에 대한 믿음

(2) 인간은 이 하나님께 완전히 순종해야 한다는 믿음

---

85) John Sanders, "Inclusivism," in *What About Those Who Have Never Heard?* edited by John Sanders (Downers Grove, IL: InterVarsity, 1995), 36.

(3) 인간이 이 기준을 충족하지 못하여 비난받는다는 인식

(4) 인간이 죄에 대해 하나님께 아무것도 보상할 수 없다는 현실

(5) 하나님은 자비롭고, 그 자비에 몸을 던진 사람들을 용서하고 받아들일 것이라는 믿음.[86)]

에릭슨은 어떤 사람이 이 교리를 믿고 행동한다면, 그가 의식적으로 그 교리의 세부사항을 알고 이해하든지 그렇지 않든지 간에, 그가 하나님과 구속적인 관계에 있고 그리스도의 대속의 혜택을 받을 수 있지 않겠는가? 라고 묻는다. 구약의 구원도 구원받은 모든 사람과 마찬가지로 은혜의 문제였다. 은혜는 예수 그리스도의 죽음을 통해 실현되었으나, 구약성경의 성도들은 구원의 성취에 대한 세부사항이나 구원자에 대해서 알지 못했다는 에릭슨의 주장은 포용주의와는 차이가 있다. 일견 유사하게 보이지만 "일반계시를 통해서 참 믿음을 가진 사람의 경우가 성경에 없다. 만약 있다고 하더라도, 성경에 얼마나 많은 사람이 그런 방식으로 구원되었는지 언급이 없다."[87)]는 에릭슨의 주장을 네틀란드는 덧붙인다.

복음주의 종교신학을 주장하는 네틀란드는 복음을 듣지 못한 사람들에 대해 활발하게 논의되었던 1992년 마닐라 세계복음주의협의회(WEF, World Evangelical Fellowship) 선언문을 인용하며 바르고 정당한 성경적 종교신학을 제시한다. "우리의 다원주의 세계 안에서의 그리스도의 유일성"(The Unique Christ in Our Pluralistic World)이라는 주제로 열린 마닐라 대회

86) Millard J. Erickson, "Hope for Those Who Haven't Heard? Yes, but ...," *Evangelical Missions Quarterly* 11 (April 1975): 172.

87) Millard J. Erickson, *How Shall They Be Saved? The Destiny of Those Who Do Not Hear of Jesus* (Grand Rapids, MI: Baker, 1996), 158.

는 선언문의 핵심 내용을 요약하자면 다음과 같다. "복음을 듣지 못한 사람의 구원 문제에 대해서는 합의를 이루지 못했다. 타 종교의 가르침에서 발견되는 진리는 그 자체로 구원을 제공하기에 충분하지 않다. 예외 없이 모두가 구원받는다는 보편구원론은 성경적이지 않다. 이러한 쟁점이 예수 그리스도를 통한 구원의 좋은 소식 전파의 열정을 어떤 식으로든 약화시켜서는 안 된다."[88]

네틀란드는 이상에서 제기된 쟁점은 "어떤 증거 문서(proof text)나 감정적인 호소, 실용적인 고려가 아니라 성경의 명확하고 포괄적인 증언의 기초 위에서 다루어져야 한다"[89]고 주장한다. 이 쟁점의 불일치는 단순히 어떤 특정한 성경구절(예를 들면 요한복음 14장 6절과 사도행전 4장 12절)의 주석의 해석 차이로만 볼 것은 아니다. 성경 전체의 메시지와 다른 더 광범위한 신학적 입장과 헌신이 성경 본문에 접근하는 방법에 영향을 미칠 수 있다. 결론적으로 네틀란드는 포용주의자의 복음을 듣지 못한 자들의 구원에 대한 언급은 성경의 분명한 근거를 넘어섰다고 비판한다. 동시에 제한주의자 혹은 특정주의자도 복음을 분명히 듣지 못한 사람을 하나님께서 구원하실 가능성을 배제하면서 성경의 명확한 가르침을 넘어섰다고 본다. 크리스토프 라이트의 논지에 따라 이 쟁점에 대한 가장 지혜로운 대응은 복음을 듣지 못한 자들의 구원 문제는 하나님의 은혜로 그들이 일반계시를 통해 하나님을 알고 응답하고, 죄 용서를 구하는 믿음으로 돌이

---

88) "The WEF Declaration," *The Unique Christ in Our Pluralistic World*, edited by Bruce J. Nicholls (Grand Rapids, MI: Baker, 1994), 15. McDermott and Netland, *A Trinitarian Theology of Religions*, 154에서 재인용.

89) McDermott and Netland, 위의 책, 155.

킬 가능성을 인정하는 것이라고 네틀란드는 말한다.[90]

5) 타 종교와 구원

복음 진리를 믿고 회심한 방법 외에 다른 방식으로 구원이 있는가 하는 질문이 제기된다. 특히 타 종교를 통한 구원이 가능한지에 대한 의문이 제기된다. 네틀란드는 로마 가톨릭이 제2차 바티칸공의회를 통해 복음을 듣지 못했거나 교회의 일원이 아닌 사람에게도 구원의 가능성이 있다고 확언했지만, 오늘날 로마 가톨릭의 주류는 다른 종교를 통한 구원의 문제에 대해 더 신중하다는 사실을 제시한다. 특히 가빈 드코스타가 말한 바와 같이 제2차 바티칸공의회 문서와 그 이후의 가톨릭교회의 공식 성명도 다른 종교 자체를 구원의 수단으로 여기지 않는다.[91] 드코스타는 타 종교에 비록 선한 요소가 있다고 하더라도 타 종교는 "종교의 부분이 아니라 전체로 볼 때, 혹은 원자론적이 아니라 체계상으로 볼 때, 그들이 [종교가] 십자가에 달린 그리스도와 삼위일체 하나님의 구속적인 사랑의 행동을 선포하지 않는다는 관점에서 본래적인 의미의 '구원'"[92]의 수단은 아니라고 한다.

네틀란드는 아모스 용 같은 일부 복음주의 신학자가 신의 구원의 은총이 다른 종교를 통해 매개된다는 의견에 호기심을 갖는다. 타 종교에 성령의 존재와 활동을 인정하는 용의 논리대로 하면 세계종교에 구원의

90) 위의 책. C. J. H. Wright, *Salvation Belongs to Our God* (Downers Grove, IL: InterVarsity, 2007), 168.

91) McDermott and Netland, 위의 책, 158.

92) Gavin D'Costa, "Gavin D'Costa Re-reponds to Daniel Strange and Paul Knitter," in Gavin D'Costa, Paul Knitter, and Daniel Strange, *Only One Way? Three Christian Responses on the Uniqueness of Christ in a Religiously Plural World* (London: SCM, 2011), 197.

은혜가 활발하다는 것을 부인할 수 없기 때문이다.[93] 클라크 피녹은 복음을 듣지 못한 사람의 구원 가능성을 주장하지만, 그 구원의 은혜가 다른 종교를 통해 매개된다고 단정적으로 말하기는 꺼린다. 종교에 선한 면과 진리의 요소가 있지만 동시에 부정적인 면과 악한 요소도 포함하고 있다. 그는 성령이 교회에 국한된 것이 아니라 창조물 전체에 생명을 준다고 본다. 그렇다고 해서 다른 종교가 그 자체로 구원의 종교라고 할 수 없다. 피녹은 종교를 포함하여 세상에 일반적으로 활동하는 성령의 사역과 인간을 구원으로 끌어들이는 삼위일체 하나님의 특별한 사역을 구별하는 것처럼 보인다고 네틀란드는 말한다. 비록 다른 종교에서 활동하는 성령에 주의를 기울이고, 그런 전제하에서 종교가 성스러움과 덕을 심어주는데 도움이 되는 것은 바람직한 일이지만 다른 종교에 은혜와 구원이 있다는 주장은 또 다른 문제라고 한다.[94] 네틀란드는 반드시 이러한 구별을 전제로 하는 종교신학을 주장한다.

네틀란드는 하나님의 창조와 일반계시와 공통의 은혜에 의존하여 타 종교 안의 진선미 양상을 말할 수 있고 말해야 한다고 한다. 그러나 복음을 분명히 듣고 명백하게 반응하는 것 외에 다른 구원의 가능성의 여지를 두더라도, 하나님의 구원이 타 종교를 통해 있다고 해석할 수는 없다. 왜냐하면 다른 종교에는 예수가 존재하지 않고, 예수 그리스도를 선포하

93) Amos Yong, *Beyond the Impasse*, 125; McDermott and Netland, *A Trinitarian Theology of Religions*, 158.

94) Clark Pinnock, "Toward an Evangelical Theology of Religions," *Journal of the Evangelical Theological Society* 33, no. 3 (September 1990): 364-65; Pinnock, *A Widness*, 81-113; Pinnock, "An Inclusivist View," in *Four Views on Salvation in a Pluralistic World*, edited by Dennis L. Okholm and Thimothy R. Philips (Grand Rapids, MI: Zondervan, 1996), 98-116; Pinnock, *Flame of Love* (Downers Grove, IL: InterVarsity, 1996), 207.

지 않기 때문에 구원을 중재할 수 없다. 다른 종교는 예수와 복음을 가리키는 진실과 선함과 아름다움을 진전시킬 수 있다. 그러나 삼위일체 하나님만이 복음을 통해 인간을 구원하실 수 있다. 드코스타가 말한 바와 같이 타 종교는 복음을 예비할 수는 있지만 예수 그리스도의 복음을 가져올 수 없고[95] 따라서 구원을 가져올 수 없다는 것이 네틀란드의 결론이다.[96]

6) 회심(Conversion)

복음주의자는 회심을 강조한다. 존 웨슬리(John Wesley), 조지 화이트필드(George Whitefield), 챨스 피니(Charles Finney), 빌리 그래함(Billy Graham) 같은 전도자들은 죄로부터 예수 그리스도에의 개인적인 헌신으로 돌아서도록 사람들을 불렀다. 20세기 미국 복음주의자들은 회심을 통해 본질적으로 예수를 믿는 개인적인 경험과 영생을 부여받는다고 본다. 아시아와 아프리카의 복음주의 선교사들이 제시한 기독교로의 회심은 종종 예수를 받아들이는 것인지, 서구적인 삶을 받아들이는 것인지 불분명하였다.

구원과 회심은 때로는 동의어로 사용되기도 하지만, 양자를 구별해야 한다. 만약 구별하지 않으면 유럽이나 미국 문화의 특정한 행동유형이 구원의 필수 요소로 받아들일 수 있고, 이는 기독교 선교에 명백한 혼란을 초래할 수 있다. 고든 스미스(Gordon T. Smith)는 구원은 "하나님의 역사"인 반면, 회심은 "하나님의 역사에 대한 인간의 반응"이라고 구분하였

95) Gavin D'Costa, "Christianity and World Religions," in Gavin D'Costa, Paul Knitter, and Daniel Strange, *Only One Way? Three Christian Responses on the Uniqueness of Christ in a Religiously Plural World* (London: SCM, 2011), 35.

96) McDermott and Netland, *A Trinitarian Theology of Religions*, 160.

다.[97] 이런 논리에 따라 네틀란드는 인간의 반응으로서 회심을 강조하는 것 못지않게 인간의 반응이 하나님의 역사로 가능하다는 것 또한 중요하다고 말한다.[98]

네틀란드는 신약성경에서 회심을 의미하는 성경 원어 '에피스트레포'(epistrephō), '메타노에오'(metanoeō)의 의미를 제시하고 요하네스 베르카일(Johannes Verkuyl)을 인용하면서 하나님 나라의 복음 선포와 구원의 매개에는 반드시 회심이 포함되어야 한다고 주장한다. 어떤 경우에도 복음전도자는 중립적인 방식으로 선포할 수 없고, 누구든지 복음에 정직하게 반응하는 사람은 언제나 결단을 해야 한다.[99]

회심은 오늘날 논쟁의 여지가 있는 주제이다. 과거 선교 역사에서 회심이라는 이름으로 일부 선교사는 개종한 사람의 숫자 늘리기에 급급하였고, 선교사의 행동과 신앙 양식을 받아들이도록 한 면이 있었다. 이러한 역사상의 부정적인 회심의 문제를 제기하면서 네틀란드는 참된 회심을 주장한다. 참된 회심이란 성경적인 회심을 이해하고, 동시에 회심을 문화와의 관계 속에서 이해해야 한다. 네틀란드가 말하는 참된, 성경적인 회심의 특징은 첫째, 회심자가 교회의 일원이 되기는 하지만 단순히 새로운 종교인 기독교에 가입하는 것만으로는 안 된다. 그것은 죄의 지배를 받는 삶에서 예수 그리스도의 제자로서 새로운 삶으로 돌아서는 것으

97) Gordon T. Smith, *Transforming Conversion: Rethinking the Language and Contours of Christian Initiation* (Grand Rapids, MI: Baker, 2010), 21-22. McDermott and Netland, 위의 책, 161에서 재인용.

98) McDermott and Netland, 위의 책, 161.

99) 위의 책, 162; Johannes Verkuyl, "The Biblical Notion of Kingdom: Test of Validity for Theolgy of Religion," in *The Good News of the Kingdom: Mission Theology for the Third Millennium*, edited by Charles Van Engen, Dean S. Gilliland, and Paul Pierson (Eugene, OR: Wipf and Stock, 1999), 72-73.

로서 질적인 변화를 의미한다. 회심은 진공에서 발생하지 않고, 추상적이지도 않다. 회심은 민족, 사회, 역사, 종교, 문화적 환경에서 발생한다. 회심을 위해 세상을 부정하거나 떠나도록 강요할 수 없지만, 세상의 가치와 하나님 나라의 가치 사이에 심오한 불연속성이 존재한다는 것을 인식해야 한다. 회심의 경험은 이런 외부의 통치에서 벗어나 예수 그리스도의 통치 아래로 나아가는 움직임이다(골 1:13-14).[100] 둘째, 복음의 본질상 회심은 원칙적으로 어떤 주어진 언어, 민족, 사회 또는 문화적 틀 안에서 일어날 수 있다. 모든 문화가 따라야 하는 특별한 기독교 문화, 민족성, 언어나 사회 양식은 없다. 회심과 함께 자신의 문화나 민족적 정체성을 버릴 필요가 없다. 그러므로 회심은 새로운 인간성과 우리를 형성해 온 친숙한 문화 양식 사이의 변증법적인 갈등을 포함한다. 회심은 과거 삶의 방식과 분명한 단절을 수반하지만, 그렇다고 자신이 살아왔으며 살고 있고 앞으로도 살아갈 삶의 양식인 사회, 문화적 틀을 완전히 부정하는 것은 아니다. 인간의 정체성은 회심 후에도 과거에 의해 계속 형성된다. 셋째, 회심은 사회, 문화적 과거와 완전한 단절을 뜻하지 않지만, 하나님 나라 백성과 예수의 제자로서 새로운 정체성을 가짐을 말한다. 새로운 정체성은 과거 삶의 지도인 문화적 측면의 수정을 요구한다. 복음은 어떤 문화 형식으로 표현될 수 있지만 모든 문화를 심판하기도 한다. 그리스도를 따라 점점 더 그리스도처럼, 혹은 작은 예수가 되어야 하는 것은 자신의 행동, 신념, 가치관, 세계관에 있어서 심오한 변화가 필요하다. 이것이 회심의 진정한 의미다. 회심은 예수 그리스도의 복음이 주는 변화를 수반해야 한다. 회심은 개인적인 마음의 변화만 아니라 사

100) McDermott and Netland, 위의 책, 164.

회, 문화 속의 삶의 양식과 정신 지도의 변화이다. 이것은 앤드루 월스가 말한 '토착화 원리' 외에 '순례자 원리'를 말한다.[101] '토착화 원리'란 보편적 교회로부터의 이탈이라는 대가를 지급하고 자기 자신의 문화적 환경에 맞는 독립적인 교회 신자가 됨을 말한다. 교회는 "고향같이 느껴지는 신앙"[102]의 장소(공동체)가 되어야 한다. '순례자 원리'란 그리스도의 말씀에 순종하면서 교회를 신앙의 보편성으로 이끌어 가는 것이다. 바로 예수님의 삶과 제자들에게 부탁하신 것, 지상에 사나 천국 시민으로서 순례자처럼 살라는 것이다. 순례자 원리는 문화의 편견과 맹목성에 대한 예언자적 도전이다. 순례자 원리란 기독교 복음이 들어가는 곳마다 개인적, 사회적 변화와 변혁이 일어나야 하는 것을 의미한다. 문화와 경제와 정치와 사회는 하나님께서 원하시는 방향으로 변혁되어야 한다. 사실 토착화 원리와 순례자 원리가 상호 모순되거나 역설인 것 같으나 문화의 갑옷 같은 성격을 직시하고 순례자 원리에 따르면서 문화 변혁을 이루어야 한다. 월스의 토착화 원리와 순례자 원리는 어느 시대, 어느 장소에서나 적용될 수 있다. 제2차 세계 대전 이후 각 민족과 문화의 정체성 회복과 모라토리엄 운동(선교 활동 일시 정지 운동)과 토착화 논의 이후의 시대에 더 요청된다. 아울러 복음이 문화를 평가하거나 변화시킨다는 명제를 아예 포기하고 "각 문화의 복음"과 "성경과 기독교 전통 외에 현실태로서 문화에서 나오는 복음"을 발견해야 한다는 너무 극단적인 주장에 대응할 수 있는 유

---

101) James A. Scherer, *Stephen B. Bevans, New Directions in Mission and Evangelization 3: Faith and Culture* (New York: Orbis Books, 1999), 17-28에 제1장으로 다시 수록되었다. 월스의 '토착화 원리'를 오늘날의 선교신학에서 보면 '상황화 원리'라고 해야 한다.

102) 이 말은 앤드루 월스가 인용한 말이다. 처음 F. B. Welbourn과 B. A. Ogot이 쓴 책 제목이 *A Place to Feel at Home*이다. J. Scherer, S. Bevans, New Directions, 21-22.

용한 이론적 도구가 된다. 복음이 문화의 포로나 게토화로 정체되어서도 아니 되겠지만 문화가 시공간에 제한된 "지역 신학화 된" 복음의 포로나 게토화가 된다면 복음의 복음 됨(성경의 권위와 예수그리스도의 구원에 대한 유일성 등)이 드러날 수 없다. 이와 같은 관점에서 볼 때, 회심은 현재 진행 중인 토착화와 순례자의 원리 사이의 지속적인 갈등 속에서 그리스도의 제자 공동체로 살아감을 뜻한다. 교회의 비전을 지역화하는 토착화와 보편화하려는 순례자의 원리는 순환적이다. 넷째, 전 세계 기독교인의 정체성은 예수 그리스도의 참된 제자이면서 자신이 속한 민족, 사회, 문화 공동체의 구성원이 된다. 기독교인은 제자와 문화 공동체 일원이라는 자신의 정체성을 반영하는 삶의 양식을 개발해야 한다. 회심이 복음 전한 선교사의 문화나 정체성을 그대로 모방하거나 수용함은 아니다. 마지막 다섯째, 진정한 회심은 한 개인의 종교 자유와 종교적 양심의 표현이므로 어느 개인, 집단, 종교, 혹은 국가라도 종교 선택의 자유를 제한할 수 없고 종교 자유와 선택의 기회를 보장하고 증진하며 보호해야 한다.[103]

7) 보편구원론과 복음주의 종교신학

보편구원론(universalism)[104]이란 종교 유무나 종류에 상관없이 모든 사람이 구원받을 것이라는 가설이다. 이 이론은 20세기 중반 이후의 많은 신학자 사이에서 유행하였다. 일반학자와 일반인과 저명한 신학자도 영원한 지옥에 대한 신앙을 거부하는 유행에 휩쓸렸다. 보편구원론의 가설도 하나가 아니라 다양한 형태가 등장했다. 보편구원론의 이론적 근거

103) McDermott and Netland, *A Trinitarian Theology of Religions*, 164-67.

104) 보편구원론은 만인구원론, 만유구원론 등으로 번역할 수 있다.

는 신론에 있다. 신이 사랑이라면 어떻게 신이 사랑하는 인간을 지옥에 보내고 형벌을 받게 하느냐는 논리를 편다. 신은 언제나 죄에 대한 벌보다 용서와 은혜를 주는 분이라고 한다. 네틀란드는 초기 교회로부터 중세와 근대에 이르기까지 신학과 철학 분야에서 나타난 보편구원론의 씨앗이나 흔적의 역사적 흐름의 긍정적인 면과 부정적인 관점을 살펴본다.[105)]

기독교 초기 2세기 동안은 보편구원론 문제는 제기되지 않았고, 그 후 삼백 년간 이 문제는 아주 소수 제기되었다. 근대 자유주의 신학의 출현과 더불어 지옥에 대한 의심과 보편구원론의 주장이 점점 더 힘을 얻어갔다. 여전히 전통적인 믿음으로 구원받는다는 정통 신학의 물줄기가 도도히 흘러왔지만, 20세기 중반에 이르러 보편구원론에 대한 가설들이 점점 더 늘어났고 힘을 뻗어가고 있다.[106)] 힉은 악과 고난 문제를 다루며 보편구원론을 주장하였다. 궁극적으로 모든 사람이 구원을 받아야만 하나님의 사랑을 믿을 수 있기 때문이라고 한다.[107)]

20세기 로마 가톨릭 신학자 중에서 전통적인 지옥에 대한 교리에 의문이 제기되었다. 자크 마리탱(Jacques Maritain)은 저주받은 자에 대한 림보(Limbo, 형벌이 없는 천국과 지옥의 중간상태)가 있을지도 모른다고 추측했다. 칼 라너(Karl Rahner)는 영원히 저주받을 사람이 있다는 명백한 계시는 있지 않으며, 그래서 우리는 신의 보편적인 구원 의지를 지지해야 한

105) 네틀란드는 보편구원론에 대한 종합적인 소개와 평가를 제공하는 문헌을 소개한다. Malcolm Blanchard, "Universalism: Its Historic Development and Its Contemporary Expression in Western Theology," (Ph D dissertation, Fuller Theological Seminary, 2007); Michael J. McClymond, *The Devil's Redemption: A New History and Interpretation of Christian Universalism* (Grand Rapids, MI: Baker Academic, 2018).

106) McDermott and Netland, *A Trinitarian Theology of Religions*, 167–71.

107) John Hick, *Death and Eternal Life* (New York: Harper & Row, 1976); Hick, *Evil and the God of Love*, 2nd ed. (San Francisco: Harper & Row, 1977).

다고 말했다. 그러나 바티칸의 최근 성명은 전통적인 종말론에 더 큰 집착을 보여주었다. 로마 가톨릭 신앙교리성(Congregation of the Doctrine of the Faith)이 발표한 문서인 「주님이신 예수」(Dominus Iesus, 2000년, paras 21, 22)는 복음을 받아들이지 않는 타 종교에는 참된 구원이 없다고 한다. 가톨릭교회의 교리문답은 지옥과 영원한 형벌의 존재와 심각한 죄악의 상태에서 죽는 사람은 꺼지지 않는 지옥의 불로 인한 형벌로 고통을 받는다고 가르친다. 동방 정교회 보편구원론도 로마 가톨릭과 입장이 비슷하다. 동방 정교회의 공식 문서는 천국과 지옥을 언급한다. 그러나 1970년대 이후, 두 명의 정교회 신학자인 칼리스토스 웨어(Kallistos Ware)와 메트로폴리탄 힐라리온 알페이예프(Metropolitan Hilarion Alfeyev)가 전통 교리와 수정된 견해인 보편구원론적인 이론을 제기했다.

복음주의자와 오순절주의자도 이 논쟁에 참여했다. 로빈 패리(Robin Parry)는[108] 하나님이 궁극적으로 예수 그리스도의 사역을 통해 모든 사람을 구원할 것이라는 데 동의하면서 '복음주의 보편구원론'을 주장한다. 그는 정통주의나 복음주의 그 어떤 것도 보편구원론을 배제할 필요가 없다고 말한다.[109] 보편구원론자는 성경에서 말하는 영원한 형벌과 하나님의 현존으로부터 추방을 전통적 해석과는 다르게 다양하게 해석함으로써 그들의 주장을 관철하려 한다. 이러한 주장을 펼치는 이론가들도 다양한

108) 그는 필명인 그레고리 맥도날드(Gregory MacDonald)로 더 알려졌다. 그의 제자 가운데 한 사람인 유명한 기독교 사상가 씨 에스 루이스(C S Lewis)는 스승의 이론을 받아들이지 않았다.

109) A Parry and Christopher H. Patridge ed. Universal Salvation? *The Current Debate* (Grand Rapids, MI: Eedermans, 2003), xv-xxvii; Gregory MacDonald, *The Evangelical Universalism* (Eugene, OR: Casade, 2006); *"All Shall Be Well": Explorations in Universal Salvation and Christian Theology from Origen to Moltmann*, ed. by Gregory MacDonald (Eugene, OR: Casade, 2011).

데 네틀란드는 대략 세 그룹으로 분류한다. 첫 번째 그룹은 형벌과 영생을 제시하는 성경 본문이 표면적 의미 이외의 다른 의미를 내포한다고 믿는다. 예를 들어 알렉산드리아의 클레멘트(Clement of Alexandria)와 오리겐(Origen)은 지옥에 관한 성경 본문은 죄인의 죄를 제거하는 하나님의 사랑의 불을 의미한다고 믿었다. 칼 라너는 '지옥'은 단순히 상실을 비유하는 것이라고 주장했다. 에밀 브루너는 이러한 본문은 죄인에게 파멸의 상태에서 나오라는 실존적인 초대라고 생각했다.[110)]

두 번째 그룹은 성경의 저자가 실제로 악인에 대한 영원한 형벌이 있음을 의미했지만, 이는 성경의 저자가 잘못 알고 있다는 결론을 내렸다. 성경 저자는 슐라이어마허가 '관습의 완화된 영향'(alleviating influence of custom)이라고 부르는 것에 무지했고, 현대적인 감성만큼 명민하지 못했다고 한다. 만약 고대의 저자가 하나님 사랑의 의미를 정말로 이해했다면, 그들이 제시했던 종말론의 모습은 달라졌을 것이라고 한다.

세 번째 그룹은 성경에서 두 가지 다른 주제를 인식하고, 그 두 가지 주장을 역설적인 것(paradoxical)으로 간주한다. 바르트는 하나님께서 그리스도 안에서 모든 사람을 선택하셨다는 것과 일부는 그 선택을 거부한다는 것을 성경이 말한다고 가르쳤는데, 이는 신비라고 하였다. 하나님께서 마침내 해결해주시기를 희망하는 역설이다. 독일의 루터 신학자 파울 알트하우스(Paul Althaus)는 일부를 지옥에 가게 하시고 만유를 구원하시고자 하는 하나님의 역설은 열린 질문으로 남아 있어야 한다고 한다. 에밀 브루너(Emil Brunner)에게 있어서 이 두 가지 심판과 구원의 상반되는 가르침은 양립할 수 없다고 한다. 존 로빈슨(John A. T. Robinson)은 보편

110) McDermott and Netland, *A Trinitarian Theology of Religions*, 174.

적 구원 혹은 만유의 회복과 마지막 심판은 신약성경의 두 종말론적 신화인데, 그 양자 간의 조화는 역설이라고 했다. 결국 영생의 구원과 형벌의 심판이라는 두 가지 주제를 역설로 간주하는 이들 학자는 하나님의 전능하신 사랑으로 모든 사람이 어쩔 수 없이 자유로운 선택을 하게 되어 역설이라는 교착상태를 깨뜨릴 것이라고 믿는다. 네틀란드는 이 세 번째 그룹의 주장에 대해서 성경에서 중심이 되는 메시지를 해석의 열쇠로 삼아야 하고, 어떤 본문은 평범한 의미에서 무시하는 방식으로 해석해야만 한다고 결론 내린다.[111)]

이상과 같은 성경 본문의 보편구원론적 해석을 세 그룹으로 나누어 네틀란드는 철학, 신학, 성경을 빌어 보편구원론에 관한 긍정적인 주장을 내세우는 이론을 소개하고 비평을 가한다. 우선 철학적인 면에서 복음주의자인 토마스 탈보트(Thomas Talbott)의 이론을 제시한다. 탈보트는 철학적, 신학적인 명제를 다음과 같이 설정한다.

(1) 하나님은 사랑이다. 따라서 하나님은 일부만이 아니라 그의 모든 피조물을 사랑해야 한다.

(2) 하나님이 사랑이라면 그가 사랑하는 모든 것, 특히 모든 인간을 구원해야 한다.

(3) 하나님은 모든 전지전능하기 때문에, 모든 사람의 구원을 포함한 그의 목적을 성취할 것이다.

탈보트는 이것이 피조물의 자유를 무효로 할 수도 있다는 반대도 나오겠지만, 일단 하나님의 제안을 완전히 알게 되면 모든 인간은 그 제안을 거부하는 것이 비이성적이라는 것을 깨닫게 될 것이라고 대답한다.

111) 위의 책, 172-73.

보편구원론자의 신학적 근거는 다양하지만 거의 하나님은 사랑이라는 한 가지 주제로 압축된다. 이것은 보편구원론에 대한 철학적 주장과 매우 유사하다. 탈보트는 영원한 지옥을 금한다고 주장하는 반면, 패리와 다른 신학자는 하나님의 본성에 대한 신학적 이해를 사랑의 의미에 초점을 맞춘다. 패리의 주장처럼 지옥을 순전히 형벌로 보는 관점은 하나님의 정의와 분노를 하나님의 사랑과 대립시켜 하나님의 본성이나 뜻을 분리시킬 위험이 있다. 전통적인 종말론에서 지옥에 대한 다른 근거를 제시하더라도 지옥이 영원한 의식의 고통을 포함하고 있다는 사실은 "저주받은 자에 대한 하나님의 사랑과 조화할 수가 없다"[112]고 패리는 말한다. 일부 보편구원론자가 지옥을 받아들일 수 있는 유일한 방법은 지옥을 응징적이고 최종적인 것이 아니라, 일시적이고 진보적이고 회복적인 것으로 생각하는 것이다. 긍휼과 사랑의 하나님은 어떤 사람도 구원받은 자의 공동체에서 최종적으로 배척하지 않을 것이라고 주장한다. 하나님은 궁극적으로 사랑이시고 정의로우시기에 영원한 지옥에 두지 않고 다른 방도로 구원의 길을 제공한다는 주장이 보편구원론자의 신학적 주장이라고 네틀란드는 말한다.

보편구원론자는 자신들이야말로 성경 본문의 지지를 받는다고 말한다. 그들은 "내가 땅에서 들리면 모든 사람을 내게로 이끌겠노라"(요 12:32)는 예수의 주장과 "하늘에 있는 자들과 땅에 있는 자들과 땅 아래에 있는 자들로 모든 무릎을 예수의 이름에 꿇게 하시고"(빌 2:10)라는 바울의 선언을 비롯하여 여러 성경 본문이 모든 사람의 구원을 언급한다고 말한

112) Robin Parry, "Evangelical Universalism: Oxymoron?" *Evangelical Quarterly* 84, no. 1 (2012): 9. McDermott and Netland, *A Trinitarian Theology of Religions*, 174에서 재인용.

다(딤전 2:4, 벧후 3:9, 히 2:9).

네틀란드는 이러한 보편구원론의 부정적, 긍정적 이론을 종합적으로 고찰한 후 그에 대한 학자들의 비평적 평가와 반론을 소개한다. 첫째, 하나님이 사랑이기에 보편적인 구원이 가능하다는 탈보트의 주장을 비판한다. 탈보트는 모든 사람이 하나님의 사랑에 대해 자유롭게 반응하리라는 가정을 하는데 이것이 문제다. 자유에는 궁극적으로 하나님을 배척할 자유가 포함되어야 하므로 스스로 지옥을 선택할 자유도 있지 않느냐고 네틀란드는 말한다. 네틀란드는 보편구원론에 대한 탈보트의 주장에 대해 사람은 악을 선이라고 자신을 속일 수도 있고, 적어도 악으로 얻을 수 있는 충분한 이익이 있기 때문에 선보다 악을 선호하게 된다는 철학자 제리 월즈(Jerry Walls)의 의견으로 답한다.[113] 크로넨과 레이탄은 하나님이 자신에 대한 비전을 제공한다면 사람들은 거짓된 믿음을 가질 수 없을 거라고 말한다.[114] 그러나 네틀란드는 이러한 주장은 성경적 근거가 없는 추측이라고 본다. 게다가 충분한 정보를 준다면 모든 사람이 필연적으로 구원을 받아들일 거라는 주장은 인간에 대한 기계적 견해이며, 이것은 인간의 자율성에 대한 그들의 주장과 모순된다고 비평한다.[115]

네틀란드는 보편구원론자가 주장하는 하나님의 사랑에 기초한 신학적 논쟁은 정의와 같은 신의 또 다른 속성을 약화시키거나 추상화했기 때문에 비난을 받는다고 한다. 신의 속성에서 사랑을 정의보다 더 우선시하

113) Jerry L. Walls, *Hell: The Logic of Damnation* (Notre Dame, IN: University of Notre Dame Press, 1992), 138.

114) John Kronen and Eric Reitan, *God's Final Victory: A Comparative Philosophical Case for Universalism* (London: Continuum, 2011), 143, 145, 148.

115) McDermott and Netland, *A Trinitarian Theology of Religions*, 175.

는 정당한 이유는 없다. 오히려 그런 추상화하는 생각이 하나님의 본질을 오해하고, 신의 사랑의 성경적 관점을 현대적인 감성주의로 대체한다고 주장한다. 더구나 성경의 저자가 옳다면 신성한 사랑은 인간의 사랑과 다르고 신의 사랑은 거룩하고, 그러한 사랑과 정의의 균형에서 볼 때 형벌을 반대하지 않는 것이 신의 사랑이라고 한다(마 25:46). N. T. 라이트, C. S. 루이스, 그리고 다른 학자들의 견해를 따라 네틀란드는 지옥에 떨어진 자들은 하나님을 향한 증오가 점차 증가함으로 인해 인간성을 상실하게 된다고 본다. 보편구원론자의 추측과는 달리 열방의 치유와 함께 이루어진 새로운 하늘과 땅의 조화, 그리고 마침내 악이 사라진 지옥이 하나님의 승리를 강조한다.[116)]

보편구원론을 바르트는 단호히 반박한다. 보편구원론은 예수 그리스도에 대한 성경적인 증거와 분리된 신학적인 추론일 뿐이고, 모두 구원받는다고는 말할 수 없다고 주장했다. 그러나 대부분의 바르트 해석자는 바르트의 신학적 논리가 보편구원론을 가리키고 있다고 결론을 내렸다.[117)] 이어서 네틀란드는 보편구원론자가 제기하는 하나님의 정의의 회복적 기능에 대하여 구약과 신약의 여러 가지 본문을 들어 반박한다. 이스라엘의 하나님은 세상의 심판자라는 점(창 18:25), 영생을 얻는 구원받는 자와 형벌을 받는 자로 구분하는 신약의 종말론(마 10:33, 25:41, 막 3:28-30, 눅 13:24, 엡 1:10, 골 1:20)을 든다.[118)]

116) 위의 책, 176.

117) 위의 책, 170. 이것은 바르트에 의해 영향을 받은 존 A. T. 로빈슨(John A. T. Robinson), 자크 엘룰(Jacques Ellul), 얀 본다(Jan Bonda), 에버하르트 융엘(Eberhard Jüngel), 위르겐 몰트만(and Jürgen Moltmann)에 의해 이루어진 결론이었다.

118) 위의 책, 177.

보편구원론자가 성경의 다른 어떤 본문보다도 바울 서신을 근거로 그들의 주장을 펼치는 것에 네틀란드는 이에 대해서도 반론을 제기한다. 바울 서신에는 하나님의 심판에 대한 80개의 구절이 포함되어 있다. 그렇지만 보편구원론자는 로마서 5장 18절의 '많은'(all)이라는 단어를 주목한다. "그런즉 한 범죄로 많은(all) 사람이 정죄에 이른 것같이 한 의로운 행위로 말미암아 많은 사람이 의롭다 하심을 받아 생명에 이르렀느니라." 12절부터 21절까지 이어지는 전체 구절의 해석 문제는 바울이 같은 그룹에 대해 두 가지 다른 용어를 사용한다. "많은"(many, 15, 16, 19절)과 "모두"(all, 12, 18절)라는 용어다. 그래서 '모두'(all)는 보편구원론을 나타내는 결정적인 사례가 아닌 '많은'의 뜻을 지닌다. 네틀란드는 아마도 구약에서 여호수아의 저자가 "'모든' 이스라엘 백성이 아간을 돌로 쳤다"(수 7:25)라고 한 것처럼, 바울도 '모두'(all)라는 단어를 사용했을 것이라고 본다. 그러나 실상 아간을 돌로 친 사람은 이스라엘 백성 모두가 아니라, 백성의 소수 대표가 돌로 치는 것에 참여했다는 사실로 미루어보아 '모두'는 '많은'이란 의미를 지닌다.[119)]

보편구원론자가 선호하는 다른 본문은 빌립보서 2장 19-21절이다. "이러므로 하나님이 그를 지극히 높여 모든 이름 위에 뛰어난 이름을 주사 하늘에 있는 자들과 땅에 있는 자들과 땅 아래에 있는 자들로 모든 무릎을 예수의 이름에 꿇게 하시고 모든 입으로 예수 그리스도를 주라 시인하여 하나님 아버지께 영광을 돌리게 하셨느니라." 이것은 예수 그리스도의 주(主) 되심에 모든 사람이 무릎을 꿇고 절하는 묘사를 통해 만유의 구

---

119) 위의 책, 179-81.

원을 확증하는 것처럼 보인다. 이것은 이사야 45장 22-25절[120]의 인용이다. 이사야에서 문맥은 여호와 하나님께서 다른 이방 신의 비현실성에 대해 자신의 실재하심을 선언하신 말씀이다. 빌립보서 2장은 이사야 45장의 배경에 비추어 해석할 때 결코 보편구원론의 증거 본문이 아니다. 디모데전서 2장 4절의 하나님이 모든 사람이 구원받기를 바라신다는 선언은 구원을 위해 믿음이 필요하다는 것(1:16, 4:10)과 같은 서신서의 경고에 의해서 명확한 의미를 가진다. 데살로니가후서 1장에서 악인의 영원한 멸망은 보복이지 회복이나 치유가 아니다. 요한계시록은 보편구원론자에게 결정적 문제를 더한다. 이러한 묵시적 드라마에서 묘사된, 많은 보편구원론자가 제안한 것처럼 불신자가 하나님의 사랑 제안을 받아들일 때까지 하나님은 영원히 기다리면서 그들을 설득하지 않는다. 그 대신 요한계시록의 하나님은 하나님의 대적을 공격하시고, 패배시키시고, 복종시키신다. 구원을 받는 민족은 일부일 뿐이다(계 5:9, 7:9). 이것이 바로 마이클 맥클리먼드(Michael McClymond)가 말한 바 있는, 구약성경에 나타난 '대표적 보편론'(representative universalism)이다. 모든 열방(모든 나라의 모든 사람이 아닌)의 사람들이 말세에 이스라엘에 합류하여 진정한 하나님을 예배할 것이다. 신약성경 저자들에게 있어 지옥은 문제가 아니라 해결책이다. 그것은 하나님께서는 왜 악을 계속 처벌하지 않고 존속되게 하는지의 질문에 대한 대답이 된다. 지옥은 고대 사람에게 신정론의 어려운 문제에

120) "땅의 모든 끝이여 내게로 돌이켜 구원을 받으라 나는 하나님이라 다른 이가 없느니라 내가 나를 두고 맹세하기를 내 입에서 공의로운 말이 나갔은즉 돌아오지 아니하나니 내게 모든 무릎이 꿇겠고 모든 혀가 맹세하리라 하였노라 내게 대한 어떤 자의 말에 공의와 힘은 여호와께만 있나니 사람들이 그에게로 나아갈 것이라 무릇 그에게 노하는 자는 부끄러움을 당하리라 그러나 이스라엘 자손은 다 여호와로 말미암아 의롭다함을 얻고 자랑하리라 하느니라."(사 45:22-25).

대한 해결책이었다. 마태복음은 말할 것도 없고, 하박국, 욥기, 요한계시록에 나오는 하나님의 사람은 죄와 사악함을 허용하는 하나님의 인내심에 대해 고민했지만, 악인에 대한 하나님의 판단에 대해서는 좀처럼 고민하지 않는다. 그들에게 있어 궁극적이고 우주적인 공포심은 악인의 고통이 아니라, 악인의 억압으로 인한 무고한 사람의 고통이었다.[121]

이상의 토론에서 네틀란드는 보편구원론에 대해 결론을 내린다. 보편구원론은 많은 사람에게 매력을 주는 이론이다. 그것은 성경 저자에 의해 공유되지 못했던 사랑과 정의를 현대적으로 추론했기 때문이다. 그러나 보편구원론의 철학적, 신학적, 성경적 토대에는 엄밀하고 정확하며 세밀한 연구가 뒷받침되지 못하고 있으며, 성경이 증언하는 종말론은 보편구원론을 단호히 거부하는 것이다.[122]

복음을 듣지 못한 사람의 운명에 관해서 네틀란드는 복음주의자 사이에서 신학적으로 극좌나 극우의 입장이 아니라 중간 정도의 위치를 취하고 있다. 다원주의의 도전에 대응하고 복음주의 신학을 가능하게 하려고 네틀란드는 기독교 신학에 비추어 다음의 두 근본 문제를 다루는 것이 중요하다고 한다. 다원주의는 세계관과 태도의 문제일 뿐만 아니라 "불신의 한 형태"이며 "인류 죄성의 발현"으로 보았다. 네틀란드는 타 종교인이 그들 나름의 확고한 믿음 가지며 열정과 헌신을 할 수 있음을 인정한다. 하지만 불신앙의 죄 혹은 "구속하는 하나님의 초자연적인 사역" 중 어느 하나라도 시인하지 않는 종교적 헌신은 완전하지 않다고 본다. 다원주의가 촉발한 문제의 핵심은 종교적 진리에 대한 회의주의의 득세이다.

---

121) McDermott and Netland, *A Trinitarian Theology of Religions*, 179-80.

122) 위의 책, 181.

그러므로 네틀란드는 "긍정적 변증론"이라고 부르는 작업을 한다. 그는 종교의 진실 주장을 평가하는 기준을 조사하고 특정한 약속에 근거한 종교신학을 주장한다. 그 기준은 구원을 가져오는 믿음 그 자체는 신의 은총의 선물이고, 죄 많은 인간이 회개하고 믿도록 초대한다는 것이다.[123)]

123) Veli-Matti Kärkkärinen, 위의 책, 326.

2장
다른 복음주의자의 종교신학

앞 장에서 우리는 복음주의 종교신학의 대표자로 네틀란드의 종교신학을 상세하게 살펴보았다. 복음주의가 단 하나가 아니라 여러 유형의 복음주의가 있기 때문에 네틀란드의 복음주의 종교신학이 전부가 될 수 없고, 다양한 복음주의 종교신학이 큰 틀에서는 복음주의라고 할 수 있으나 그 세부적인 내용에서 약간의 뉘앙스의 차이가 존재한다. 따라서 몇몇 복음주의자로 분류되는 학자들의 종교신학을 간략하게 제시함으로써 네틀란드의 종교신학과 비교 검토할 수 있게 하려고 한다.

I. 페터 바이어하우스(Peter Beyerhaus)

독일 선교학자인 페터 바이어하우스(Peter Beyerhaus)는 '프랑크푸르트 선언'(1970년)에서 WCC의 동기와 목표에 의심을 갖고 다음과 같이 말한다. 오직 예수 그리스도를 통한 믿음으로 얻는 구원과 다른 종교를 이해하는 시금석은 오직 성경이라고 한다. 구원은 단번에 그리고 영원히 인류를 위한 예수 그리스도의 희생적 십자가 사건에서 비롯된다. 그는 '타 종교와 다른 종교의 세계관에도 기독교와 유사한 구원의 길이 있다는 것과 타 종교와의 '대화'를 통해 '증거'를 찾으려는 것을 강력히 거부한다. 바이어하우스는 엄격한 특정주의 입장의 종교신학을 주장한다.

> 우리는 타 종교들과 세계관 속의 기독교적 존재(christliche Prasenz)와 그들과의 종교적 대화가 회심을 목표로 한 긴박한 복음전파의 대용물이라고 하는 사상을 논박한다. 그러나 그것은 다만 좋은 형태의 선교 접촉점이 될 뿐이다. 우리는 기독교 사상과 소망의 목표와 사회적 행동양식을 표절하여-그것은 예수 그리스도의 인격과의 독실한 관계를 도외시한다-타 종교들과 세속 이념들을 그리스도의 교회에 대치물로 만들 수 있다는 주장을 배척한다. 그들은 오히려 하나님의 혼합적이고 적그리스도적인 방향을 제시하고 있는 것이다.[1)]

1) 이동주, 『현대선교신학: 복음주의 입장에서 본 종교 다원주의와 세속화 신학』 (서울: 기독교문서선교회, 1998), 330.

II. 찰스 벤 엥겐(Charles van Engen)

복음주의 진영의 국제적인 대회가 천명한 종교신학이 배타주의로 쉽게 비판되는 상황을 감안하여 풀러신학교의 선교학 교수였던 찰스 벤 엥겐은 배타주의, 포용주의, 다원주의 외에 복음주의라는 네 번째 패러다임을 추가하여 자신의 종교신학을 정립한다. 배타주의란 말 자체가 이미 부정적 의미를 내포하고 있기 때문이다. 그리고 기존의 세 가지 패러다임을 비교하는 바탕이 만약 관용이라면 배타주의는 편협한 것으로 보일 것이고, 그것이 만약 사랑이라면 배타주의는 "제한된 소망"을 주장하며 타 종교인을 "어둠의 영역"으로 몰아넣는다. 그리고 배타주의는 모든 사람에게 "폭넓은 소망"을 제공하지 못한다.[2] 따라서 벤 엥겐은 복음주의 패러다임을 도입한다. 그것은 곧 신앙 특수주의(예수 그리스도는 주님이다-성자 하나님), 문화적 다원주의(예수 그리스도는 주님이다-성부 하나님), 교회론적 포용주의(예수 그리스도는 주님이다-성령 하나님)를 말한다.

첫째, 벤 엥겐이 말하는 신앙 특수주의는 개인적인 차원의 의미를 지닌다. 종교체계나 종교이론을 다루는 것이 아니라 사람들과의 개인적인 신앙을 다룬다. 예수에 대한 개인적인 신앙과 헌신을 다룬다. 기독교 신앙의 독특성과 특이점은 어떤 외부적 요인이 아니라 그리스도인과 살

---

2) Charles Van Engen, *Mission on the Way*, 박영환 옮김, 『미래의 선교신학』 (도서출판 바울, 2004), 247-55.

아계신 예수 그리스도와의 개인적인 관계성이다.[3)]

복음주의 패러다임은 모든 종교 체제는 물론이고 제도 혹은 종교 체제로서의 교회를 의심스럽게 본다. 기독교는 특정 종교 체제나 제도에 대해서가 아니라 예수 그리스도에 헌신하는 제자들의 교제 공동체인 교회에 충성하는 것이다. 이 점에서 복음주의 패러다임은 배타주의와 다르다. 그리고 포용주의나 다원주의와도 다른 관점을 가진다.

선교의 실천 과정에서 "예수를 주"로 고백하고 회심하여 하나님 나라 백성이 되도록 초청할 때, "그 예수는 우리의 예수(배타주의), 하나의 예수(다원주의), 우주적 범위의 예수 그리스도 사건(포용주의)으로서가 아니라 그의 이름을 부르는 모든 자에게 회심과 변화를 요구하는 주로써의 예수이다."[4)] 따라서 "예수를 주"로 고백하고 회심하도록 초청하는 과제를 수행하는 데는 겸손, 참회와 기도, 문화적 다양성 인정 등의 자세가 요청된다.

둘째, 문화적 다원주의는 그리스도의 주권이 배타주의자처럼 교회 위에 있는 것이 아니라 모든 세상 위에 있다고 한다. 그리스도의 주권과 왕적 통치에 대한 믿음은 타문화와 타 종교에 대한 배타주의적 접근을 반대하고, "그리스도인과 다양한 문화 사이의 상황화 된 만남을 장려한다. 문화적 다원주의 관점에서 볼 때 타 종교와 비기독교 문화의 존재 그 자체를 모두 도매금으로 악하다거나 우상숭배로 보지 않는다(배타주의와 반대). 그렇다고 해서 타 종교와 세속적 세계관 모두가 상대적인 것도 아니다(다

3) 위의 책, 266-67.

4) 위의 책, 268.

원주의와 반대). 그 모든 것은 그리스도의 주권 아래에 놓여있다고 본다.[5)]

셋째, 교회론적 포용주의는 신학과 선교학에서 하나님 나라의 포괄적 목표 중 하나로서 개인적인 회심을 놓치지 않으며, 그리스도의 몸으로서의 교회의 형성과 성장에 관심을 기울인다. 예수 그리스도가 교회의 머리이기에 그 누구도 그를 대신할 수가 없고, 어떤 사람에게도 속하지 않는다. 따라서 선교는 편협한 교회론적 왕국을 확장하기 위한 개종주의가 아니다. 패권주의나 오만함이 개입할 여지가 없다. 하나님 나라를 지향하며 이 땅에 하나님 나라를 구현하는 선교적 교회는 예수 그리스도를 머리로 한다. 세상에서 하나님 나라를 선포하고 가르치고 지키는 사명을 받은 제자를 모으는 것은 어떤 이데올로기나 타 종교가 아니라 교회다(포용주의에 반대). 그리고 머리 되신 그리스도를 중심으로 하는 교회는 "많은 구원자 중의 '한 그리스도'(a christ)가 아니라 모든 인류의 주(다원주의에 반대)를 선포하도록"[6)] 사명을 부여받았다.

세상과 대면하는 예수 그리스도의 교회는 "모든 인류만큼(다원주의) 넓고, 그리스도의 우주적 주권만큼 수용적이며(포용주의), 그리스도의 제자만큼 통합적이며 모으는 일을 한다(배타주의)."[7)] 교회는 문화에 따라 새롭고 다양한 형태를 취할 수 있겠지만, 창조의 하나님, 성육신 하신 하나님, 모든 민족의 하나님, 그리고 교회의 하나님을 믿고 고백하는 점에서 통일성을 가진다는 것이 벤 엥겐이 주장하는 복음주의 종교신학이다. 복음주의 종교신학은 세상이 아무리 변화한다 해도 예수 그리스도의 구세

5) 위의 책, 269.

6) 위의 책, 272.

7) 위의 책, 273.

주 되심과 문화와 종교를 초월하여 만민이 구원받을 수 있는 진리임을 선포하는 것이다.

III. 알리스터 맥그라스(Alister E. McGrath)의 주장

옥콜름과 필립스가 '긍정적 불가지론적 특정주의(optimistic agnostic particularism)'의 대변자로 간주했던 알리스터 맥그라스는 다원주의의 본질, 종교 정의와 대응 자세, 대화, 특정주의 내용, 신론, 구원론, 타 종교인을 향한 복음 선포 등의 주제로 그의 종교신학을 전개한다.

1. 다원주의의 본질

맥그라스는 뉴비긴의 글을 인용하여[8], '다원적인 삶의 실상으로서의 다원주의'와 다원성을 격찬하면서 진리에 대한 규범적 주장을 제국주의적인 것으로 비난하는 '이데올로기로서의 다원주의'를 구분한다. 그리고 기독교의 선포는 다원주의적 세상에 주어진 것이며 항상 종교적이고 지성적인 신념과 경쟁하였던 점에서, '삶의 다원성'은 기독교 복음전도의 이론과 실천에 있어 도전이 되지 않는다고 말한다.[9]

---

8) Lesslie Newbigin, *The Gospel in a Pluralist Society* (Grand Rapids: Eerdmans, 1989), 1.

9) Dennis L. Okholm, *Timothy R. Phillips*, 『다원주의 논쟁』, 215.

2. 종교 정의와 대응 자세

맥그라스는 다원주의가 모든 종교를 동일한 근본적 현상으로 환원하고자 일반화를 시도한 점이 치명적이라고 지적한다. 존 밀뱅크의 이론을 토대로 맥그라스는 다원주의의 종교 개념을 비판한다.[10] 다원주의는 각 "종교들"이라는 종(種, species)의 상위 범주로서 "종교"라는 속(屬, a genus)을 가정한다. 다원주의는 각 종교의 개성적 특성을 중시하기보다 공통성의 일반화에 매몰시키는 환원주의적이며 제국주의적이다. 맥그라스는 "종교" 범주에 포함될 "종교들"을 선별하기 위해 서구적 기준에 입각해 소위 "고등 종교들"이라는 개념을 상정한 종교 다원주의의 오만함을 지적한다.[11]

그리고 다른 종교를 존중한다는 점에서 대화는 존중을 의미하나 곧 일치를 전제하지 않는다. 그러나 다원주의는 모든 종교가 결국 같은 실체를 말하고 있다고 가정한다. 그런데 이는 대화 참여자들이 각자가 처한 상황에서 자기 관점을 말함으로써 다양한 지식이 통합되어 결국 온전함으로 나아간다는 소크라테스적인 산파술 혹은 대화 모델에 의존한다. 다원주의의 주장은 곧 시각 장애인에게 코끼리의 서로 다른 부분을 만지게 하는 왕과 그 신하의 이야기에 비유된다. 각 종교의 관점은 모두 타당하나, 그들 모두 진리의 일면만을 본다는 것이다. 그런데 이 비유는 모든 종교적 확언을 중립화하는 것이다. 모든 것을 알고 지켜보는 자인 왕이

10) John Milbank, "The End of Dialogue," in G. D'Costa, ed., *Christian Uniqueness Reconsidered: The Myth of a Pluralistic Theology of Religions* (Maryknoll, NY: Orbis, 1990), 174-91.

11) Dennis L. Okholm, Timothy R. Phillips, 『다원주의 논쟁』, 217-20.

전제되는, 즉 자신은 완전한 진리 전체를 보고 있다는, 오만함이다. 개별 종교가 진리의 일부만 보는 반면, 다원주의자 자신은 종교의 모든 주장을 상대화하는 완전한 실재를 알고 큰 그림을 보고 있다는 주장은 결국 제국주의적이며, 증명이 불가한 이론적 사변에 불과하다.[12] 그래서 우리는 힉의 종교 다원주의를 가설이라고 함이 타당하다고 본다.

3. 대화

힉이 모든 종교를 동질적으로 보는 것과 달리, 존 테일러(John V. Taylor)는 대화란 "다양한 차이, 모순, 상호배타적인 것을 인정하고 존중하는 양자 간의 지속적 대담"[13]이라 하였다. 따라서 종교 간 공통점은 대화의 과정을 통해서 확립되어야 하는 것이지, 다원주의에서처럼 대화의 전제로 삼을 것이 아니다. "우리는 모두 동일한 것을 말하고 있다"는 주장은 거짓된 환상이며, 모든 것을 동질화하고 다양성의 중요성을 간과하는 것은 부정직한 태도이다.[14]

4. 특정주의 내용

구원을 다양하게 이해할 수 있으나, 기독교에서의 구원이 예수 그리스도의 삶, 죽음, 부활에 토대를 두고 있다는 한 가지 사항만큼은 분명

12) 위의 책, 220-22.

13) John V. Taylor, "The Teological Basis of Interfaith Dialogue," in J. Hick and B. Hebblethwaite, eds., *Christianity and Other Religions* (Philadelphia: Fortress, 1981), 212.

14) Dennis L. Okholm, Timothy R. Phillips, 『다원주의 논쟁』, 222-28.

하다. 신약은 예수 그리스도 안에 나타난 하나님의 구속행위의 특정성을 확언한다. 칼뱅은 창조주 하나님에 대한 지식과 구속자 하나님에 대한 지식을 구별하였고, 루터도 창조와 율법의 숨겨진 하나님(Deus absconditus)과 구속과 복음의 계시된 하나님(Deus revelatus)을 구분한다. 그러나 기독교 공동체 밖에도 하나님에 대한 지식이 있음을 인정하는 이러한 합의에 대하여 유념할 점이 있다. 첫째, 기독교 전통은 하나님에 대한 '특별한' 이해를 증언하며, 이는 타 종교에서 발견된 신성(divinity)에 대한 개념과 융합될 수 없다. 둘째, 하나님에 대한 실제적/인식적 지식에 이르는 것과 구원은 별개이다. 셋째, 구원에 대한 개념은 인도, 중국, 아프리카 등 종교에 따라 매우 상이하게 나타난다.[15)]

5. 신론

힉에게 종교의 동질화를 구현함에 있어 기독교의 본질적 사상인 '성육신'과 '삼위일체' 교리는 걸림돌이 되었다. 따라서 다원주의자는 첫째로, 성육신을 신화로 간주하거나 거부한다. 그들은 역사적 예수와 그의 가르침의 원리를 이분화하여, 기독교가 유일하게 보유한 "예수 사건"과 모든 종교 전통에서 접근 가능한 "그리스도의 원리"를 구분한다. 그러나 그리스도를 위대한 종교교사로 치부하는 견해는 그리스도의 신성을 부인한 에비온파 이단에 해당한다. 둘째, 이들은 삼위일체 교리, 하나님께서 그리스도를 통하여 계시되었다는 사상을 부인한다. 이것은 기독교의 하나님이 다른 신과 다르다는 특정성, 독특성, 유일성과 상이성의 본질을

15) 위의 책, 228-32.

인정하지 않는 것이다. 다원주의자들이 사랑과 은혜의 하나님이라는 속성에 호소하여 하나님의 보편적 구원의지를 주장하는데, 그리스도 안에 나타난 하나님의 계시에 근거하지 않고서 그러한 속성을 도출해낼 수 없다. 셋째, 다원주의에서 구원은 공통적으로 하나님과의 변화된 관계를 수반한다고 하는데, 기독교에서의 구원 개념은 분명 "우리 주 예수 그리스도의 아버지 하나님"과의 인격적 관계를 중심으로 하고 있기에, 매우 특정화된 개념이다.[16)]

6. 구원론과 세계 종교

구원에 있어서 예수 그리스도의 위치는 종교신학에 대단히 중요한 주제다. 다원주의는 예수라는 인물을 특별히 다루지 않으나, 예수가 기독교의 가장 특정주의적 요소임을 인정하는 것으로부터 대화를 시작해야 한다. 예수는 이슬람의 무함마드와 같이 보냄 받은 선지자로 치부될 수 없으며, 구원을 가져다주는 분, 구원을 구성하는 존재이다. 다원주의자는 신약성경에서 이 부분이 잘못되었다고 하고, 이런 관점은 기독교 밖에서는 구속력이 없다고 주장한다. 그러나 신약은 분명히 예수 그리스도는 단지 기독교인의 구원자가 아니요 잠재적으로는 세상의 구원자임을 나타내며 그의 구원 사역의 보편성을 보여준다.[17)]

맥그라스는 구원의 본질 면에서 다원주의의 문제점을 지적한다. 힉은 모든 종교는 구원론적 구조를 나타내는 데 있어 근본적으로 같다고 하

16) 위의 책, 232-36.

17) 위의 책, 237-38.

였다. 그러나 각 종교 간 구원의 개념과 구원이 확립되고 획득되는 방식은 매우 상이하다. 불교의 해탈, 기독교의 부활 영생 등 여러 종교는 각기 다른 구원을 제공하는데, 이에 이르는 길이 모두 동일하게 타당할 수 없다. 비트겐슈타인의 언어철학에 따르면, 어떠한 단어가 사용되는 "삶의 양식"(Lebensform)이 단어의 의미 확정에 결정적 영향을 끼치므로, 단어와 관련된 삶의 양식에서의 용례를 연구해야 한다. 따라서 "기독교적 삶의 양식"은 "구원"에 대한 기독교적 개념이 함의하는 바를 이해함이 매우 중요하다. 기독교에서 구원은 그리스도 안에서, 그리스도를 통한 구원이며, 그리스도의 삶, 죽음, 부활 때문에 가능한 것이다. 만일 구원 개념을 일반화하여 "공동체의 일원에게 주어지고 성취되는 어떤 유익"이라 정의한다면, 모든 종교에 구원이 있으며, 그 외에 정치이념이나 심리요법 또한 "구원적"이라 해야 한다. 이에 다음 네 가지를 분명히 해야 한다.

① 기독교는 구원의 본질, 토대, 획득 방법에 대한 특별한 이해를 가지며, 구원에 대한 기독교적 이해는 기독론적으로 결정된다.
② 기독교는 "기독교적 의미의 구원"을 제공하는 유일한 종교이다.
③ 기독교적 의미에서의 구원은 현재 기독교 공동체 밖에 있는 사람에게 참되고 매혹적인 가능성으로서 선포된다.
④ 기독교 복음에 반응하여 기독교가 제공하는 구원을 받아들임으로써 각 사람은 교회의 일원이 된다.
⑤ 따라서 "교회 밖에는 구원이 전혀 없다"는 키프리안의 선언을 확언하는 것은 타당하다.[18]

18) 위의 책, 243-44.

그렇다면 기독교적 구원과 세계 종교의 관계는 어떠한가? 구원에 대한 독특한 기독교적 이해를 확언한다고 해서 다른 신앙이 나름의 구원을 제공한다는 점을 부인하는 것이 아니다. 신약성경은 예수 그리스도 안에서의 하나님의 구속 행위의 특정성을 분명히 하고 있다. 하나님은 모든 사람에게 긍휼을 베풀고자 하시며 그 누구도 멸망하기를 원치 않으시는 구원의지의 보편성을 말한다. 책임 있는 기독교 신학은 그리스도의 인격과 사역의 특수성과 그의 사역 범위의 보편성을 동시에 확언하는 창조적 갈등 안에 있어야 한다. 이 갈등은 모든 사람이 구원을 받게 되리라고 선언하는 보편구원론으로서는 해결될 수 없다. 보편구원론은 모든 인간이 구원을 받아야만 한다고 강요하시는 하나님에 의해 인간이 자유의지를 제한당해야 함을 인정하는 것이며, 인간의 거절할 수 있는 권리를 인정하지 않는 것이다.[19]

7. 타 종교인을 향한 복음 선포

"복음의 분명한 선포에 믿음으로 반응하는 사람은 구원을 받을 것"이 확실하다 하여, 이로부터 "오직 그렇게 반응하는 사람들만이 구원을 받게"[20] 된다고 결론지을 수는 없다는 것이 전통적 복음주의와 다른 맥그라스의 주장이다. 말씀이 인간 대리자에 의해 선포되지 않거나 선포될 수 없는 곳에서도 하나님께서는 아무런 제약 없이 사람을 부르실 수 있다. 선교신학에서는 하나님께서 우리보다 앞서가셔서 선교를 위한 길을 예비

19) 위의 책, 245-47.

20) 위의 책, 248.

하신다는 선행적 은총교리를 간과해 왔는데, 하나님의 구원 사역은 배타적으로 인간의 선포에만 제한될 수 없으며, 복음의 선포만이 구원의 유일한 방편은 아니다. 하나님 앞에서 인간에게 복음전파의 책임이 있다는 것이, 하나님께서 모든 주권을 인간에게 이양하시고 전권을 포기하셨음을 뜻하지 않는다. 기독교인은 모든 사람이 구원을 받도록 하는 데 실패했을지 모르나, 그렇다고 구원을 보편적으로 가능하게 하시려는 하나님의 의도가 실패했음을 의미하지 않는다.[21)]

이와 같이 맥그라스는 복음주의 입장에서 종교신학을 주장하지만, 전통적인 복음주의자와는 다른 결론을 도출한다. 그래서 옥콜름과 필립스는 맥그라스를 '긍정적 불가지론적 특정주의'의 대변자로 분류했다고 본다. 맥그라스는 예수 그리스도의 유일성과 구원의 특정성을 주장하면서도 누가 구원을 받고 멸망을 받을지는 오직 하나님만 아시며, 사랑이신 하나님에게 보편적 구원의 가능성을 열어놓는다. 하나님의 주권과 권능을 강조하는 면에서 복음 선포의 한계성이 있다. 하나님의 주권과 권능과 사랑과 자유를 강조하는 관점은 또 다른 의문을 제기한다. 예수 그리스도를 명시적으로 고백하고 회심하여 구원받는 길 외에 하나님은 또 다른 구원의 길을 준비한 것인가, 그렇다면 그에 대한 증거는 무엇인가이다. 인간이 이해할 수 있는 명확한 복음 선포는 인간의 언어와 성경의 증거 내에서 만이다. 비록 맥그라스가 주장하는 것처럼 하나님이 인간에게 전권을 이양한 것은 아니며, 하나님의 보편적 구원의지는 만민이 구원받기를 원하는 것이며, 그리하여 예수 그리스도 외에 또 다른 구원의 길이 있다는 여지를 남기는 복음 선포의 제한은 결국 복음의 무효화와 기독교의 정

21) 위의 책, 248-51.

체성을 훼손하게 될 것이기 때문에 문제가 된다.

IV. 아모스 용(Amos Yong)의 성령론적 종교신학

1. 오순절-은사주의 종교신학 추구

아시아 출신의 오순절 신학자 아모스 용[22]은 복음주의 노선에 서 있지만 독특한 성령론에 토대를 둔 대안적 종교신학을 주장한다. 용은 타종교의 믿음과 현상을 성령의 경험으로 알고 이해하려는 오순절-은사주의 신학을 제창한다. 종교에 대한 기독론 중심적인 접근은 배타적인 특수주의로서 한계를 가진다고 규정하며, 종교신학의 성령론적 접근의 필요를 제기한다. 그의 성령론적 접근은 세상에서 성령의 활동을 분별할 수 있는 능력에 관한 것을 중심으로 한다. 성령의 현존을 분별할 수 있는 기준으로 용은 한스 큉의 범주를 인용하여 일반적인 윤리, 각 종교의 전통에 충실한 정도, 기독교의 전통을 기준으로 제시한다. 더 나아가 그는 자신의 오순절-은사주의 신학을 통해 성령의 영감 있는 종교적 경험, 오순절 실용주의, 봉사와 실천, 악한 영 분별 등의 다양한 자원을 토대로 종교신학을 제시한다. 용은 종교 다원주의자가 종교신학을 신론이나 구원

22) 아모스 용(楊偉明 1965~)은 말레이시아계 미국인으로서, 오순절 신학자이며 풀러신학교의 선교학 센터 및 신학과 선교학 교수이다. 위키피디아, “Amos Yong,” https://en.m.wikipedia.org/wiki/Amos_Yong (2020. 8. 14).

론에 예속하는 것을 비판한다. 신론의 하위 체계로 보면 지나친 낙관주의에, 구원론에 예속하면 지나친 비관주의에 빠진다고 경고한다. 기독론의 범주 안에서 종교신학을 논할 때 기독교 변증론에서 유리하지만 "'말씀이 육신이 되신'(요 1:14) 특수성이 '모든 육체에 부어준 영'(행 2:17)의 보편성과도 균형을"[23] 가져야 한다고 하면서 기독론과 성령론의 보완을 제기한다. 따라서 그는 종교에 대한 독창적인 "성령론적 상상력(pneumatological imagination)" 혹은 오순절-은사주의적 경험을 강조하는 성령론적 신학을 주장한다. 이에 관한 최초의 복음주의 학자가 다른 어느 곳에서보다 다원주의의 도전이 널리 퍼져있는 아시아에서 출현한 것은 적절해 보인다.[24]

보스턴 대학교에서 박사학위 논문으로 제출한 "영 분별(Discerning the Spirit(s)): 기독교 종교신학에서 오순절-은사주의(Pentecostal-Charismatic)의 기여"[25]라는 획기적인 논문에서 그는 종교의 은사주의 신학을 "대단히 차별화된 믿음의 경험과 종교적으로 다각적인 현상 모두를 성경에 비추어 성령의 경험으로 알고 이해하려는 노력"[26]으로 정의한다. 더욱이 이러한 노력은 한편으로는 복음 전도의 우선성을 중시하고, 다른 한편으로는 성경의 권위에 대해 헌신하도록 시도한다. 박사학위 이후에 용은 왕성하게 성령론적 종교신학과 다양한 주제의 신학적 연구와 저작 활동을 벌이고 있다.[27]

---

23) Ott, Strauss, Tennent, 『선교신학의 도전』, 632.

24) Veli-Matti Kärkkäinen, *An Introduction to the Theology of Religions*, 277.

25) 제4부 1장 각주 28에서 제시한 바와 같이 이 박사학위 논문은 책으로 출판되었다. Amos Yong, *Discerning the Spirit(s): A Pentecostal-Charismatic Contribution to Christian Theology of Religions* (Sheffield: Sheffield Academic Press, 2000).

26) Veli-Matti Kärkkäinen, *An Introduction to the Theology of Religions*, 277.

27) 수많은 저서 중 공저자를 포함하여 일부를 소개하면 다음과 같다. Veli-Matti Karkkainen, Amos

2. 오순절-은사주의 종교신학 열 가지 명제

그의 신학박사학위 논문을 단행본으로 출판한 저서에서 용은 열 가지 오순절-은사주의 종교신학 명제를 결론으로 대신하고 있다. 그 열 가지 명제는 다음과 같다.

명제 1: 오순절-은사주의 종교신학은 비기독교 신앙을 이해하는 다른 기독교 신학 작업을 대체하기보다는 보완해야 한다.[28)]

명제 2: 오순절-은사주의 종교신학은 하나님 아버지의 두 손으로서 아들과 성령을 인식하는 견고한 삼위일체론에 토대를 두어야 한다. 삼위일체론적 종교신학의 추구는 세상의 종교에 관한 기독론적 접근만 아니라 성령론적 접근도 가능하게 한다.[29)]

명제 3: 오순절-은사주의 종교신학은 성령의 경륜과 종교의 관계를 신학적 차원뿐만 아니라 철학적 또는 형이상학적 차원에서도 확립할 수 있어야 한다.[30)]

명제 4: 오순절-은사주의 종교신학은 일반적으로 인간 경험의 변혁적인

Yong, *Toward a Pneumatological Theology: Pentecostal and Ecumenical Perspectives on Ecclesiology, Soteriology, and Theology of Mission* (Lanha, MD: UPA, 2002); Yong, *Beyond the Impasse: Toward a Pneumatological Theology of Religion* (Grand Rapids: Baker Academic, 2003); Yong, Hospitality and the Other (Maryknoll, NY: Orbis, 2008); Yong, *The Missiological Spirit: Christian Mission Theology in the Third Millennium Global Context* (Eugene, OR: Cascade Books, 2014); Steven Felix-Jäger, Amos Yong, *Pentecostal Aesthetics: Theological Reflections in a Pentecostal Philosophy of Art and Aesthetics* (Global Pentecostal and Charismatic Studies) (Leiden: Brill Academic Publishers, 2015).

28) Amos Yong, *Discerning the Spirit(s)*, 311.

29) 위의 책, 311.

30) 위의 책, 311.

특징과 특별히 궁극적 구원의 경험에 대한 성령론적 설명을 제공할 수 있어야 한다. 이것은 오순절-은사주의자가 세상에서 활동하는 성령과의 만남으로부터 추출된다. 성령에 이끌리는 상상력으로 세상의 현실을 보는 것은 인간의 경험 안에서 찾을 수 있는 성령의 신성한 상징에 대한 실체화(instantiation)를 가능하게 한다. 이것은 창조 안에 있는 신의 현존과 활동을 인정하는 것이다.[31)]

명제 5: 오순절-은사주의 종교신학은 변혁적인 과정이 아닌 오히려 파괴적인 과정도 설명할 수 있어야 한다. 이것은 성령론과 인간학을 결합하는 방식에 의하여 이루어진다. 인간은 자유롭고, 그들의 삶은 성령뿐만 아니라 신적 부재 또는 악마(demonic)에 의해 상징되는 다른 영적으로 파괴적인 힘의 장에 의해서도 영향받는 것을 인식하는 것을 의미한다.[32)]

명제 6: 그러므로 오순절-은사주의 종교신학은 종교 안에서 악마와 하나님(divine)을 분별하는 수단을 제공해야 한다. 성령론적 상상력의 양식(modality)[33)]은 그러한 분별력이 행사되는 규범적인 기준을 제공한다. 다른 신앙의 종교적 상징, 관습, 교리는 신적 축복 혹은 악마적인 정죄와 파괴로 이어지는 양식으로 평가될 수 있다.[34)]

명제 7: 오순절-은사주의 종교신학은 성령으로부터 세상과 종교에 대해 더 배우도록 개방되어야 한다. 그러한 인식론적 개방성은 진정한 성령론적 종교신학을 구성하는 데 본질적이다. 이것은 성령이 잘못을 저지르기

---

31) 위의 책, 311-12.

32) 위의 책, 312.

33) 이때 양식이란 성령의 임재와 현존, 성령의 활동 혹은 성령의 부재를 의미한다.

34) 위의 책, 312.

쉬운 인간을 더 큰 진리의 이해로 이끈다는 사실과 성령은 세상에 현존하는 종교 안에서 지속적으로 활동하고 그들을 변화시킨다는 사실을 반영한다.[35)]

명제 8: 그러므로 오순절-은사주의 종교신학은 사람들이 자유롭게 종교 간 대화에 참여할 수 있게 해야 한다. 대화의 목적은 종교 간의 중대한 차이를 무시하고 오로지 유사성에만 단순하게 동의하자는 것이 아니다. 오히려 변증의 활동은 하나님 나라를 특징 짓는 의와 화평과 진리를 향한 섬김이 되는 그러한 대화를 인정하는 것을 포함할 필요가 있다. 따라서 대화는 궁극적으로 자기 비평을 포함하는 것이고, 기독교 신앙을 포함하여 다른 종교가 상호 간에 동시에 그리고 궁극적인 종말론적 변화에 이르게 한다.[36)]

명제 9: 오순절-은사주의 종교신학은 사람을 자유롭게 하여 세상 안에서 성령의 인도하심에 따르게 하고, 임박한 하나님 나라의 기대 안에서 세상의 변화를 가져오고, 악마적 힘의 방해를 물리치는 성령의 흔적을 보이는 모든 사람과 함께 일하도록 해야 한다.[37)]

명제 10: 오순절-은사주의 종교신학은 결국 성령의 현존과 활동의 종말론적 지평을 인식하는 순간에도 기독교 복음의 선포를 활성화해야 한다. 진리를 추구하는 만남으로서 대화, 기독교 사랑의 수고로서 섬김, 그리고 악의 세력으로부터 세상의 구속 선포와 예수 그리스도를 통해서 창조자와 피조물의 화해, 즉 이 모든 것은 결합 될 필요가 있다. 이 방식으로

35) 위의 책, 312.
36) 위의 책, 313.
37) 위의 책, 313.

> 그리스도 안에 있는 기독교 신앙은 성령의 능력을 인류 역사의 전 과정을 통해 증명할 수 있는 공적인 시험을 통과할 수 있을 것이다.[38)]

이러한 열 가지 오순절-은사주의 종교신학의 명제는 용의 명제적이며 추론적인 진리 혹은 주장으로 볼 수 있으며, 그 자신도 완벽한 진리라고 하지는 않는다. 다만 그가 신학박사학위 논문에서 잠정적인 결론으로 도출한 것으로서 미래 연구의 과제로 열어 놓은 것이라 할 수 있다. 용 자신은 이상의 명제가 담고 있는 의미를 세 가지로 제시한다.

> 첫째, 성령론은 언제나 잠정적인 확신(certitude)만을 허용하고, 신학적, 형이상학적 전제와 가설로 시작하며, 경험적 데이터의 해석을 지속하고, 성령의 분별력을 포함한다. 말할 필요도 없이 아무도 미리 판단하지 않을 수 있다.[39)]
>
> 둘째, 연구의 신학적 의미는 영 분별력을 위해 제기된 기준과 관련된다. 용이 이 연구에서 제시한 형이상학적 가설에 따르면, 모든 상황과 사건은 성령론적, 기독론적으로 평가될 수 있고, 평가되어야 한다.[40)]
>
> 셋째, 아마도 이 연구의 가장 중요한 신학적 의미는 기독교 종교신학의 형성에서 성령론으로의 전환이 반드시 두 가지 관련된 이유로 기독교 신학의 특성을 변화시킨다는 것이다. 우선 만일 성령이 인류의 비기독교 종교 전통에서도 활동한다고 인정한다면, 기독교 신학자는 신학 함에 있

38) 위의 책, 313.

39) 위의 책, 314.

40) 위의 책, 315.

어서 다른 신앙을 무시하기를 중단해야 한다. 다른 종교 전통 안에서 성령의 현존과 활동을 인정한다면 다른 종교 전통 안에서도 신학적 통찰력을 주는 그 어떤 것이 있을 수 있다는 것을 의미하고, 그러한 통찰력은 기독교 신학에 긍정적인 영향을 미칠 수도 있음을 의미한다.[41]

3. 용의 종교신학 비평적 정리

캐르캐이넌은 용의 성령론적 종교신학의 가장 중요한 토대를 신의 현존(임재)으로서의 성령(the Spirit as the divine presence)과 성령에 관한 분별의 기준(criteria for discernment)을 중심으로 요약 정리하여 제시한다. 필자는 캐르캐이넌이 요약정리하고 분석한 내용을 참고하여 아래와 같이 용의 초기 종교신학의 핵심 논지를 소개한다. 첫째부터 셋째까지 내용은 우주적 신의 현존(cosmic divine presence)으로서의 성령에 대한 내용이고, 나머지 세 개는 성령에 관한 분별의 기준과 연관된 내용이다.

첫째, 용은 종교신학의 기독론적 접근의 한계와 어려움을 제기한다. 용은 전통적인 배타적 특수주의(particularism)가 기독론 중심의 한계를 안고 있다고 한다. 용은 그리스도의 궁극성에 대한 논쟁은 "조금도 누그러지지 않고 계속된다(continues unabated)"고 본다. "특수주의자, 포용주의자 그리고 다원주의자... 각각은 하나님의 구원의 은혜와 사랑, 하나님 나라의 성격과 양식, 성령의 임재와 활동, 그리스도인의 복음 전도와 선교 사역과 방법에 이르기까지 기독론적 규범을 적용하는 타당성을 이

41) 위의 책, 317.

루어야 하는 것이다."[42] 따라서 용은 성령론적 관점에서 작업을 시작하는 것이 시급하다고 제안하며, 기독론과 성령론은 더 넓은 삼위일체의 틀 안에서 이해되어야 한다고 말한다.[43]

둘째, 용은 자신의 접근 방식에 대한 종교신학의 도전을 분명하게 식별한다. "종교에 대한 기독교 신학의 다년간의 문제는 어떻게 인간 종교에서 신의 존재에 대한 확신이 예수 그리스도라는 특정한 인물을 통한 구원의 확신과 양립할 수 있는지에 있다."[44] 그는 신의 부재(divine absence) 현실을 부정하지 않으면서, 세상에서 신의 존재와 활동을 개념화할 수 있다고 주장한다. 이러한 범주는 잠재적으로 보편적이기 때문에, 세상에서 성령 보편적인 신학의 중심 요소로 간주될 수 있다고 한다.[45]

셋째, 용은 기독론적 기준과는 별도로 세상에서 성령의 활동을 분별할 수 있는 능력에 관한 문제가 제기됨을 인정한다. 이러한 성령론적 종교신학에 대한 주요한 문제를 해결하기 위해 용은 "토대적 성령론" (foundational pneumatology)을 제안한다.[46] 그는 이 작업을 수행하기 위해 창조와 하나님 나라의 관계성의 틀 안에서 삼위일체 성령론에 대한 개요

42) Amos Yong, *Discerning the Spirit(s)*, 57.

43) Veli-Matti Kärkkäinen, *An Introduction to the Theology of Religions*, 279.

44) Amos Yong, *Discerning the Spirit(s)*, 35.

45) Veli-Matti Kärkkäinen, 위의 책, 279.

46) 용은 '토대적 성령론'이라는 개념을 로마 가톨릭 신학자 도널드 겔피로부터 많은 도움을 받았다고 한다. Donald Gelpi, *The Divine Mother: A Trinitarian Theology of the Holy Spirit* (Lanhan, MD: UPA, 1984). '토대적 성령론'이란 데카르트적인 경험과 자명한 직관 중심의 인식이 아니라 명제와 상황 속의 질문에 상관성을 가지며, 지속적인 대화와 발견의 과정에 의존한다는 뜻이다. 아모스 용은 겔피의 '토대적 성령론'이 방법론(혹은 기능론)에 치우쳤고 한계성을 가진다고 하면서 인식론적, 방법론적으로 좀 더 넓은 차원에서 전개한다. Amos Yong, "On Divine Presence and Divine Agency: Toward a Foundational Pneumatology," *Asian Journal of Pentecostal Studies* Vol. 3 Issue 2 (July 2000), 167-88.

를 개발하고자 한다. 용은 경륜적으로 아들과 성령 사이에 상호 관계가 있는 삼위일체 신학을 구상한다. 이를 통해 그는 기독론적인 틀이 아닌 성령론 내에서 비기독교 신앙을 이해할 수 있게 조심스럽게 접근한다.[47)] 어떤 의미에서 용은 성육신의 내용(what)을 설명하는 로고스 기독론의 교부학적 사상을 되살려서 성육신의 방식(how)을 이해하려는 성령-기독론을 제기한다. 이것은 용으로 하여금 엄격한 기독론적인 것보다 세상 속에서 성령의 임재를 더 넓은 의미로 말하도록 돕는다. 왜냐하면 하나님의 말씀과 성령은 "연관성을 지닌 존재"이기 때문에 성령론은 결코 기독론과 별개의 존재로 분리될 수 없기 때문이다.[48)]

넷째, 성령의 임재와 활동을 분별하는 기준에 관해 용은 한스 큉(Hans Küng)의 세 가지 일반적인 범주를 빌려서 전개한다.[49)] 한스 큉의 관심은 종교성의 진위를 가리는 기준이지만 용은 성령의 분별 기준으로 적용한다.[50)] 먼저 가장 바깥쪽의 수준에 해당하는 일반적인 윤리의 기준이다. 이것은 모든 인간의 노력, 제도, 종교 전통이다. 다음 중간에 위치한 수준은 정경의 기원(canonical origin)에 대한 충실함이다. 종교 전통은 그것이 진정한 규범적 전통에 충실할 때에 참된 것이다. 마지막으로 가장 내면의 수준으로, 기독교의 특수한 그리스도 기준은 기독교인에게만 직접적으로 적용된다. "그러나 그리스도인으로서 우리는 자신의 신념을 다른

47) 이것이 용의 박사학위 논문이자 출판된 책 *Discerning the Spirit(s)*의 핵심 논지로서, 이 책의 제 4장에 잘 나타나있다.

48) Veli-Matti Kärkkäinen, 위의 책, 279-80.

49) Hans Küng, "What is True Religion? Toward an Ecumenical Christology," in *Toward a Universal Theology of Religions*, ed. Leonard Swidler (Maryknoll, NY: Orbis, 1987), 231-50.

50) Amos Yong, *Discerning the Spirit(s)*, 140.

사람들과 공유하지 않을 수 없다. 그러므로 기독교의 기준은 그리스도인이 아닌 사람들에게 간접적으로 적용할 수 있지만, 그리스도인이 이러한 기준을 먼저 스스로에게 충실히 적용하는 한에서만 가능한 것이다."[51] 따라서 용은 비기독교 전통 속에서 기독교의 성령을 분별하는 데에 명백한 갈등이 있다고 시인한다. 따라서 용은 성령을 분별하는 데 있어서 기독교 기준의 불가피성과 함께 동시에 공정한 종교 간 대화를 위해서 타 종교 내부의 기준을 어느 정도 인정해야 한다고 말한다. 타 종교에서 성령의 임재와 활동의 분별을 이야기하는 종교신학자가 많지만, 그 기준과 내용은 같지 않다.

다섯째, 용은 오순절-은사주의 유형의 종교신학이 종교신학 토론에 기여할 수 있는 다양한 자원을 제시한다. 그는 하비 콕스(Harvey Cox)[52]의 유명한 저서인 "하늘로부터 오는 불"(Fire from Heaven)[53]에서 제안한 기본 범주를 취한다. 그가 말하는 기본 범주란 방언을 비롯한 다른 은사 형태의 성령의 영감을 받는 종교 경험과 하나님으로부터 기적적인 것을 기대하는 것이다.[54] 이러한 초자연적인 기적을 기대하는 소망과 더불어 세상 속에서 봉사와 실천에 헌신하는 것을 "오순절 실용주의"(Pentecostal

---

51) 위의 책, 141. 가장 깊은 차원의 이런 의미에서 근본적인 분별은 복음 선포의 특수성과 관련된다.

52) 유근재, "21세기 오순절/은사주의운동의 선교학적 접근과 전망: 그들은 세계 기독교 지형도를 어떻게 바꾸어 놓았는가?," 『선교신학』 제41집 (2016), 254. 『세속도시』라는 책으로 이름을 알렸던 하비 콕스는 기독교가 죽었다고 했다가 그 자신이 오순절/은사주의 기독교인이 된 후 그는 『하늘로부터 오는 불』이라는 책으로 오순절운동에 관심을 가지고 연구했다. 그리고 그의 최근 책 『종교의 미래』에서는 오늘날을 성령의 시대라고 규정지을 정도로 오순절/은사주의 운동에 주목하였다.

53) Harvey Cox, *Fire from Heaven The Rise of Pentecostal Spirituality and the Reshaping of Religion in the 21st Century* (Reading, MA: Addison-Wesley, 1995). [한글번역: 유지황 옮김, 『영성 음악 여성』 (서울: 동연, 1996).

54) 용은 콕스가 제안한 종교 체험(religious experience), 효용성(utility), 우주론(cosmology)을 고양하는 "원초적 영성(primal spirituality)"이라는 범주를 활용한다.

pragmatism)라고 한다. 용은 또한 영 분별과 악한 영에 대한 책임 있는 관계성을 이야기한다.[55)]

마지막으로 용은 새로운 성령론적 신학을 시험하기 위해 아프리카-브라질의 전통 오순절 운동인 움반다(Umbanda)[56)]에 관한 사례 연구를 했다.

4. 오순절-은사주의 종교신학 평가

용의 초기 저서에서 기독론과 성령론을 연관 지어 독창적인 종교신학을 구축한 점을 높이 살 수 있다. 용의 신학적 탐구에서 중요한 시사점은 삼위일체 하나님, 특히 성령 하나님의 임재와 활동이 타 종교에 어떻게 일어나는지를 분별하는 기준을 제시한 점이다. 즉 성령의 임재, 성령의 부재, 성령의 활동이라는 세 가지 기준이다. 이러한 기준으로 교회가 삼위일체 하나님의 현존과 사역을 분별할 수 있고, 동시에 악마적이거나 파괴적인 것을 거부할 수 있다. 『환대와 타자』라는 저서에서 용은 종교적으로 다원화된 세상에서 성령의 임재와 인도하심으로 그리스도인이 타 종교를 주체적이며 긍정적으로 대할 수 있도록 돕는다고 말한다. 이러한 대화적 태도가 타 종교인과의 만남과 "하나님의 환대(hospitality of God)"

55) Amos Yong, *Discerning the Spirit(s)*, 제7장 "오순절-은사주의 종교신학 자원"; Veli-Matti Kärkkäinen, 위의 책, 280-81.

56) Amos Yong, *Discerning the Spirit(s)*, 제8장 "오순절 운동과 움반다: 하나의 시험적 사례 연구". 네이버 지식백과, "움반다," https://terms.naver.com/entry.nhn?docId=630547&cid=50766&categoryId=50794 (2020. 8. 15 접속) 움반다는 브라질의 아프리카 색채가 농후한 심령주의적 습합종교의 총칭으로 어원적으로는 의사, 주의(呪醫), 제사(祭司)라는 뜻. 주된 습합요소는 아프리카 종교, 가톨릭, 심령주의, 브라질 원주민의 종교이다.

를 실현하게 한다고 강조한다. 우리는 "하나님의 환대"라는 차원에서 마가의 다락방에서 일어났던 최초의 오순절 성령강림절에 일어났던 다양한 방언이 의미하는 바를 새롭게 볼 수 있다. 삼위일체 하나님이신 성령은 비기독교인 "타자"가 종교적으로 낯선 언어로 말을 들어도 그 말 가운데서 하나님의 임재와 사역을 분별하고 파악하게 한다.

그럼에도 불구하고 용의 오순절-은사주의 종교신학 탐구는 여러 가지 중요한 문제를 제기하고 있다. 캐르캐이넌은 용의 종교신학 시도가 상당히 추상적이며, 그가 설득력 있게 발전시킨 여러 사례가 매우 흥미롭다고 본다. 하지만 제기되는 주요 문제와 쉽게 관련짓기 어렵다고 평가한다.[57] 용의 종교신학이 안고 있는 중요한 약점은 다음과 같다.

첫째, 용은 기독론과 성령론적 종교신학을 구축했다고 주장하지만, 실상은 그리스도의 유일성과 중심성을 약화할 수 있다. 용의 본래 주장은 참되고 철저한 삼위일체론적 종교신학의 구축이라고 하지만 실상은 성령론을 그 근본 출발점으로 삼는 것이 아닌가 의심이 든다. 그의 "성령론에서 출발하는 어떤 기독교 종교신학도 궁극적으로 기독론을 포함하거나 직면할 수밖에 없다"[58]라는 주장이 성령론 우위의 종교신학 추구를 시사한다.

구원론 관점에서도 용은 구원론적 질문을 언급하였지만, 연구가 발전하는 가운데 기독론과 구원론의 약화를 내비쳤다.[59] 용은 자신의 야심찬 오순절-은사주의 종교신학에 전개에서 "기독론에 대한 범주적 제한

57) Veli-Matti Kärkkäinen, 위의 책, 281.

58) Amos Yong, *Beyond the Impasse*, 103.

59) 위의 책, 167.

(categorical constraints)"을 감행한다.[60] 기독교 종교신학에서 기독론의 기반이 부실해지면 과연 용이 주장하는 영 분별의 세 가지 기준을 적용할 수 있을 것이지가 의문시되며, 성령의 구원하는 건설적 권능과 악마의 파괴적인 힘을 분별하는 데 한계에 직면하게 될 것으로 보인다. 그가 제시한 세 가지 기준조차도 "너무 불분명하여 그의 야심 찬 주장을 입증하기가 어렵다"는 비판도 제기되었다.[61] 심지어 자신도 "영들을 분별하는 것은 원래 애매모호한 것"[62] 같다고 말했으며, 심지어 어떤 종교 활동도 거룩하거나 인간적이거나 악마적인 것을 완전히 분별하는 것은 불가능하다고 하고 있다.[63]

둘째, 용의 주장은 종교 전통과 체제 사이의 굳어진 관계를 넘어서는 방법을 제시하지 못한다. 복음적인 종교신학은 반드시 그리스도와 타종교 사이의 갈등을 다루어야 한다. 그러나 용의 입장은 관용을 강조하지만, 복음의 독특성에 대한 복음주의의 전제를 배제하고 있다.

셋째, 용의 주장은 전 세계 교회가 종교 다원주의를 어떻게 이해하고 있는가에 대해서는 충분히 고려하지 않고 있다. 그보다는 용의 중요한 관심사는 계몽주의의 큰 틀 안에서 새로운 성령론적 종교신학 구축이다. 그러나 세계 기독교 시대에 계몽주의에 지대한 영향을 받는 서구 기독교라는 한정된 청중에게만 호소하는 것은 더 이상 충분하지 않다.

용의 오순절-은사주의 종교신학의 시도와 개요는 기독론과 성령론을 종합적으로 고찰하려는 점과 일부 보수 기독교의 배타적 종교신학 패

60) Ott, Strauss, Tennent,『선교신학의 도전』, 633-34.

61) 위의 책, 634.

62) Amos Yong, *Beyond the Impasse*, 159-60.

63) 위의 책, 167.

러다임을 극복하려는 시도로써 의의가 있다. 용은 첫 번 오순절 성령 강림 사건을 통해 성령이 부어져 여러 언어가 나타났듯이 타 종교의 현상도 성령의 보편적 임재현상으로 인식하기를 주장한다. 그리고 이러한 성령론적 관점에서 대화와 접근을 시도할 때 기독교도 자신에 대한 독특성을 더욱 잘 규정할 수 있게 될 것이라는 설명이다. 용의 성령론적 종교신학은 성령의 임재의 영역을 우주적인 것으로 보고 타 종교와의 대화와 선교의 상황화의 필요성을 제기한다. 전체적으로 보아 용의 성령론적 접근은 충분한 성경적인 지지를 받지 못하는 것 같다. 그의 주장 역시 많은 면에서 애매모호하게 느껴진다. 용이 지적한 바와 같이 영적 분별은 필요하며 그 분별은 먼저 성경적이고 또한 윤리적이며 인도주의적이어야 할 것이다.

V. 로잔운동 종교신학

1974년 로잔 세계복음화국제대회(International Congress on World Evangelization)는 프랑크푸르트 선언과 마찬가지로 성경의 절대적 권위와 그리스도의 유일성과 선교에의 요청을 강하게 재확인하였다. 예수 그리스도는 "유일한 신인이며, 중보자"이기 때문에 "그리스도는 모든 종교 혹은 이데올로기를 통해서도 똑같이 말한다고 함축하는 일종의 혼합주의나 대화"와 "다른 종교를 통한 구원의 가능성"을 일체 거부하고, 대화는 증

거와 개종을 위한 수단으로써만 가치가 있음을 주장했다.[64)]

1989년에 열렸던 제2차 로잔대회가 선포한 '마닐라 선언문'도 예수 그리스도의 유일성을 재확인하고, 타 종교를 통한 구원의 가능성을 거부한다.

> 남자나 여자나 사람은 다 하나님의 형상대로 창조되었고 피조 세계 속에서 창조주의 흔적을 볼 수 있기 때문에, 세상의 종교 속에 때때로 진리(truth)와 미(美)의 요소가 포함되어 있는 것이 사실이다. 그렇다고 이런 요소가 복음을 대신할 수는 없다. 인간은 죄 있는 존재이며 "온 세상은 악 한 자의 지배 아래 있기"(요일 5:19) 때문에 종교적인 사람이라 하더라도 그리스도의 구속하심이 필요하다. 그러므로 그리스도 밖에서, 즉 믿음으로 그리스도의 구원 사역을 분명하게 받아들이지 않고서는 구원이 보장될 수 없는 것이다.[65)]

그리고 아브라함의 자손인 유대인 역시 예수 그리스도에 대한 믿음으로 구원을 받는다고 하면서 타 종교인에게 선교하는 그리스도인의 마음 자세를 권면한다.

> 지난날 때때로 우리는 타 종교를 신봉하는 사람들에 대하여 무지, 교만, 무례, 더 나아가 적대시하는 태도를 취하기까지 하는 잘못을 범하기도 하였다. 우리는 이에 대하여 회개한다. 그럼에도 불구하고 우리는 종교

---

64) "로잔언약" 변창욱, 『아시아 복음화를 위한 새 마음』(서울: 미션아카데미, 2007), 160-61.
65) "마닐라 선언문(1989)" 변창욱, 위의 책, 180.

간 대화(inter-faith dialogue)를 포함한 모든 형태의 복음화 사역을 추진 해 나갈 때 주님의 유일성(uniqueness), 즉 예수님의 삶과 죽음과 부활을 적극적으로 그리고 타협하지 않고 증거 할 것을 다짐한다.[66)]

2010년 3차 로잔세계복음화대회는 '케이프타운 서약'이란 성명서 2부 "우리가 섬기는 세상을 위하여: 케이프타운의 행동 요청"에서 모두 여섯 가지 선교 실천과 행동 양식을 제시하였다.[67)] 그것은 복음 진리 증거, 평화 성취, 타 종교인 사랑, 그리스도의 뜻 분별, 겸손과 온전과 단순한 교회 갱신, 선교의 일치와 동역 등이다. 이러한 과제를 수행하기 위해서 새로운 선교 지형의 변화와 그에 대해 대처하는 적극적이고 능동적인 대응이 요청된다. '케이프타운 서약'은 21세기 선교 실천 방향 여섯 가지 가운데 하나인 '타 종교인들 속에서 그리스도의 사랑을 실천하기'에서 타 종교인에 대한 선교의 자세와 태도, 선교 방법, 종교 자유에 관해 이야기한다.[68)]

1. 타 종교인에 대한 선교의 자세와 태도

(1) "네 이웃을 네 몸과 같이 사랑하라"는 명령은 타 종교인을 포함한다.

예수 그리스도의 제자로서 그리스도인은 타 종교인을 성경적 의미

66) 위의 책, 181.

67) 『케이프타운 서약: 하나님의 선교를 위한 복음주의 헌장』 (서울: IVP, 2014), 65-128.

68) 위의 책, 91-100.

의 이웃으로 여겨야 한다. 왜냐하면 그들 역시 하나님의 형상으로 창조되었으며, 하나님이 사랑하시는 사람이고, 그들의 죄를 위해 그리스도께서 죽으셨기 때문이다. 우리는 그들을 우리의 이웃으로 보고 그들의 이웃이 됨으로써 그리스도의 가르침에 순종할 수 있다. 그리스도인은 복음 전도를 통해 좋은 소식을 나누는 것이지, 비열한 '개종'[69] 활동을 벌이는 것이 아니다. 복음 전도는 "공개적으로 정직하게 복음을 진술하고, 그것을 듣는 이가 전적으로 자유롭게 자신의 의사에 따라 결단하게 하는 것이다. 우리는 다른 종교를 가진 사람들에 대해 민감하고자 하며, 그들의 회심을 강요하는 어떤 방법도 거부한다." 이어서 케이프타운 서약은 다음과 같이 타 종교인을 비롯한 사랑의 선교의 구체적인 지침을 제시하는데 이를 인용하면 다음과 같다.

> A. 우리는 우리의 모든 복음 전도활동이 윤리적인 행위가 되도록 세심한 주의를 기울인다. 우리는 강제적이거나 비윤리적이거나 속임수를 사용하거나 상대를 존중하지 않는 복음 증거는 어떤 형태든 거부한다.
>
> B. 우리는 사랑이신 하나님의 이름으로 무슬림, 힌두교인, 불교인, 그리고 다른 종교 배경을 지닌 사람들과 친구가 되지 못한 것을 회개한다. 예수님의 영 안에서 우리는 솔선하여 타 종교인에게 사랑과 선의와 환대를 보여줄 것이다.
>
> C. 우리는 진리이신 하나님 이름으로 (1) 타 종교에 관한 거짓과 왜곡을 조장하는 행위를 거부하고, (2) 대중매체와 정치적 수사를 통해 인종차

69) 케이프타운 서약이 의미하는 개종은 다른 이들을 강요하여 '우리처럼' 되게 하거나, '우리 종교를 받아들이게' 하거나, '우리 교파에 소속되게' 만드는 일이다.

별적 편견과 증오와 공포를 일으키는 것을 고발하고 이에 저항한다.

D. 우리는 평화의 하나님 이름으로, 폭력적인 공격을 당하는 경우에라도 타 종교인들을 대하는 모든 관계에서 폭력과 복수의 길을 거부한다.

E. 우리는 타 종교인과의 대화가 의미 있는 활동임을 확언한다. 그리스도의 유일성과 복음의 진리에 대한 확신은 타인에 대한 경청의 태도와 결합된 모습으로 드러날 것이다.[70]

(2) 그리스도의 사랑은 고난당하고, 때로는 죽음을 감수하면서 선교하도록 요구한다.

참된 진리의 선교에는 고난이 온다. 고난은 참된 선교의 표지로 간주된다. 때로는 고난과 박해만 아니라 피 흘리는 순교까지 피할 수 없다. "순교는 그리스도께서 특별히 귀중하게 여기겠다고 약속하신 증인됨의 한 방식이다(마닐라 선언, 12장)" 순교를 당할지라도 선교사는 자신에게 해를 입힌 자를 계속해서 사랑한다. "우리의 원수를 사랑하기" 위해 은혜와 용기를 간구한다. 마침내 그들이 회개하고 용서받으며, 하나님과 화해하는 기쁨을 발견하기를 간절히 바란다.[71]

2. 선교 방법

(1) 신앙과 행위, 그리고 삶으로 하는 사랑의 선교

하나님 사랑을 신앙 고백하는 선교는 은혜의 복음을 온 몸과 삶으로

70) 『케이프타운 서약』, 92-93.

71) 위의 책, 93-94.

나타내고 매력 있게 만든다. 그리스도인은 "그리스도의 향기다" 특히 타 종교인 속에서 섬김과 사랑으로 그리스도의 향기를 날리며, 사랑의 삶과 섬김의 행위를 통해 하나님의 선하심을 타 종교인이 느끼고 보게 해야 한다. 특히 수치와 복수가 이상화되어 있는 '명예'의 문화에서는 자기희생적인 사랑과 값없이 주어지는 '은혜'는 낯선 개념으로 거부감을 유발하고 환영받지 못할 수 있다. 그럼에도 불구하고 하나님의 선하심과 은혜를 삶으로 보여줌으로써 점진적으로 그리스도의 향기가 모든 이들에게 조금씩 스며들게 해야 한다.[72]

(2) 제자도의 다양성을 존중하는 사랑의 실천

'케이프타운 서약'은 소위 '내부자 운동'(insider movements)에 대해 이야기하면서 찬반 논쟁보다는 조심스러운 접근을 제기한다. 새로운 방법에 대한 성급한 수용이나 비난보다는 민감하면서도 신중하게 접근할 것을 요구한다. 특히 이러한 새로운 실험적인 방법에 대해서는 "하나님의 은혜를 보고 기뻐하여 모든 사람에게 굳건한 마음으로 주와 함께 머물러 있으라(행 11:20-24)"고 권했던 바나바의 심정으로 바라볼 것을 제안한다. 그러면서 두 가지 기본 원리를 제시한다.

> A. "이방인 중에서 하나님께로 돌아오는 자들을 괴롭게 하지 말아야 한다"라는 사도의 결정과 모범을 주요한 지도 원리로 받아들이자.
>
> B. 관점의 다양성을 인식하고 겸손과 인내와 온유를 실천하며, 시끄러움

72) 위의 책, 94.

과 상호 비난을 삼가며 서로 대화하자.[73)]

(3) 흩어져 있는 디아스포라를 향한 사랑의 선교

2억 명 정도가 자발적 또는 비자발적으로 모국을 떠나 이동 및 이주하여 사는 '디아스포라'를 향한 사랑의 선교가 요청된다. 디아스포라의 이유는 다양하며, 세계의 현실이다. "일자리를 찾기 위한 경제적 이주자들, 전쟁이나 자연재해로 인한 국내 이주민들, 난민과 망명자들, 인종청소의 희생자들, 종교적 폭력과 박해를 피해 도망친 사람들, 가뭄이나 홍수, 전쟁으로 인한 기근 피해자들, 도시로 이주한 빈농들이 모두 그런 이들이다." 이러한 "현대 이주 현상과 관련된 악과 고통을 무시하지 않지만, 그 현실이 하나님의 주권적인 선교적 목적 안에 있음을 확언한다."(창 50:20).[74)]

세계적인 이주 현실과 디아스포라 공동체는 선교의 중요한 기회임을 인식하고, 구체적인 선교 계획을 수립하며, 그러한 사역으로 소명 받은 사람을 훈련하고 자원을 제공해야 한다. 특히 "다양한 종교 배경을 지닌 이주자 공동체와 국제 학생 및 학자들이 머무는 국가의 그리스도인들이 행위와 말로써 그리스도의 사랑을 대항 문화적으로 증거 할 것을 권면한다."[75)] 그것은 사랑과 변호, 돌봄과 환대, 우정과 섬김을 통해 구체화할 수 있다. 그리스도인과 교회 주변 지역 상황에서 디아스포라의 존재를 인식하고 그들을 향한 하나님의 손길을 분별하고, 선교의 기회로 삼아야

---

73) 위의 책, 96.

74) 위의 책, 97.

75) 위의 책, 97-98.

한다. 이를 위해 모든 하나님의 백성과 단체들이 협력하여야 한다.

3. 종교 자유

모든 사람은 자유롭게 양심과 종교의 자유를 가진다. 자신이나 타인의 인권 침해에 저항하는 것은 바른 선교적 태도다. 타 종교인의 인권을 옹호하는 것이 곧 그들의 신앙이 옳다거나 수용하는 것은 아님을 인식해야 한다. 비록 "타 종교를 진리로 받아들이지 않더라도, 그들의 신앙과 실천의 자유를 옹호할 수는 있다."[76]

인권 침해가 있는 곳에 그리스도인이든지 타 종교인이든지 그들을 옹호할 책임이 있다. 정부를 향해 저항할 책무도 있다. 하나님의 법안에서 모순이 없는 한 국가의 법과 복지와 평화를 위해 일하는 선교가 되어야 한다.[77]

'케이프타운 서약'은 그 이전의 '로잔 언약'과 '마닐라 선언문'의 타 종교와 종교인에 대한 관점을 상당 부분 확장하여, 기본적으로 타종교에 대한 이해와 타 종교인에 대한 사랑의 태도와 관계 형성을 장려한다. 일방적이고 배타적인 '개종' 선교보다는 복음 전도의 일환으로서 '대화'를 제시한다. 종교 간의 갈등과 폭력과 비방을 극복하는 것은 물론이고 "사랑의 삶과 섬김의 행위"라는 좀 더 적극적인 실천을 요청한다. 물론 타 종교인을 사랑하고 대화의 관계를 형성하는 것이 곧 타종교를 진리로 수용하

76) 위의 책, 99.

77) 위의 책, 99-100.

는 것이 아님을 분명하게 천명한다.[78]

이상에서 살펴본 여러 복음주의 종교신학은 학자들에 따라 다소 차이는 있지만, 오직 예수 그리스도의 유일성과 독특성과 성경의 계시를 확고히 믿는 가운데 타 종교에 관한 이해를 추구하며 대응하는 모습을 보이는 것을 알 수 있다. 복음주의 종교신학은 복음의 특정성, 예수 그리스도가 메시아임을 진리로 선포하는 제한적 특성을 가지지만, 하나님의 은혜와 사랑에는 제한이 없으며, 예수 그리스도를 구세주로 믿기만 하면 누구나 구원받는다는 보편성이 있다. 그리고 종교 자유와 인권, 조작이나 강요된 개종의 반대, 대화를 통한 평화적 선교를 지향한다.

78) 복음주의 진영의 타종교에 대한 인식과 태도에 관해서는 김광성, "복음주의 진영의 타종교에 대한 선교신학적 인식 변화 연구: 〈케이프타운선언〉을 중심으로," 『선교와 신학』 46 (2018): 141-175를 참조하라.

3장
복음주의 종교신학 개요

복음주의라고 해서 어느 하나의 특정한 패러다임으로 고정할 수 없음을 우리는 앞에서 다양한 복음주의 종교신학 유형과 이론과 학자를 통해 살펴볼 수 있었다. 그렇다면 어떤 종교신학을 복음주의 종교신학으로 제시할 수 있을 것인가라는 질문이 제기된다. 필자는 복음주의자 가운데 해롤드 네틀란드의 종교신학을 비중 있게 다루었다. 그의 종교신학은 전통적인 삼분법의 특정주의 혹은 배타주의에 매달리지 않으면서도 니터의 표현대로 하면 '부분 대체 특정주의'라고 할 수 있다. 또한 네틀란드의 이론만 아니라 다양한 복음주의 노선의 종교신학을 살펴보았는데, 이제 결론적으로 복음주의 종교신학의 개요를 이야기하려고 한다.

I. 전통적 종교신학 유형론 위에 복음주의 종교신학 구축하기

전통적 종교신학 유형론을 규범적, 배타적인 것으로 보기보다는 서술적, 기능적인 것으로 보아야 한다. 서술적이라는 말은 어떤 기준이나 표준이 없이 임의적으로 취사선택한다는 말은 아니다. 정체성과 기준을 견지하면서도 다른 유형론으로부터 배우고 대안을 제시한다는 뜻이다. 오트, 스트라우스, 테넌트는 "전통적 혹은 수정된 패러다임은 지금까지의 논의가 진행되어 오게 한 출발점이었기 때문에 중요"[1]하다고 말한다. 전통적인 복음주의의 유형에 초점을 두면서도 복음주의 종교신학을 강화하는 차원에서 다른 유형의 도움을 받는 것이다.

오트, 스트라우스, 테넌트가 제시하는 복음주의 종교신학의 대안적 제안은 다음 도표에서 보는 바와 같이 계시적 특별주의에 중심과 초점을 두고, 그 외 다른 세 가지 유형을 비판적으로 고찰한다.[2]

1) Ott, Strauss, Tennent, 『선교신학의 도전』, 638.

2) 위의 책.

레이스/힉	특정주의	포용주의	다원주의	
뒤피	교회 중심주의	그리스도 중심주의	신중심주의	실재중심주의
오트/스트라우스/테넌트	**계시적 특별주의**	**보편적 포용주의**	**대화적 다원주의**	**내러티브 포스트모더니즘**

표 3 종교신학의 용어 분류 제안

첫째, 복음주의 종교신학은 기존의 용어의 한계성을 인식하고 더 정교한 대안 용어를 수용하고, 종교 간의 대화를 통해 "서로의 관점에 대해 실천적인 교훈을 배울 수 있다는 것을 인정해야 한다."[3]

오트, 스트라우스, 테넌트는 배타주의(exclusivism)라는 용어 대신에 계시적 특별주의(revelatory particularism)를 제안한다. "계시적(revelatory)"이라는 말은 성경과 예수 그리스도 안에 나타난 계시의 중요성을 강조하는 것이다. 특별주의(particularism)는 우리의 핵심적인 주제인 예수 그리스도의 절대성을 강조하는 것으로서 배타주의보다 더 적절한 용어이다. 배타주의는 예수 그리스도의 유일성과 중심성을 강조하지만 실제로는 인간의 배타성을 강조하는 것처럼 오해받을 수 있다. 그리고 특별주의라는 용어는 성육신의 역사성이 결여된 우주적 그리스도(cosmic Christ)를 지나치게 강조하는 주장을 견제하고, 복음주의를 보호하는 것으로 본다. 또한 이들은 포용주의 대신 보편적 포용주의(universal Inclusivism)를 대안으로 제시한다. 이 용어는 보편성을 강조하느라 "복음의 메시지에 대한 개인적인 반응의 인식론적 필요성을 배제"[4]하는 오류를 범했다. 포용주의는 일반

3) 위의 책.

4) 위의 책, 639.

계시와 특별계시의 연관성과 하나님의 계시가 성경 계시의 범위보다 더 크고 넓고 높다는 사실을 일깨워주는 실천적 기능을 한다.[5] 타 종교에도 하나님의 사랑이나 진리에 부합하는 어느 정도의 기본적인 진리의 요소가 담겨있고, 심지어 타 종교를 통해 하나님께서 자신을 나타내셨다는 사실을 잊지 말아야 한다.[6]

다원주의란 말 대신에 대화적 다원주의(dialogic Pluralism)를 제안한다. 그 이유는 이 말을 통해 개방성과 겸손으로 종교적 타자를 만나고 대화할 수 있다. 복음주의자는 대개 타 종교인과 대화를 경계하고, 그들의 질문이나 반대 의견에 지나치게 방어적인 입장을 취하는 경향이 있다. 누구든지 만나서 진솔한 대화를 나눌 때 많은 것을 배울 수 있다. 니터의 포스트모던 수용(acceptance) 모델의 대안으로 오트, 스트라우스, 테넌트는 내러티브 포스트모더니즘(narrative postmodernism)라는 용어를 제안한다. 비록 성경과 포스트모더니즘의 세계관은 다르지만, '내러티브(narrative)'에 대한 강조에 상통하는 면이 있다. 흔히 복음주의자는 복음 메시지와 교리적 전제를 동일시하는 강한 집착을 보여 왔고, 복음 선포와 우리의 삶이 긴밀히 상호작용하는 것을 무시해왔다. 사람들의 개인적인 신앙 내러티브를 복음 내러티브와 연결시키는 작업이 필요하다. 복음주의 종교신학은 삼분법 혹은 사분법 유형론의 장점을 수용할 수 있어야 한다. 다원주의자의 환대(hospitality), 포용주의자의 하나님의 선교 관점에서 교회의 선

---

5) 이런 관점에서 종교개혁가 존 깔뱅은 하나님 자신이 "모든 사람에게 하나님의 신성에 대해 인식할 수 있는 능력을 부여하셨고, 그 인식을 지속적으로 새롭게 하시고 때로는 확장하신다"라고 주장한 바 있다([1560] 1960, 43, XX. 1.3.1.). 이런 관점에서 깔뱅이 말한 "신 지식(sensus divinitatis)"과 보편적 "종교의 씨앗(semen religionis)을 이해할 수 있다.

6) Ott, Strauss, Tennent, 『선교신학의 도전』, 639.

교를 바라보는 점은 수용할 수 있는 덕목이다.[7)]

둘째, 바람직하다고 여기는 계시적 특별주의는 온전한 삼위일체 신학 위에 건설되어야 한다. 온전한 삼위일체 신학이야말로 "기독교 선포의 완벽함을 제시하는 큰 신학적 틀"이고, 이러한 틀 안에서 "모든 종교 간의 대화와 종교 내의 대화를" 실제적으로 추진할 수 있다.[8)] 모든 종교 내에 다양한 방식의 "하나님의 조용한 사역(the silent work of God)"이 있음을 인식해야 한다.[9)] 종교에 "인간의 마음속에 내재된 하나님의 활동"이 숨어 있고, "하나님을 찾는 인간의 열망"이 표출되고, 또한 "종교적인 활동이라는 가면 속에서 하나님으로부터 도피하고자 하는 인간의 끊임없는 시도"가 내재되어 있다.[10)] 종교에는 "도움에 대한 갈망과 자기합리화"[11)]의 양면성이 내포되어 있다.

테리 티센(Terry Tiessen)은 "우주적 종교들은 피조물 안에 있는 하나님의 계시에 주목하고, 윤리적 종교들은 인간의 의식 속에 내재된 신적 절대성을 추구하고, 구원의 종교들은 타락에 대한 인식과 구원의 필요에 대한 반응에 집중하고 있다고 분석했다."[12)] 예수 그리스도는 하나님 계시의 극치이며 모든 종교를 포함하여 만사를 판정하는 궁극적 기준이다. 그

7) 위의 책, 640-41.

8) 위의 책, 641.

9) J. H. Bavinck, *The Church between Temple and Mosque: A Study of the Relationship between the Christian Faith and Other Religion* (Grand Rapids: Eerdmans, 1966), 200.

10) Ott, Strauss, Tennent, 『선교신학의 도전』, 641.

11) Calvin Shenk, *Who Do You Say That I Am? Christian Encounter Other Religions* (Scottdale, PA: Herald, 1997), 75.

12) Terry Tiessen, "God's Work of Grace in the Context of the Religions," *Didaskalia* 18 (1) (2007): 167-68. 참고문헌 Terry Tiessen, "God's Work of Grace in the Context of the Religions," *Didaskalia* 18 (1) (2007): 165-91.

렇기 때문에 복음주의 종교신학은 삼위일체적이다. 이 말은 복음주의 종교신학의 신론, 기독론, 성령론의 조화로운 연관성을 표현한 것이다. 특히 "성령 하나님은 새 창조의 주도자로서 종말의 상황에서 계시적 특별주의가 실현되도록 돕는다."[13] 구원은 칭의를 넘어 완전한 새로운 피조물로 변화하고, 미래만 아니라 현재에 이미 실현되고, 문화의 모든 영역에도 영향을 미친다. 이러한 삼위일체적 계시적 특별주의에 따라 종교 간의 비교와 대화를 수행할 수 있다.[14]

셋째, 복음주의 종교신학으로서 계시적 특별주의의 대원칙은 "성경이 하나님의 자기 계시의 중심"[15]임을 천명한다. 이 원리에 따라서 "일반계시의 모든 통찰과 혹은 타 종교의 어떤 특정 주장이라도 성경의 계시와 예수 그리스도의 인성과 사역으로 평가되어야"[16] 함을 강조한다. 단순한 경험상의 문제나 서술적인 이야기가 아니라 '명제적인 계시에 대한 확고한 믿음은' 상대주의의 유혹과 종교 소비시장화된 현실 종교 간의 과도한 경쟁에서 벗어나게 해 준다.[17]

넷째, 계시적 특별주의는 성경적 신학의 총체적인 틀로서의 하나님의 선교(missio Dei)에 토대를 둔 종교신학을 정립한다.

하나님의 선교의 핵심은 하나님께서 주체가 되셔서 말씀과 행동으로 만민을 구원하고 복을 주신다는 것이다. 복음주의 종교신학은 언제나 창조, 구속, 그리고 새 창조의 드라마에서 주인공이신 하나님의 선교의

13) Ott, Strauss, Tennent, 『선교신학의 도전』, 642.

14) 위의 책, 642.

15) 위의 책, 643.

16) 위의 책.

17) 위의 책.

거대한 드라마 속에 자리 잡아야 한다.[18]

다섯째, 복음주의 종교신학으로서 계시적 특별주의는 성경적, 복음적, 보편적이어야 한다.

성경적이라는 것은 성경이 하나님의 특별계시로서 모든 신학의 중심이며, 복음적이라는 말은 "그리스도의 중심성, 기독교의 역사적 정통성, 복음 선포의 긴급성, 회개와 믿음의 요청 등에 헌신하는 것"이다.[19] 보편적이라 함은 전 세계 그리스도의 몸의 지체들과 연합하고 협력해야 한다는 의미이다.

II. 온전한 삼위일체 종교신학

성경적, 복음적 종교신학은 온전한 삼위일체 종교신학이어야 한다. 신론, 기독론, 성령론은 내재적이고 경륜적인 면에서 서로 구별되면서도 상호연관성 아래에서 이해해야 하고, 그런 관점에서 타 종교를 파악해야 한다. 포용주의나 다원주의가 주장하는 유사 삼위일체론은 비판받아야 한다. 온전하고 충만한 삼위일체론은 복음의 특수성을 드러낸다. 오순절-카리스마의 성령론적 종교신학이 기독론과 성령론의 연관성 속에서 독창적인 종교신학을 구축하려는 시도는 높이 평가할 만하다. 아모스

18) 위의 책, 643-44.

19) 위의 책, 645.

용이 주장하듯이 종교적으로 다원화된 세상에서 성령의 임재와 인도하심으로 그리스도인이 타 종교를 주체적이며 긍정적으로 대하고, 타 종교인과의 만남과 "하나님의 환대"를 실현하려는 것은 바람직하다. 그러나 특별계시인 그리스도의 유일성과 중심성을 약화할 수 있고, 실상은 성령론을 그 근본 출발점으로 삼는 문제점이 있다. 복음적인 종교신학은 반드시 그리스도와 타 종교 사이의 갈등이 있음을 직시해야 한다. 관용을 강조하면서 복음의 독특성에 대한 복음주의의 전제를 배제한다면 복음주의 종교신학이라 할 수 없다. 복음주의 종교신학은 반드시 더 온전하고 완전한 삼위일체 신학의 일부가 되어야 하고 동시에 기독론의 기초 위에서 논의해야 한다. 기독교 종교신학이라면 반드시 기독론이 진리를 평가하는 유일한 객관적 기준이 되기 때문이다.[20]

복음주의 종교신학에서 세 가지의 타협할 수 없는 "신학적 관점(예수 그리스도의 유일성, 그의 죽음과 부활의 중심성, 그리고 회개와 믿음의 명시적인 응답의 필요성)"[21]을 견지해야 한다. 그리고 이러한 "신학적 관점은 창조, 계시(일반계시와 특별계시), 인류학, 삼위일체, 기독론, 성령론, 교회론, 그리고 특히 종말론의 큰 틀 안에서 논의"해야 한다."[22]

포스트모더니즘 시대 영성의 도전에 응답하며, 일반계시와 하나님의 주권 차원에서 타 종교 안에서 임재하고 활동하는 성령의 현존과 역할을 강조하는 바를 신중하게 고려하면서도 온전한 삼위일체론을 견고하게 유지해야 한다. 용이 지적한 바와 같이 성경적, 윤리적, 인도주의적인 영

20) Harold A. Netland, *Encountering Religious Pluralism*, 75-85.

21) Ott, Strauss, Tennent, 『선교신학의 도전』, 636.

22) 위의 책, 636-37.

분별은 필요하다.

III. 종교와 진리 선포

최근 들어 점점 더 많은 복음주의자들이 진리에 대한 확신과 예수 그리스도 복음의 유일성에 대한 확신을 잃어가고 있다. 시대사조가 절대주의를 부정하고 상대주의를 선호하고, 진리의 옳고 그름보다는 관용을 우선적으로 고려하는 시대지만 복음주의 종교신학은 기독교의 정체성을 굳건히 하며, 예수 그리스도 복음 진리에 확고하게 서야 한다. 물론 종교신학에서 진리 주장의 다양성과 차이점이 제기된다. 이 문제는 기독교의 핵심 주장이 다른 종교의 진리 주장과 대치될 때 후자를 비진리로 거부해야 함을 의미한다. 다원주의는 모든 진리는 상황에 의존한다는 입장을 전제로 하는 데 반해 네틀란드는 '상황-독립적인 기준(Context-Independent Criteria)'을 제시한다. 특정한 상황을 초월하는 어떤 기준을 인정하지 않는다면, 어떤 형태의 상대주의를 피할 방법이 없다. 상황에 민간하게 반응하고 상황화를 수행하는 것이 선교에 필수적인 사역이라고 하더라도 상황(context)이 본문(text)을 대신할 수는 없는 것이다. 상황주의나 상대주의는 보편적 진리를 주장 할 수 있는 인식론적 토대를 박탈할 뿐만 아니라, 어떤 그릇된 대안적 관점도 허용한다.[23)]

---

23) Harold A. Netland, *Encountering Religious Pluralism*, 204-11.

대안적 세계관의 참과 거짓에 대한 모든 판단은 단지 특정한 상황의 산물에 불과하다는 상대주의를 배격할 때, 특정한 상황을 초월하는 기준에 근거하여 책임 있는 판단을 내릴 가능성이 생겨난다. 문제는 그러한 기준들을 식별하고 특정한 경우에 그 기준들을 책임감 있게 적용하는 것이다. 특정 사례에 대한 기준의 책임 있는 적용은 관련 종교 전통에 대한 충분한 이해를 필요로 한다. 또한 적절한 근거가 제시되면, 모든 사람이 상황-독립적인 기준을 합리적으로 납득하게 될 거라고 가정해서는 안 된다. 이러한 가정을 충족시키는 중요한 쟁점은 거의 없다. 심지어 상당히 명확한 평가 기준이 인정되는 학문 분야에서도 특정 사례에 대한 적용에 상당한 이견이 있을 수 있다. 단순히 이치에 맞는 주장의 설득력 있는 힘을 인식하는 것보다, 특히 종교에 대한 믿음에 훨씬 더 많이 관여하고 있다. 하지만 이것은 이성적인 성찰의 가치를 부정하지 않는다.

IV. 구원과 회심

종교 간에 경쟁과 분열과 폭력과 배척을 일으키는 교조주의적 교리가 아니라, 서로 공유되는 기본적인 도덕적 가치와 원칙이 우선적으로 고려해야 한다는 다원주의의 가치는 긍정할 만하다. 일반적인 다원주의 사회의 가치는 경쟁보다 일치, 차이점보다는 유사점, 개종보다는 존중과 공동이익을 우선시한다. 그러나 각 종교에는 각기 고유한 형이상학적 체계와 구원론 안에 도덕적 가르침을 포함하고 있다. 각 종교는 인간의 운명, 현재의 곤경의 본질과 그 대안에 서로 일치하지 않음을 인식해야 한다.[24)]

기독교는 인간이 직면하고 있는 근본적인 문제인 "죄"에 대해 성경이 말하는 맥락 안에서 이해되어야 한다고 가르친다. 죄는 도덕적인 개념이 아니라 종교적인 개념이며, 항상 거룩하고 의로운 하나님의 맥락 안에서 이해되어야 한다. 하나님은 그의 자비와 사랑으로 죄 많은 사람이 하나님께 용서받고 화해할 수 있는 길을 마련해 주셨다. 이것이 성경의 특별한 주제이다. 그러나 성경의 구원에는 이보다 더 많은 것이 내포되어 있다. 성경에서 구원에 대해 가장 먼저 관찰해야 할 것은 첫째, 구원하시는 분은 언제나 하나님이다. 둘째, 하나님이 죄의 능력과 영향으로부터 인간을 구한다. 성경 전체의 중요한 주제는 인간의 구원과 인류와 하나님과의 화해이다. 성경이 말하는 구원은 전적으로 하나님의 은혜이며, 인간의 노력이나 선행의 결과가 아니다.

신약성경에서는 예수 그리스도를 모든 인류에게 유일하신 주님이자 구원자, 그리고 하나님의 독특한 성육신으로 제시한다. 신약성경과 정통 신앙의 전통에 따라 하나님이 세상을 구원하시는 구원의 유일한 요인은 예수라고 주장한다. 길, 진리, 생명이신 예수는(요 14:6) 탄생, 생애, 십자가, 부활에서 구세주임을 드러내었다.[25)]

---

24) 위의 책, 127-32.

25) McDermott and Netland, *A Trinitarian Theology of Religions*, 144-45.

V. 복음을 듣지 못한 사람의 문제

복음주의자 사이에 복음을 듣지 못한 사람의 문제에 대한 의견 차이가 있다. 각 입장의 차이는 구원의 수단이 아니라 신에 대한 구원의 반응과 그러한 지식을 습득하는 수단에 필요한 지식의 양에 관한 것이다. 복음을 듣고 예수 그리스도에 대한 믿음을 명시적으로 반응하는 사람들만이 구원받을 수 있다. "타 종교의 가르침에서 발견되는 진리는 구원을 제공하기에 충분하지 않다. 예외 없이 모두가 구원받는다는 보편구원론은 성경적이지 않다. 이러한 쟁점이 예수 그리스도를 통한 구원의 좋은 소식 전파의 열정을 어떤 식으로든 약화시켜서는 안 된다."[26]

VI. 타 종교와 구원

하나님의 창조와 일반계시와 공통의 은혜에 의존하여 타 종교 안에 있는 진선미의 양상을 말할 수 있고, 또 말해야 한다. 그러나 구원의 최종적인 결정이나 복음을 분명히 듣고 명백하게 반응하는 것 외에 일부 다른

---

26) "The WEF Declaration," *The Unique Christ in Our Pluralistic World*, 15. McDermott and Netland, 위의 책, 154에서 재인용.

구원의 가능성은 찾을 수 없다. 타 종교는 복음을 예비할 수는 있지만 예수 그리스도의 복음을 가져올 수는 없고 따라서 구원을 가져올 수는 없다.

VII. 회심(Conversion)

복음주의자는 회심을 강조한다. 참된, 성경적인 회심의 특징은 첫째, 회심자가 교회의 일원이 되기는 하지만 삶의 질적 변화와 예수 그리스도의 통치에 순종하는 것이다. 둘째, 복음의 본질상 회심은 원칙적으로 어떤 주어진 상황 안에서 일어날 수 있기에 자신의 문화나 민족적 정체성을 버릴 필요가 없다. 하지만 회심은 새로운 피조물로 변화되어 새로운 정체성을 가지기에 과거 삶의 방식과 분명한 단절을 수반한다. 셋째, 회심은 사회, 문화적 과거와의 완전한 단절을 요구하지는 않지만, 하나님 나라 백성과 예수의 제자로서 새로운 정체성을 가질 수밖에 없다. 새로운 정체성은 과거 삶의 지도인 문화적 측면의 수정을 요구한다. 넷째, 전 세계 기독교인의 정체성은 예수 그리스도의 참된 제자이자 자신이 속한 민족, 사회, 문화 공동체의 진정한 구성원이라는데 있다. 다섯째, 진정한 회심은 한 개인의 종교 자유와 양심의 표현이므로, 그 어떤 것도 종교 선택의 자유와 기회를 보장하고 증진하며 보호해야 한다.[27]

---

27) McDermott and Netland, *A Trinitarian Theology of Religions*, 164-67.

VIII. 보편구원론과 복음주의 종교신학

보편구원론이란 종교 유무나 종류에 상관없이 모든 사람이 구원받을 것이라는 가설이다. 보편구원론자의 신학적 근거는 하나님은 사랑이라는 전제에서 출발한다. 보편구원론자가 주장하는 하나님의 사랑에 기초한 신학적 논쟁은 정의와 같은 신의 또 다른 속성을 약화하거나 추상화하는 오류를 범할 수 있다. 보편구원론은 성경의 핵심 진리인 사랑과 정의를 인위적으로 추론했기 때문이다. 그러나 보편구원론의 철학적, 신학적, 성경적 토대는 엄밀하고 정확하며 세밀한 연구에서 뒷받침받지 못하며, 성경이 증언하는 종말론은 보편구원론을 단호히 거부하는 것이다. 구원을 가져오는 믿음 그 자체는 신의 은총이요 선물이고, 죄 많은 인간이 회개하고 믿도록 초대한다.

IX. 종교 다원주의와 세계 기독교(world Christianity)의 국제적 차원

복음주의 종교신학은 서구적인 종교 다원주의만 아니라 그 외 지역의 논의도 고려해야 한다. 서구의 종교 다원주의는 일반적으로 종교에 대한 모든 논의를 계몽주의 사상과 진보의 필연성과 그 맥락을 같이한다. 포스트모더니즘은 이성에 대한 계몽주의 사상은 물론이고 계시의 개념도 단호하게 거부한다. 한편 서구 이외의 대부분의 세계에서 종교 다원주의는 서구와는 다른 인식론과 세계관에 토대를 두고 있고, 서술적 (descriptive) 진실에 더 가깝다.

> 대다수 세계에서의 기독교 신자들은 타 종교 신자들과 더불어 살아가는데 익숙해 있고, 그들은 이 다원주의 환경의 한 가운데서 그리스도의 규범적 탁월성을 드러내면서 살아가고 있다. 오늘날의 어떤 종교신학도 그와 같이 쇠퇴하고 있는 계몽주의 사상의 관점에서 논의되어서는 안 되고 범세계 교회의 관점에서 논의되어야 한다.[28)]

온전하고 참된 삼위일체 신학에 따른 복음주의 종교신학의 정립을 위해서는 복음의 정체성과 특수성을 견지하면서, 서구적인 종교 다원주의만 아니라 세계 기독교(world Christianity)의 국제적 차원에서 종교신학의 새로운 모델을 추구해야 한다. 서구의 역사와 전통을 배경으로 한 종교신학에 더해 제3세계의 종교신학의 특성도 고려해야 한다. 복음주의 내에서 다양한 분파와 지류가 있다 해도 이러한 복음주의 종교신학의 기본적인 기준에 동의한다면 복음주의 내에서의 대화와 발전은 물론이고, 다른 유형의 종교신학 지지자와도 건설적 대화를 할 수 있을 것이다.

---

28) Ott, Strauss, Tennent, 『선교신학의 도전』, 637.

X. 하나님의 강복과 구원(구출)의 긴장 속 복음주의 종교신학

지금까지 복음주의 종교신학의 개요를 아홉 가지 관점에서 제시했다. 중요한 신학적 틀은 언뜻 보기에 상호 역설 내지 모순으로 보이는 두 관점간의 긴장 내지 갈등이다. 하나는 복음의 독특성과 유일성과 절대성이라는 기독교의 정체성을 굳건히 붙드는 것이고, 다른 하나는 다른 종교에 대한 정당한 관계 형성과 존중과 판단이다. 전자를 복음과 다른 종교의 거리를 명확히 인식하는 것이라면(Differenzbewusstsein), 후자는 열린 마음(Offenheit)이라고 할 수 있다. 구약성서 학자 클라우스 베스터만(Claus Westermann)은 성경과 기독교 역사 속에서 하나님의 계시와 행동은 '구원(Heil)'이라는 한 단어로 이야기하기보다 하나님이 인간에게 복을 내리는 강복(降福, segen)과 구출(retten)로 구별할 수 있다고 한다. 하나님의 온전한 구원을 강복과 구출의 관계 속에서 이해하자는 것이다. 하나님께서 아브라함에게 재산과 자손과 수확 등의 형통의 복을 주신 것은 이 땅에서 인간이 성장하고 부유하고 잘 되라는 일상적이고 지속적인 강복이라고 한다. 이것은 개인적이고 가정적인 차원만 아니라 공동체적인 차원도 포함한다. 하나님의 강복이 아니면 개인, 가정, 공동체 어느 것이라도 복을 누리기 힘들다. 계절을 따라 비나 햇볕을 내리고 인생의 사계절에도 늘 지속적으로 관계있는 하나님의 행동이 강복이다.[29] 하나님의 강복 행

29) C. Westermann, *Der Segen in der Bibil und im Handeln der Kirche* (München, 1968), 18ff, 20.

위는 자연계시 차원에서 이해할 수 있다.

하나님의 구출 행위는 특별계시라는 차원에서 이해할 수 있다. 하나님이 모세를 출애굽의 지도자로 부르시고 소명 주실 때 특별한 계시 사건을 통해 이루셨음을 알 수 있다. 일상적인 강복과 다르게 구출 행위는 하나님의 특별계시 사건을 통해서 이루어졌으며, 현세적인 사건만 아니라 내세적, 종말론적 사건도 포함한다. 그러므로 강복과 구출은 둘 다 하나님의 주권적인 행동이다. 둘 다 하나님의 구원 행위에 속하며, 다만 그 방식이 다르며, 둘 사이에 교섭과 겹침은 있다. 이러한 베스터만의 구원 신학이해를 바탕으로 독일의 선교학자 헨닝 브로그만(Henning Wrogemann)은 그리스도인의 구원 체험은 때론 하나님의 강복으로, 또 때론 하나님의 구출로 이뤄진다고 한다.[30] 그는 "그리스도인의 구원 체험은 두 가지 극단[강복과 구출]을 왕래하며 진동한다"[31]고 말한다. 성경에서 다른 종교나 무종교의 사람들에게도 하나님의 강복 행위가 가능하기 때문에 하나님의 강복하는 구원 체험과 예수 그리스도를 통한 계시 사건 역사 사이에 대조가 나타난다. 문제는 다른 종교와의 관계에서 만들어진 긍정적이거나 불안정한 새로운 체험을 하나님의 강복 행위에 포함할 수 있느냐 하는 것이다. 브로그만은 좀 더 심층적인 신학적 질문을 제기한다. 다른 종교에서 나타나는 복을 하나님의 강복 행위의 작용으로만 볼 것이냐 아니면 더 나아가서 다른 계시 사건으로 볼 것인가 하는 문제다. 브로그만은 하나님의 강복과 구출 행위가 진자의 두 추를 오고 가는 진동으로 본다는

---

30) Henning Wrogemann, *Mission und Religion in der Systematischen Theologie der Gegenwart: Das Missionsverständinis deutschsprachiger protestantischer Dogmatiker im 20. Jahrhundert* (Göttingen: Vandenhoeck & Ruprecht, 1997).

31) 위의 책, 297.

의미에서 이에 대한 해답을 도출해낸다. 즉 하나님의 강복 행위에서 구출 행위를 이해할 수 있고, 그 반대로 구출 행위는 강복 행위 이해에 새로운 빛을 줄 수 있다고 한다.[32] 결론적으로 브로그만은 하나님의 강복 행위에 성령의 역사가 있다는 것을 부인할 수 없기 때문에 다른 종교의 가치를 전면 부정할 수 없다는 것이다. "종교는 창조신학적으로만 아니라 성령론적으로도 이해해야 한다."[33]라고 주장한다. 강복과 구출 행위에 성령의 역사를 이해하는 것이 성경에 부합한다고 본다. 이런 의미에서 구원의 두 측면인 하나님의 강복과 구출의 구분을 통해 복음의 정체성을 굳건히 견지하면서도 다른 종교의 이해에 한층 더 균형 있는 시각을 가질 수 있다고 본다. 다만 우리가 잊지 말아야 할 것은 다른 종교에 하나님의 강복 행위가 성령의 역사를 통해 임한다 할지라도 다른 종교의 모든 면이 성령의 역사라거나 다른 종교를 통째로 진리로 볼 수 있다는 것은 아니라는 점이다. 그런 점에서 다른 종교 안에 강복의 차원을 인정하는 것이 다른 종교를 구원의 온전한 길로 보자는 다원주의적인 "자연신학"과는 명확히 구별해야 한다. 그리고 브로그만은 다른 종교에 하나님의 구출 행위로서의 구원 역사나 계시가 있느냐 하는 질문에 대해서 다른 종교의 '내부 관점'을 받아들일 수 있는 처지에 있지 않기 때문에 답을 할 수 없다고 한다.[34] 하지만 복음주의 종교신학은 예수 그리스도를 통한 구원의 유일성과 독특성과 절대성을 제시하는 기독교 정체성을 명확히 해야 한다. 다른 종교에도 삼위일체 하나님의 강복 행위가 가능하다는 관점에서 다른 종

32) 위의 책, 295-98.

33) 위의 책, 298.

34) 위의 책, 301.

교인과의 만남과 대화와 선포가 가능하며, 이런 점에서 선교 신학적인 의의가 있다. 하나님의 강복 행위 차원에서 다른 종교인과 만남이 가능하고, 하나님의 구출 행위 차원에서 다른 종교인에게 복음 선포를 할 수 있다고 본다.[35] 하나님의 강복 행위 면에서 우리는 다른 종교인과 서로 사랑하고 존중하며 이해하는 공생이 가능하고, 예수 그리스도의 십자가 죽음과 부활과 재림의 케리그마를 통한 하나님의 구출 행위를 통해 다른 종교인에게 복음 선포와 증거를 하며 새 하늘과 새 땅에 참여하게 된다. 따라서 예수 그리스도의 탄생과 생애와 죽음과 부활과 재림의 독특성과 유일성과 절대성을 믿는 기독교 종교신학은 결코 다른 종교에 구원이 있다고 할 수 없다. 특별계시가 없는 일반계시로만 구원을 얻을 수는 없다. 만약 그러한 구원이 있다고 한다면 그것은 기독교가 아니라 다른 종교가 될 것이다.

35) 위의 책, 307-18.

나오는 말

필자는 종교 다원주의가 현대의 지적 풍토와 시대사조의 도전에 응전하는 일종의 신학적 응답으로 볼 수 있겠지만 성경적, 복음적 진리와는 부합하지 않는다는 전제 하에 복음주의 종교신학을 제시하려고 노력했다. 종교신학의 배경과 정의, 종교 다원주의의 변호사격인 존 힉의 가설에 대한 소개와 비판, 복음주의 종교신학의 개요를 살펴보았다. 특히 해롤드 네틀란드의 복음주의 종교신학 이론을 많이 의지하였다. 이러한 작업의 목적과 의의는 종교의 시장화와 영성의 다원화가 미덕으로 비쳐지며, 진리에 대한 배척과 혼합주의적 영성관이 난무하는 세상에서 참되고 온전한 삼위일체 하나님의 계시에 입각한 기독교 복음 진리와 그리스도인의 정체성을 확립하려는 것이다. 아울러 "담대한 겸손"과 단순성과 인격적 만남 가운데 타 종교인을 만나고 복음을 증거 할 수 있도록 하려는 것이다. "하나님의 성스러움과 도덕적 성격에 뿌리를 내리는 영성 함양," 타 종교에 대한 이해, 그리고 다른 종교 전통의 신자와 인격적인 관계 형성의 바탕 하에 복음 증거를 강조하는 복음주의 종교신학을 정립하려는 시도였다. 복음주의 종교신학의 토대는 성경의 가르침, 가치, 세계관이며, 기독교 역사에 전승된 교회의 신앙고백에 부합해야 하고, 다른 종교의 신앙, 제도, 신행을 기술할 때는 현상학적으로 정확하게 해야 한다는 점도 분명히 하였다.

기독교 종교신학이란 세상에 존재하는 다른 종교의 존재 의미와 가치를 논리적으로 설명하며, 다른 종교에 대한 기독교적 해석이며, 기독교의 구원과 진리와 복음 편에서 다른 종교의 진리와 구원을 이해하고 해석하는 신학적이며 선교학적인 노력이다. 다른 종교인과의 만남과 관계 형성에 대한 신학적 성찰을 도모하는 것이 종교신학이다.

종교 다원주의는 기독교세계(Christendom) 이후의 변화된 상황과 전례 없는 타 종교인과의 빈번한 만남과 교류 가운데서 나온 신학적 가설이다. 다원주의 상황이 종교 다원주의의 진리성을 입증하지 않는다. 초기 기독교가 다원주의 상황에서 탄생, 성장, 발전했다는 역사적 사실로 미루어볼 때 그 정반대의 가설도 가능하다. 즉 다원화 세상에서도 복음주의 종교신학의 진리성이 입증 가능하다. 앞에서 필자는 기독교의 탄생, 성장, 확산의 배경에는 기독교 복음 진리와 그 진리를 토대로 형성된 참된 공동체와 그 공동체 안에서 서로 협력하고 일치하여 가족, 친구, 친지, 이웃들에게 윤리적 탁월성을 보여 주었음을 서술했다. 이것이 바로 진리의 '삶을 통한 메시지 선포'이다. 기독교가 유대교의 한 종파로 함몰되지 않고, 세계적인 종교로 자리매김한 것은 종교 다원주의 상황에서 기독교만의 교리와 행동으로 고유성과 독특성과 보편성을 보여주었기 때문이다. 따라서 선교는 '변화하는 세상'에서 복음의 상황화를 시도함으로써 복음의 타문화, 타 종교에 대한 상관성(relevancy)을 가져야 하며, 동시 '불변하는 복음' 선포와 증거에 헌신하는 정체성(identity)을 견지해야 마땅하다.

기독교 선교는 예언자적이며 동시에 대화적이어야 한다.

오순절-은사주의 종교신학을 비롯하여 성령론적 종교신학을 시도하는 현대신학의 흐름에서 성경적 토대를 벗어나는 상상력의 이론화와 애매모함은 거부해야 한다. 비록 성령의 주권적인 임재와 현존이라는 관점에서 타 종교 안에서 성령의 임재와 활동을 읽을 수 있다고 할지라도 어디까지나 성경적 계시의 가르침을 벗어날 수는 없다. 물론 타 종교 안에서의 성령의 활동으로 예수 그리스도의 복음 전파가 가능하다는 것은 이해할 수 있다. 그러나 그러할지라도 성경적, 복음적 영적 분별은 필요하다.

복음주의 종교신학은 계시적 특별주의로 결론내릴 수 있다. 계시적 특별주의를 기준으로 삼아서 다른 유형들을 이해하고 분석하며 성경적, 복음적, 보편적 종교신학을 조성해 나갈 수 있다고 본다. 하나님의 선교라는 큰 틀 안에서 종교 간의 만남과 대화를 통한 선교신학과 실천을 활성화하고, 종교 시장화와 다원화 상황 가운데서도 복음의 정체성과 기독교의 독특한 메시지를 바르고 정확하게 증거 할 수 있는 복음주의 종교신학을 더 발전시켜나가야 할 것이다.

참고문헌

서양서적

Aland, Kurt. *A History of Christianity*. vol. I. Philadelphia: Fortress Press, 1985.

Ambrosius. "On the Duties of the Clergy 1.179." In *The Nicene and Post-Nicene Fathers: Second Series*, vol. 10, edited by Philip Schaff, 30. New York: Charles Scribner's Sons, 1887.

Anderson, Gerald. "Theology of Religions and Missiology: A Time of Testing." In *The Good News of the Kingdom: Mission Theology for the Third Millennium*, edited by Charles Van Engen, Dean S. Gilliland and Paul Pierson, 200-10. Maryknoll, New York: Orbis Books, 1993.

Barbour, Ian G. *Myth, Models, and Paradigms: A Comparative Study in Science and Religion*. New York: Harper and Row, 1974.

Bavinck, J. H. *The Church between Temple and Mosque: A Study of the Relationship between the Christian Faith and Other Religion*. Grand Rapids: Eerdmans, 1966.

Berger, Peter. *A Rumor of Angels: Modern Society and the Rediscovery of the Supernatural.* New York: The Doubleday Anchor Book, 1970.

Bevans, Stephen B. *Models of Contextual Theology*, revised and expanded ed. Faith and Cultures Series. Maryknoll, NY: Orbis, 2002.

Bevans, Stephen B., and Roger Schroeder. *Constants in Context: A Theology of Mission for Today*. Maryknoll, NY: Orbis, 2004.

Bosch, David J. *Transforming Mission: Paradigm Shifts in Theology of Mission*. New York: Orbis Books, 1991. [한글 번역: 김만태 옮김. 『변화하는 선교』. 서울: 기독교문서선교회, 2017].

Braaten, Karl. *No Other Gospel! Christianity Among the World's Religions*. Minneapolis: Fortress Press, 1992.

Cox, Harvey. *Fire from Heaven The Rise of Pentecostal Spirituality and the Reshaping of Religion in the 21st Century*. Reading, MA: Addison-Wesley, 1995. [한글번역: 유지황 옮김. 『영성 음악 여성』. 서울: 동연, 1996].

Cracknell, Kenneth, and C.A. Lamb. *Theology on Full Alert.* 2nd ed. London: The British Council of Churches, 1986.

Davies, John G. "The Jewish Background of Christianity." In *The Rise of Christianity*, edited by Don Nardo. San Diego: Greenhaven Press, 1999: 32–36.

D'Costa, Gavin. *Christian Uniqueness Reconsidered: Myth of Pluralistic Theology of Religions*. New York: Orbis Books, 1990.

____________. *Hick's Theology of Religions: A Critical Evaluation*. Lanham, MD.: University Press of America, 1987.

____________. "Impossibility of a Pluralist View of Religions." *Religious Studies* vol. 32 no.2 (June 1996): 223–32.

____________. "Gavin D'Costa Re-reponds to Daniel Strange and Paul Knitter." in Gavin D'Costa, Paul Knitter, and Daniel Strange, *Only One Way? Three Christian Responses on the Uniqueness of Christ in a Religiously Plural World*. London: SCM, 2011. 185–98.

____________. "Christianity and World Religions." in Gavin D'Costa, Paul Knitter, and Daniel Strange, *Only One Way? Three Christian Responses on the Uniqueness of Christ in a Religiously Plural World*. London: SCM, 2011. 3–46.

Dodds, E R. *Pagan and Christian in an Age of Anxiety*. New York: Norton, 1970.

Dulles, Avery Robert. *Models of Revelation*. Garden city, NY: Doubleday Image Books, 1978.

Dupuis, Jacques. *Toward a Christian Theology of Religious Pluralism*. Maryknoll, NY: Orbis, 2002.

______________. *Christianity and the Religions: From Confrontation to Dialogue*. Maryknoll, NY: Orbis, 2003.

Donovan, Peter. "The Intolerance of Religious Pluralism." *Religious Studies* vol.29 no.2 (June 1993), 217–29.

Eddy, Paul R. *John Hick's Pluralist Philosophy of World Religions*. Eugene. OR: Wipf and Stock Publishers, 2002.

Erickson, Millard J. "Hope for Those Who Haven't Heard? Yes, but ...." *Evangelical Missions Quarterly* 11. April 1975.

______________. *How Shall They Be Saved? The Destiny of Those Who Do Not Hear of Jesus*. Grand Rapids, MI: Baker, 1996.

Fackre, Gabriel. "Divine Perseverance." in *What About Those Who Have Never Heard?* edited by John Sanders. Downers Grove, IL: InterVarsity, 1995. 71–106.

Felix-Jäger, Steven, and Amos Yong. *Pentecostal Aesthetics: Theological Reflections in a Pentecostal Philosophy of Art and Aesthetics*. Global Pentecostal and Charismatic Studies. Leiden: Brill Academic Publishers, 2015.

Geivett, R. Douglas, and W. Gary Phillips. "Response to Hick," In *More than One Way?: Four Views on Salvation in a Pluralistic World*. edited by Dennis L. Okholm and Timothy R. Phillips. Grand Rapids: Zondervan, 1995.

Gelpi, Donald. *The Divine Mother: A Trinitarian Theology of the Holy Spirit*. Lanhan, MD: UPA, 1984.

Gensichen, Hans-Werner. "Richter, Julius." in Anderson et at., ed. *Biographical Dictionary of Christian Missions, ed. Gerald H. Anderson*. New York: Macmillan Reference USA, 1998.

Gillis, Chester. *A Question of Final Belief: John Hick's Pluralistic Theology of Salvation*. London: Macmillian, 1989.

Gillis, Chester. "An interpretation of An Interpretation of Religion." In *Problems in the Philosophy of Religion: Critical Studies of the Work of John Hick*. edited by Harold Hewitt Jr, 28–45. New York: St. Martin's, 1991.

González, Justo L. *Christian Thought Revisited: Three Types of Theology*. rev ed. Maryknoll, N.Y.: Orbis Books, 1999.

Graham, Carol. "V.S. Azariah, 1874–1945: Exponent of Indigenous Mission and Church Unity," In *Mission Legacies: Biographical Studies of Leaders of the Modern Missionary Movement*, edited by Gerald H. Anderson, et al. Maryknoll, NY: Orbis, 1994.

Grant, Michael. *History of Rome*. New York: Scribner's, 1978.

Green, Michael. *Evangelism in the Early Church*. London: Hodder & Stoughton, 1970.

Gutierrez, Gustavo. *Las Casas: In Search of the Poor of Jesus Christ*. Translated by Robert R. Barr. New York: Orbis Books, 1993.

Harnack, Adolf. *The Mission and Expansion of Christianity in the First Three Centuries*. Philadelphia: Harper Torch Books, 1962.

Harper, Susan Billington. *In the Shadow of the Mahatma: Bishop V.S. Azariah and the Travails of Christianity in British India*. Grand Rapids, Mich.: Eerdmans, 2000.

Heim, S. Mark. *Salvations; Truth and Difference in Religion*. Maryknoll, N.Y.: Orbis Books, 1995.

Heo, Seong-Sik. "The Missional Implications of Lesslie Newbigin's Shift of Emphasis from Interreligious Dialogues to Religious Pluralism Debates." *KPJT* vol.47 no.3 (August 2015): 181-202.

Hick, John. *Faith and Knowledge*. 2nd ed. London: Mackmillan, 1967.

________. *God and the Universe of Faiths*. New York: St. Martin's Press, 1973 (2nd ed. London: Macmillian, 1973.

________. "The Outcome: Dialogue into Truth." In *Truth and Dialogue in World Religions: Conflicting Truth-Claims*, edited by John Hick. Philadelphia: Westminster Press, 1974.

________. *Death and Eternal Life*. New York: Harper and Low, 1976.

____. *Evil and the God of Love*. 2nd ed. San Francisco: Harper & Row, 1977.

________. *God has Many Names*. London: Macmillian, 1980 (Louisville: Westminster John Knox Press, 1982).

________. "The Theology of Religious Pluralism." *Theology* vol.86 no.713 (September 1983), 335-40.

________. *The Second Christianity*. London: SCM Press, 1983.

________. *Problems of Religious Pluralism*. London: Macmillan, 1988.

________. *An Interpretation of Religion: Human Responses to the Transcendent*. New Haven: Yale University Press, 1989.

________. *Metaphor of God Incarnate: Christology in a Pluralistic Age*. Louisville: Westminster John Knox, 1993.

________. "Religious Realism and Non-Realism: Defining the Issue." In *Is God Real?*, edited by Joseph Runzo. New York: St. Martin's Press, 1993.

________. *A Christian Theology of Religions*. Louisville: Westminster/John Knox Press, 1995.

________. *The Rainbow of Faiths*. Louisville: Westminster John Knox, 1995.

__________. "Religious Pluralism and the Divine: A Response to Paul Eddy." *Religious Studies* vol.31 no.4 (December 1995): 417–20

__________. "The Epistemological Challenge of Religious Pluralism." *Faith and Philosophy* vol.14 no.3 (July 1997), 277–86.

__________, Paul F. Knitter. *The Myth of Christian Uniqueness: Toward a Pluralistic Theology of Religions*. Maryknoll: Orbis Books, 1987.

Hoedemaker, Libertus A. "Hendrik Kraemer, 1888–1965: Biblical Realism Applied to Mission." In *Mission Legacies: Biographical Studies of Leaders of the Modern Missionary Movement*, edited by Gerald H. Anderson, et al., 508–15. Maryknoll, NY: Orbis, 1994.

Holl, Karl. "Die Missionsmethode der alten und die der mittelaterlichen Kirche." In *Kirchengeschichte als Missionsgeschichte Bd*, edited by H. Frohnes and U. W. Knorr. I, Die Alte Kirche. München: Kaiser, 1974.

Jenkins, Philip. *The New Christendom: The Coming of Global Christianity*. Oxford and New York: Oxford University Press, 2002.

Johnson, Todd M., and Brian J. Grim. *The World's Religions in Figures: An Introduction to International Religious Demography*. Chichester, West Sussex: Wiley–Blackwell, 2013.

Jones, E. Stanley. *The Christ of the Indian Road*. New York: Abingdon Press, 1925.

Jongeneel, Jan A. B. "Hendrik Kraemer's Christian Message in a Non–Christian World: A Magnum Opus after Seventy–Five Years." *IBMR* Vol. 37 issue 4 (2013): 203–206.

Karkkainen, Veli–Matti, and Amos Yong. *Toward a Pneumatological Theology: Pentecostal and Ecumenical Perspectives on Ecclesiology, Soteriology, and Theology of Mission*. Lanha, MD: UPA, 2002.

Kärkkärinen, Veli–Matti. *An Introduction to the Theology of Religions: Biblical, Historical and Contemporary Perspectives*. Dowers Grove, IL.: InterVarsity, 2003.

__________________. "The Uniqueness of Christ and the Trinitarian Faith." in *Christ the One and the Only: A Global Affirmation of the Uniqueness of Jesus Christ*. edited by Sung Wook Chung. Grand Rapids, MI: Baker, 2005. 111–35.

Kraemer, Hendrik. *The Christian Message in a Non–Christian World*. London: Edinburgh House Press, 1938.

Kraft, James L. "What Constitutes a Distinctively Christian Approach to Interfaith Dialogue." *Dialog* vol.37 no.4 (Fall 1998): 282–90.

Knitter, Paul. *No Other Name?* New York: Orbis Books, 1985.

Kronen, John, and Reitan, Eric. *God's Final Victory: A Comparative Philosophical Case for Universalism*. London: Continuum, 2011.

Küng, Hans. On Being a Christian. Translated by Edward Quinn. New York: Doubleday, 1977.

__________. "What is True Religion? *Toward an Ecumenical Christology." in Toward a Universal Theology of Religions*. ed. Leonard Swidler. Maryknoll, NY: Orbis, 1987.

Lacy, Creighton. "D. T. Niles, 1908–1970: Evangelism, the Work of Disrupting People's Lives." In *Mission Legacies: Biographical Studies of Leaders of the Modern Missionary Movement*, edited by Gerald H. Anderson, et al., Maryknoll, NY: Orbis, 1994: 362–70.

Latourette, Kenneth Scott. *A History of Christianity*. New York: Harper and Brothers, 1954.

Lessing, G. E. "The Proof of the Spirit and of Power." in Lessing's Theological Writings. ed. by H. Chadwick. London: Adam and Charles Black, 1956. 51–56.

Loughlin, Gerard. "Squares and Circles." *Theology* vol. 89 (1986): 268–275.

Louw, Dirk. "The Soteriocentrism of John Hick." *South African Journal of Philosophy* vol.14 no.1 (1995): 19–23.

Lübbe, Hermann. *Religion nach der Aufklärung*. Graz [u.a.]: Verl. Styria, 1986.

Lyden, John C. "Why Only 'One' Divine Reality?: A Critique of Religious Pluralism." *Dialogue & Alliance* vol.8 no.1 (Spr–Sum 1994): 60–74.

MacDonald, Gregory. *The Evangelical Universalism*. Eugene, OR: Casade, 2006.

______________. *"All Shall Be Well": Explorations in Universal Salvation and Christian Theology from Origen to Moltmann.* ed. by Gregory MacDonald. Eugene, OR: Casade, 2011.

MacMullen, Ramsay. *Paganism in the Roman Empire*. New Heaven: Yale University Press, 1981.

McDermott, Gerald. R. and Netland, Harold. A. *A Trinitarian Theology of Religions*

An – Evangelical Proposal. Oxford Univ Pr, 2014.

Milbank, John. "The End of Dialogue." in G. D'Costa, ed. *Christian Uniqueness Reconsidered: The Myth of a Pluralistic Theology of Religions*. Maryknoll, NY: Orbis, 1990.

Neill, Stephen. *A History of Christian Missions*. London. New York: Penguin Books, 1986.

Netland, Harold A. *Encountering Religious Pluralism: The Challenge to Christian Faith & Mission*. Downers Grove, Ill. : InterVarsity Press, 2001.

_______________. *Dissonant Voices: Religious Pluralism & the Question of Truth*. Vancouve: Regent College Publishing, 1999.

Newbigin, Lesslie. *The Gospel in a Pluralist Society*. Grand Rapids: Eerdmans and Geneva: WCC Publications, 1989.

Niles, D. T. *That They May Have Life*. New York: Harper & Brothers, 1951.

Nock, Arthur Darby. *Conversion: The Old and the New in Religion from Alexander the Great to Augustine of Hippo*. Oxford: Clarendon, 1933.

Parry, Robin A, and Patridge, Christopher H. *Universal Salvation? The Current Debate.* Grand Rapids, MI: Eedermans, 2003.

Parry, Robin A. "Evangelical Universalism: Oxymoron?" *Evangelical Quarterly* 84, no. 1. 2012.

Perowne, Stewart. "Rival Religions Compete With and Influence Christianity." In *The Rise of Christianity*, edited by Don Nardo. San Diego: Greenhaven Press, 1999.

Pinnock, Clark. *A Wideness in God's Mercy: The Finality of Jesus Christ in a World of Religions*. Grand Rapids, Mich.: Zondervan, 1992.

____________. "Toward an Evangelical Theology of Religions." *Journal of the Evangelical Theological Society* 33, no. 3. (September 1990): 359–68.

____________. "An Inclusivist View." in *Four Views on Salvation in a Pluralistic World*. edited by Dennis L. Okholm and Timothy R. Phillips. Grand Rapids, MI: Zondervan, 1996. 98–116.

____________. *Flame of Love*. Downers Grove, IL: InterVarsity, 1996.

Quinn, Philip L., and Kevin Meeker., ed. *The Philosophical Challenge of Religious Diversity*. New York: Oxford University Press, 2000.

Rahbar, Daud. *A Study in the Ehical Doctrine of the Qur'an*. Leiden: Brill, 1960.

Race, Alan. *Christians and Religious Pluralism: Patterns in the Christian Theology of Religions*. Maryknoll, N.Y.: Orbis Books.

Ramachandra, Vinoth. *The Revovery of Mission*. Grand Rapids, MI: Eerdmans, 1996.

Robert, Dana Lee., ed *Gospel Bearers, Gender Barriers: Missionary Women in the Twentieth Century*. Maryknoll, N.Y.: Orbis Books, c2002.

Rose, Kenneth T. "Knowing the Real: John Hick on the Cognitivity of Religions and Religious Pluralism." Unpublished Ph.D. dissertation, Harvard University, 1992.

Roszak, Theodore. *Where the Wasteland End: Politics and Transcendence in Post-Industrial Society*. London: Faber and Faber Ltd. 1973.

Sanders, John. "Inclusivism." in *What About Those Who Have Never Heard?* edited by John Sanders. Downers Grove, IL: InterVarsity, 1995. 21-70.

Sanneh, Lamin. "Do Christians and Muslims Worship the Same God?" *Christian Century* (May 4), 2004.

Scherer, James A, and Bevans, Stephen B. *New Directions in Mission and Evangelization 3: Faith and Culture*. New York: Orbis Books, 1999.

Shenk, Calvin. *Who Do You Say That I Am? Christian Encounter Other Religions*. Scottdale, PA: Herald, 1997.

Schwarz, Gerold. "Karl Hartenstein, 1894-1952: Mission with a Focus on 'The End'." In *Mission Legacies: Biographical Studies of Leaders of the Modern Missionary Movement*, edited by Gerald H. Anderson, et al., Maryknoll, NY: Orbis, 1994: 591-601.

Sharpe, Eric. "C. F. Andrews, 1871-1940: The Most Trusted Englishman in India." In *Mission Legacies: Biographical Studies of Leaders of the Modern Missionary Movement*, edited by Gerald H. Anderson, et al., Maryknoll, NY: Orbis, 1994: 316-23.

Sharpe, Eric. "J. N, Farquhar. 1861-1929: Presenting Christ as the Crown of Hinduism." In *Mission Legacies: Biographical Studies of Leaders of the Modern Missionary Movement*, edited by Gerald H. Anderson, et al., 290-96. Maryknoll, NY: Orbis, 1994.

__________. "New Directions in the Theology of Mission." *The Evangelical Quarterly* vol.46 (Jan-Mar 1974): 8-24.

Smith, Gordon T. *Transforming Conversion: Rethinking the Language and Contours of Christian Initiation*. Grand Rapids, MI: Baker, 2010.

Sölle, Dorothee. *Thinking about God: An Introduction to Theology*. London: SCM Press; Philadelphia: Trinity Press International, 1990.

Stark, Rodney. *The Rise of Christianity: A Sociologist Reconsiders History*. New Jersey: Princeton University Press, 1996.

Stanley, Brian. *The World Missionary Conference, Edinburgh 1910*. Grand Rapids: Eerdmans, 2009.

Taylor, John V. "The Teological Basis of Interfaith Dialogue." in J. Hick and B. Hebblethwaite. eds. *Christianity and Other Religions*. Philadelphia: Fortress, 1981.

Taylor, Richard W. "E. Stanley Jones, 1884-1973: Following the Christ of the Indian Road." In *Mission Legacies: Biographical Studies of Leaders of the Modern Missionary Movement*, edited by Gerald H. Anderson, et al., Maryknoll, NY: Orbis, 1994: 339-47.

"The WEF Manila Declaration." in *The Unique Christ in Our Pluralistic World*. ed. Bruce J. Nicholls. Grand Rapids, Mich.: Baker, 1994.

Thomas, Norman E. "Junod, Heni Alexandre." in *Dicionary of African Christian Biography* https://dacb.org/stories/mozambique/junod-henrialex/ (2020. 8. 26).

Tiessen, Terry. "God's Work of Grace in the Context of the Religions." *Didaskalia* 18 (1) 2007.

Twiss, Sumner B. "The Philosophy of Religious Pluralism: A Critical Appraisal of Hick and His Critics." *The Journal of Religion* 70, no.4 (October 1990): 533-68.

Toynbee, Arnlod J. *Experiences*. London: Oxford University Press, 1969.

Van Ness, Peter H. "Conversion and Christian Pluralism." *Philosophy and Theology* vol.7 no.4 (Summer 1993): 337-53.

Van der Leeuw, Gerardus. *Religion in Essence and Manifestation: A Study in Phenomenology*, Translated by J. E. Turner. New York: Harper & Row, 1963.

______________________. *Sacred and Profane Beauty: the Holy in Art*. Oxford, New York: Oxford University Press, 2006.

__________________. *Vom Heiligen in der Kunst*. Gütersloh, 1957.

VeKärkkäinen, Veli-Matti. *An Introduction to the Theology of Religions*. Illinois: Downers Grove, 2003.

Verkuyl, Johannes. "The Biblical Notion of Kingdom: Test of Validity for Theolgy of Religion." in *The Good News of the Kingdom: Mission Theology for the Third Millennium*. edited by Charles Van Engen, Dean S. Gilliland, and Paul Pierson. Eugene, OR: Wipf and Stock, 1999.

Von Balthasar, Hans Urs. *The Glory of the Lord: A Theological Aesthetics. Vol. 1: Seeing the Form*. San Francisco: Ignatius Press, 1998.

Walls, Andrew. "Structural Problems in Mission Studies." *IBMR* vol.15 no.4 (October 1991): 146–55.

________. *The Missionary Movement in Christian History*. New York: Orbis Books, 2004.

Walls, Jerry L. *Hell: The Logic of Damnation*. Notre Dame, IN: University of Notre Dame Press, 1992.

Ward, Keith. "Truth and the Diversity of Religions." In *The Philosophical Challenge of Religious Diversity*, edited by Philip L. Quinn and Kevin Meeker, 109–25. New York: Oxford University Press, 2000.

Wells, David F. *No Place for Truth: Or, Whatever Happened to Evangelical Theology?*. Grand Rapids, Mich.: Eerdmans, 1993.

Westermann, C. *Der Segen in der Bibil und im Handeln der Kirche*. München, 1968.

Wilson, Dorothy Clark. "Ida S. Scudder, 1870–1960: Life and Health for Women in India." In *Mission Legacies: Biographical Studies of Leaders of the Modern Missionary Movement*, edited by Gerald H. Anderson, et al. Maryknoll, NY: Orbis, 1994: 307–15.

Woodberry, J. Dudley. "Do Christians and Muslims Worship the Same God?" *Christian Century* (May 18), 2004.

Wright, C. J. H. *Salvation Belongs to Our God*. Downers Grove, IL: InterVarsity, 2007.

Wrogemann, Henning. *Mission un Religion in der Systematischen Theologie der Gegenwart: Das Missionsverständinis deutschsprachiger protestantischer Dogmatiker im 20. Jahrhundert*. Göttingen: Vandenhoeck & Ruprecht, 1997.

Yates, Timothy. *Christian Mission in the Twentieth Century*. Cambridge: Cambridge University Press, 1996.

Yong, Amos. *Beyond the Impasse: Toward a Peneumatological Theology of Religions*. Grand Rapids, MI: Baker, 2003.

__________. *Discerning the Spirit(s): A Pentecostal-Charismatic Contribution to Christian Theology of Religions*. Sheffield: Sheffield Academic Press, 2000.

__________. *Beyond the Impasse: Toward a Pneumatological Theology of Religion*. Grand Rapids: Baker Academic, 2003.

__________. *Hospitality and the Other*. Maryknoll, NY: Orbis, 2008.

__________. *The Missiological Spirit: Christian Mission Theology in the Third Millennium Global Context*. Eugene, OR: Cascade Books, 2014.

__________. "On Divine Presence and Divine Agency: Toward a Foundational Pneumatology." *Asian Journal of Pentecostal Studies* Vol. 3 Issue 2 (July 2000), 167-188.

동양서적

김광성. "복음주의 진영의 타종교에 대한 선교신학적 인식 변화 연구: 〈케이프타운선언〉을 중심으로." 『선교와 신학』 46 (2018): 141-175

김승혜 편저. 『종교학의 이해』. 서울: 분도출판사, 1993.

김영동. 『교회를 살리는 선교학』. 서울: 장로회신학대학교출판부, 2003.

로잔운동. 『케이프타운 서약: 하나님의 선교를 위한 복음주의 헌장』. 서울: IVP, 2014.

박재은. "존 힉(John Hick)의 은유적 성육신 개념: 원인과 결과에 대한 개혁 신학적 고찰." 『한국개혁신학회』 49집 (2016. 02): 163-98.

변창욱. 『아시아 복음화를 위한 새 마음』. 서울: 미션아카데미, 2007.

손호현. 『아름다움과 악 1권: 신학적 미학 서설』. 서울: 한들출판사, 2009.

송영석. "종교관계의 전통적 근거와 선교신학적 근거 연구 -계시와 관계성 신학을 중심으로." 『장신논단』 제47권 2호 (2015. 6): 269-90.

안수현. "칸트의 감각과 지각." 『동서사상』 제10집 (2011. 02): 27-54.

윤이흠. 『종교와 예술: 성과 미의 경계에 대한 현상학적 이해』. 서울: 열화당, 1988.

이국헌. "폭력과 저항의 탈근대적 논의와 기독교 평화주의." 『신학논단』 78호 (2014): 159-90.

이동주. 『현대선교신학: 복음주의 입장에서 본 종교다원주의와 세속화 신학』. 서울: 기독교문서선교회, 1998.

장대익. 『과학에는 뭔가 특별한 것이 있다』. 서울: 김영사, 2008.

유근재. "21세기 오순절/은사주의운동의 선교학적 접근과 전망: 그들은 세계 기독교 지형도를 어떻게 바꾸어 놓았는가?." 『선교신학』 제41집 (2016). 221-62.

허성식. "레슬리 뉴비긴이 종교간의 대화에서 종교다원주의와의 논쟁으로 강조점을 전환한 것이 가지는 선교적 함의." 『장신논단』 제47권 3호 (2015. 9): 181-202.

번역서적

Bevans, Stephen B. *Models of Contextual Theology*. 최형근 옮김. 『상황화 신학』. 서울: 죠이선교회, 2002.

Bevans, Stephen B., and Roger Schroeder. *Constants in Context: A Theology of Mission for Today*. 김영동 옮김. 『예언자적 대화의 선교』. 서울: 케노시스, 2020.

Bonhoeffer, Dietrich. *ETHIK*. 손규태 역. 『기독교윤리』. 서울: 대한기독교서회, 1974.

Capps, Walter H. *Religious Studies: The Making of a Discipline*. 김종서 외 옮김. 『현대 종교학 담론』. 서울: 까치글방, 1999.

Cox, Harvey. *The Seduction of the Spirit*. 김민수 옮김. 『영혼의 유혹』. 서울: 동호서관, 1980.

Coward, Harold G. *Pluralism: Challenge to World Religions*. 한국종교연구회 역. 『종교다원주의와 세계종교』. 서울: 서광사, 1990.

Harries, Richard. *Art and the Beauty of God*. 김혜현 옮김. 『현대인을 위한 신학적 미학』. 서울: 살림, 2003.

Hiebert, Paul. *Anthropological Reflections on Missiological Issues*. 김영동, 안영권 옮김. 『문화속의 선교』. 서울: 죠이선교회출판부, 1997.

Okholm, Dennis L., and Timothy R. Phillips. *Four Views on Salvation in a Pluralistic World*. 이승구 옮김. 『다원주의 논쟁: 다원주의 세계에서의 구원에 대한 네 가지 견

해』. 서울: 기독교문서선교회, 2006(2001).

Ott, Craig, Stephen J. Strauss, and Timothy C. Tennent. 변진석, 엄주연 외 5인 옮김. 『선교신학의 도전』. CLC, 2017.

Van Engen, Charles. *Mission on the Way*. 박영환 옮김. 『미래의 선교신학』. 도서출판 바울, 2004.

Viladesau, Richard. *Theological Aesthetics: God in Imagination, Beauty, and Art*. 손호현 옮김. 『신학적 미학: 상상력, 아름다움, 그리고 예술 속의 하나님』. 서울: 한국신학연구소, 2001.

Volf, Miroslav. *Allah*. 백지윤 옮김. 『알라: 기독교와 이슬람의 신은 같은가』. 서울: IVP, 2016.

인터넷

"칸트주의와 신칸트주의." 『노동자의 책』. http://www.laborsbook.org/dic/view.php?dic_part=dic01&idx=150 (2019. 4. 10).

"실재론." 『카톨릭 사전』. http://dictionary.catholic.or.kr/dictionary.asp?name1=%BD%C7%C0%E7%B7%D0 (2020년 4월 10일).

박창욱, "'문명의 충돌' IS 파리 테러에 '21세기 십자군 전쟁'." 『월간 마이더스』 (2015년 11월 15일). http://www.yonhapmidas.com/article/151209161443_513478 (2015년 11월 15일).

네이버 지식백과. "움반다." https://terms.naver.com/entry.nhn?docId=630547&cid=50766&categoryId=50794 (2020. 8. 15)

위키피디아 https://en.m.wikipedia.org/wiki/Amos_Yong (2020. 8. 15).